Internationale Verständigung

An dieser Stelle möchte ich Herrn Professor Dr. Wolfgang Neubauer, der die vorliegende Arbeit betreut hat, meinen aufrichtigen Dank sagen.

Meiner Familie und meinen Freunden mit Dank.

Maria Borchert

Internationale Verständigung am Beispiel der deutsch-französischen und europäischen Jugendbegegnung

Mit einem Gleitwort von Prof. Dr. Michael Cullin, Stellv. Generalsekretär des DFJW

Bibliografische Information der Deutschen Nationalbibliothek:
Die Deutsche Nationalbibliothek verzeichnet diese Publikation in der Deutschen Nationalbibliografie; detaillierte bibliografische Daten sind im Internet über dnb.dnb.de abrufbar.

© 2021 Maria Borchert
Satz, Umschlaggestaltung, Herstellung und Verlag: BoD – Books on Demand, Norderstedt
ISBN: 978-3-7543-7621-8

Inhaltsverzeichnis

Zum Geleit   **7**

0) VORWORT   **10**

1 Einführung: **14**

1.1   Zur Bedeutung und Aufgabe der pädagogischen
Jugendarbeit auf lokaler und internationaler Ebene   14

1.2   Politische Jugendbildung und die Stärkung der
internationalen Verständigung   24

1.3   Die Internationalen Beziehungen als Rahmenbedingungen für Friedensförderung und Kulturaustausch   34

2 Thematische Schwerpunkte: **46**

2.1   Deutschland und Frankreich: 46

2.1.1   Die historische Nachbarschaft: Über den Umgang
mit Grenzen   46

2.1.2   Der Elysée-Vertrag von 1963 und die daraus
resultierenden Möglichkeiten   53

2.1.3   Politische Sozialisation, Kultur und
Vergangenheitsbewältigung   60

2.1.4   Unterschiedliche Bildungssysteme,
Fremdsprachenkenntnisse und Jugendbegegnungen   67

2.2   Ausgewählte Konfliktsituationen in Jugendseminaren
und ihre Bewältigung   74

2.2.1   Vom praktischen Umgang mit der Verschiedenheit
durch sprachliche und nicht-sprachliche Mittel   74

2.2.2   Wie´s glückt oder schiefgeht: Das annähernde
Scheitern und Gelingen von Jugendbegegnungen   82

2.3   Beeinflussende und erklärende Faktoren bei der
Gestaltung von Jugendbegegnungen: 87

2.3.1 Die Bedeutung der Ausnahmesituation
»Jugendtreffen« 87

2.3.2 Das interkulturelle Zusammentreffen: die
Auseinandersetzung mit Unbekanntem 94

2.3.3 Vorausgehende Vorurteile und nationale Stereotype 100

2.3.4 Gemeinschaftsbildende Aktivitäten und die
(mögliche) Dynamik der Kleingruppe 108

2.3.5 Wirkung der Räumlichkeiten, Entfernungen und
Umstände am Tagungsort 113

2.3.6 Kommunikation, Mehrsprachigkeit, Übersetzung
und Verständigung 118

2.3.7 Institutionelle Vorgaben und Rahmenbedingungen
eines Seminars 124

3 Auswertung und Beurteilung: 130

3.1 Mögliche Konzepte der Gruppenleitung 130

3.2 Über die Evaluation von Jugendbegegnungen 140

3.3 Das Spektrum der pädagogischen Anforderungen
an internationale Jugendseminare 150

4 Zusammenfassende Überlegungen 160

4.1 Ausblick 160

4.1.1 Geschichte – Entwicklung – Verständigung
(Stichworte zu einer umgreifenden Betrachtung) 160

4.1.2 Grenzen und Möglichkeiten der kurzfristigen
internationalen Jugendarbeit 167

Literaturverzeichnis: 173

*Nach fast 20 Jahren: Ein abschließendes Kapitel /
Nachwort zu meiner Magisterarbeit : 195*

Zum Gedenken an Prof. Dr. Michel Cullin,1944-2020,
Stellv. Generalsekretär des DFJW / OFAJ von 1999-2003 195

Zum Abschluss: 213

Zum Geleit

Die vorliegende Arbeit liefert zunächst eine wesentliche Erkenntnis: ohne das Laboratorium DFJW wären die deutsch-französischen Beziehungen äußerst arm in der Substanz und in dem experimentellen Charakter. Dies gehört immer wieder hervorgehoben, weil ständig die herrschenden Diskurse – ob politischer Natur oder von den Medien verbreitet – das deutsch-französische Verhältnis als »passe« bezeichnen. Der deutsch-französische Motor hätte nur Pannen, die deutsch-französische Ehe nur Krisen und die deutsch-französischen Beziehungen keinen Stellenwert mehr. Gerade zeigen die Erkenntnisse von Maria *Borchert*, dass zunächst diese als selbstverständlich geltenden Lamentos keineswegs der Wirklichkeit entsprechen und dass dann diese Beziehungen zwischen den beiden Zivilgesellschaften lebendig und vielfältig sind solange man sich mit ihnen ernsthaft beschäftigt und sich nicht mit Sonntagsreden und Floskeln über die »ewige Freundschaft« zwischen Deutschen und Franzosen begnügt.

Der Autorin muss man äußerst dankbar sein, dass sie ihre Methodik und ihre Analysen von den Forschungsarbeiten herleitet, die Jahrzehnte lang unter der genialen Leitung von Ewald *Brass* das DFJW bereichert haben. Es sei nur an Namen wie Jean-Rene *Ladmiral*, Jacques *Demorgon*, Rene *Barbier*, Burkhard *Müller*, Hans *Nicklas*, Christoph *Wulf*, Klaus *Eder*, Pascal *Dibie*, Dany *Dufour*, Herbert *Swoboda*, Jeanne *Kraus*, Lucette *Colin* und so viele andere erinnert, die diesen unglaublichen Reichtum angesammelt haben, der das intellektuelle Kapital des DFJW durch die Jahre vermehrt hat.

Der Autorin muss man äußerst dankbar sein, sich in diese gute Tradition eingereiht zu haben und somit die facettenreiche Komplexität interkultureller Lern- und Begegnungsprozesse systematisch untersucht und hervorgehoben zu haben. Nicht im Elfenbeinturm der universitären Forschung sondern aus der Realität und Praxis der deutsch-französischen Jugendbegegnungen heraus. Statt einer Friedenspädagogik, die Homogenität und Einseitigkeit reproduziert, das Wort zu reden, bietet Maria Borchert eine Auseinandersetzung mit Fremdheit als Weg zur Selbsterkenntnis – durchaus im Sinne der oben zitierten »Ecole de Paris« in den interkulturellen Studien. Statt Modelle, wie das so oft und so falsch heraufbeschworene deutsch-französische Modell, zu propagieren, untersucht z.B. Maria *Borchert* die doppelte Geschichtlichkeit, die themenzentrierte Jugendbegegnungen charakterisiert. Gleichzeitig zeigt sie wie der Umgang mit doppelter Geschichtlichkeit zu jener Transkulturalität führt, die heute, im Zeitalter der Globalisierung, unumgänglich ist. Eine Transkulturalität, die keineswegs von »oben« kommt, diktiert oder postuliert wird, sondern die interkulturellen Lern- und Lehrprozessen zugrunde liegt und die »dynamische Empathie« beim Fremden fördert ohne sich im Anderen aufzulösen.

Gerade weil die Forschungen von Maria *Borchert* die Rahmenbedingungen einer »citoyenneté européenne« in den Vordergrund stellt, sind sie nicht nur für das DFJW, sondern für den gesamten deutsch-französischen Dialog der Zivilgesellschaften von eminenter Bedeutung. Nicht in den Inhalten oder in den Stoffen dieses Dialoges, die angeblich erschöpft wären, liegt das postulierte Desinteresse junger Franzosen für Deutschland oder junger Deutschen für Frankreich, sondern in der mangelnden Experimentierfreudigkeit und Fähigkeit der Institutionen und ihrer Akteure. Die kritische Auseinandersetzung mit der Globalisierung, die Chance, sie mitzugestalten, ja sogar partiell ihr Herr zu werden, sie aktiv zu lenken, wird vertan, solange interkulturelles Lernen das Vorexerzieren eines Modells der »braven Freundschaft« bleibt.

Konsumgesellschaft und »jeunisme« sind dabei nicht nur die Irrwege sondern die Kapitalfehler. Die Reproduktion wie sie Pierre *Bourdieu* in der Institution Schule oder die »distinction« in der Institution Universität haben bekanntlich systemkonforme Verhaltensweisen und deren Theoretisierung nicht zuletzt durch den »jeunisme« zur Folge gehabt.

Maria *Borchert* erinnert uns hingegen daran, dass »Solidaritätsbereitschaft« die Grundlage der internationalen Verständigung und des Weltfriedens ist und bleibt. Gerade ist und bleibt die transnationale Dimension dieser Solidaritätsbereitschaft eines der Ziele des DFJW.

Maria *Borcherts* Aussage deckt sich also voll und ganz mit Bemühungen, die schon 40 Jahre lang nicht ohne Resonanz in den beiden Ländern geblieben sind.

Die Aktualität des Buches liegt nach wie vor auf der Hand.

Prof Dr. Michel CULLIN

Stellv. Generalsekretär des DFJW

0) VORWORT

Diese Arbeit beschäftigt sich mit der Frage, inwieweit der internationale Jugendaustausch (und davon im besonderen der deutsch-französische und derjenige im europäischen Maßstab) dazu beitragen kann, den Boden der internationalen politischen Beziehungen zu verbessern. Diese übergeordnete Frage wird ganz in einem **theoretischen Modus** angegangen. Ausgangspunkt sind sozialpsychologische und psychologische Aspekte und ihre Vergleichbarkeit auf makro- und mikrosoziologischer Ebene. Aus dieser Ausgangslage ergibt sich auch, dass jegliche Einzelbereiche nur auf eine sehr allgemeine (und manchmal pauschal anmutende) Art und Weise angesprochen werden (können). Zu dem Schwerpunktthema »Jugendbegegnung« werden fünf empirische Untersuchungen analysiert, zwei zum europäischen Bereich[1] und drei zu deutsch-französischen Begegnungsmaßnahmen.[2] Daneben findet im besonderen die umfangreiche wissenschaftliche Begleitliteratur, die vom Deutsch-Französischen Jugendwerk / Office franco-allemand pour la jeunesse[3] herausgegeben bzw. gefördert wird, kritische Beachtung.

Bei der Evaluation von Begegnungs-Freizeiten spielt immer auch die methodische Zugangsweise eine wichtige Rolle. Die hier ausgewerteten Studien verfolgen (in einer groben Unterscheidung) entweder einen interaktionistischen oder einen psychoanalytischen Ansatz. Bedauerlicherweise lassen sich die Ergebnisse kaum ver-

---

1   Treuheit / Janssen / Otten, op. cit. und Mester, op. cit.
2   Letze, op. cit., Haumersen / Liebe, op. cit. und Giust-Desprairies / Müller, op. cit.
3   Gängigerweise im folgenden abgekürzt mit DFJW / OFAJ.

gleichen oder zu einer einheitlichen Aussage hin kombinieren.[4] Zudem ist eine genauere Differenzierung von Austauschmaßnahmen vonnöten; diese Arbeit beschäftigt sich im Kern ausschließlich mit der pädagogisch organisierten Jugendbegegnung, welche verschiedene Ziele der Politischen Bildung anstrebt (s. a. u.).

Trotz variabler inhaltlicher Akzente über Deutschland, Frankreich und das politische (und manchmal auch das geographische) Europa ist hier eine ‹deutsche› Arbeit entstanden, die im Wesentlichen von der in Deutschland vorhandenen wissenschaftlichen Literatur ausgeht. So wurden alle zu Rate gezogenen empirischen Untersuchungen von deutschen Wissenschaftlern verfasst (welche allerdings wiederum verschiedene Fachrichtungen vertreten). Die darüber hinaus bedeutsame fremdsprachliche Sekundärliteratur wurde, wann immer möglich, in der **Originalsprache** zitiert. (Der Umstand, dass dies für die französischen Autoren nicht immer zu gewährleisten war, wird quasi ‹ausgeglichen› durch das Versehen, einen deutschen Wissenschaftler nur in der französischen Übersetzung zitieren zu können.[5]) Bei der nur am Rande erwähnten sozialpsychologischen Fachliteratur (US-amerikanischer Provenienz) wurde auf die deutschsprachige Rezeption zurückgegriffen. Ansonsten wird – pauschal und vereinfachend – der traditionellen deutschen Sprachform mit dem maskulinen Substantiv im Plural gefolgt.[6]

---

4   Zu dieser Problematik vgl. Mester, op. cit., S. 44 unter Bezugnahme auf: Uli Zeutschel: »Einführung in die Austauschforschung für PraktikerInnen der interkulturellen Begegnung«. In: Werner Müller / Jens-D. Kosmale (Hrsg.): Materialbox international. Bausteine zum interkulturellen Lernen bei Freizeiten und Begegnungen. Frankfurt / Main 2 1991; S. 54-58 (u. a. Titel, s. Mester, ebd).

5   B. Müller, s. Kap. 3.1.

6   Die verwendeten Begriffe »Gruppenleiter«, »Teamer« (und »Team«) werden synonym gebraucht, ebenso das französische »Animateur« (letzteres mit dem Vorbehalt der ansonsten irrelevanten Erklärungen in Kapitel 3.1).

Das hauptsächliche Ziel der Arbeit besteht darin, die Vielfalt der Bezugspunkte aufzuzeigen, mit denen sich die Internationale Jugendarbeit mit ihrem Umfeld der internationalen Beziehungen in Verbindung bringen lässt. Da diese Verbindungslinien so unbestreitbar wie auch inhaltlich fragwürdig sind, sollte die Darstellung zu einem Teil vielleicht eher als Skizze (oder Entwurf) verstanden werden (der sich in der Folge an die jeweiligen Einzelwissenschaften richten könnte). Fast ließe sich da ein zukunftsweisender Satz über die Anwendung und die Aufgaben der pädagogisch-psychologischen Jugendforschung auf die sich daraus ergebende Situation beziehen: »Künftig wird Raum sein müssen für verschiedene Arten von Untersuchungen, die einander ergänzen. Fügen wir hinzu, dass es aber (...) hierbei (...) nicht angebracht wäre, von wissenschaftlicher Forschung zu erwarten, dass sie auf alle möglichen praktischen Fragen eine passende Antwort gibt. Menschen in Praxissituationen werden stets aufgrund der zu einem bestimmten Moment verfügbaren Daten und deren Beurteilung selbst Entscheidungen treffen müssen. Die Wissenschaft wird diese Verantwortung nie übernehmen können und dürfen. Man darf zufrieden sein, wenn treffende Fragen gestellt werden.«[7]

Die Arbeit ist in folgende vier übergeordnete Abschnitte gegliedert: Kapitel 1 dient der *Einführung*, Kapitel 2 behandelt ausgewählte *Schwerpunkte*. Die Kapitel 3.1 bis 3.3 nähern sich schrittweise einer *Auswertung* an; der vierte Abschnitt beinhaltet in Form eines weiterführenden *Ausblicks* beide Teilbereiche der Themenstellung: Internationale Beziehungen (bzw. Verständigung) und Internationale pädagogische Jugendarbeit. Wie oben geschildert, werden beide Aspekte in der vorliegenden Arbeit aufeinander bezogen bzw. in ihren Verbindungslinien dargestellt. Wie bereits erwähnt, sind die

---

7   Jan de Wit / Guus van der Veer: Psychologie des Jugendalters. Donauwörth 1982 (niederl. Original Nijkerk 1979; S. 275).

Ergebnisse nicht unbedingt eindeutig oder einfach zu interpretieren, und das aus folgendem Grund:

Einerseits sind die **Wirkungen** von pädagogischen Handlungen gerade im Kontext institutioneller und internationaler Unterschiedlichkeiten schwer bestimm- und vorhersehbar. Andererseits gibt es natürlich durchaus Möglichkeiten der Einflussnahme und beschreibbare **Kriterien** für deren Gelingen. Auch die Umstände und Gestaltungsweisen von Austauschmaßnahmen (im allgemeinen) sind sehr vielfältig. Diese Arbeit beschränkt sich jedoch auf die Darstellung der sog. **themenzentrierten Jugendbegegnung**, einem pädagogischen Konzept zur speziellen Förderung des Interkulturellen Lernens im kurzzeitigen Handlungsbereich. **Gerade diese Art des Seminar-Angebotes ermöglicht im besonderen die Rückbeziehung auf den ‹großen Rahmen› der politisch wie gesellschaftlich wirksamen internationalen Beziehungen (und erfüllt somit ein wichtige Forderung der politischen Bildung).**

Mit dieser Zielrichtung und vor dem Hintergrund des oben skizzierten Fragenkomplexes ist vor zwei Jahren diese Arbeit entstanden.

Bonn, im Mai 2002

Maria Borchert M.A.

1 Einführung:

1.1 Zur Bedeutung und Aufgabe der pädagogischen Jugendarbeit auf lokaler[8] und internationaler Ebene

Das Jugendalter ist ein Lebensabschnitt, der durch sichtbares allmähliches Selbständigwerden geprägt ist. Die davon betroffenen Lebensbereiche sind vielfältig: »(...) Der Jugendliche steht an der Grenze – nicht länger Kind, noch nicht erwachsen, – und er fühlt Druck von allen Seiten. In verhältnismäßig kurzer Zeit muss er zahlreiche Anpassungen vollbringen Er muss sich allmählich von seiner Familie unabhängig machen, sich sexueller Reife befleißigen, mit Kameraden in gegenseitig befriedigender Arbeitsgemeinschaft zusammenarbeiten, sich für einen Beruf entscheiden und sich darauf vorbereiten, eine gewisse Lebensphilosophie zu entwickeln, sich zumindest eine Sammlung von sittlichen Grundsätzen aneignen, nach denen er sich richtet und handelt, und er muss einen Sinn für seine Individualität entwickeln. (...)«[9].

Teilweise bedingt durch die (vorerst innere) Ablösung von der Familie spielt die sog. Gleichaltrigengruppe oder Peergroup für den bzw. die Jugendliche in diesem Zeitabschnitt eine große Rolle[10]:

---

8   Die Einleitung zu diesem Bereich der Jugendarbeit erfolgt sehr pauschal-allgemein. Interkulturalität in der Kultur- und Jugendarbeit vor Ort (etwa durch ausländische Mitbürger oder durch zumeist bi-nationale Vereine (»Gesellschaften«) wird ausgeklammert.

9   Paul Mussen, Einführung in die Entwicklungspsychologie. Weinheim und München [9] 1991 (US-am. Original 1973); S. 134. (Eine Formulierung, die zwischen Anachronismus und überzeitlicher Gültigkeit anzusiedeln ist. Weibliche Entsprechungen wären in jedem Fall zu ergänzen!).

10   Auch negative Auswirkungen sind möglich. So kann bspw. der Gruppendruck in einer Gleichaltrigengruppe auch Bandenwesen hervorbringen bzw. zu

»Diese Gruppen haben ein doppeltes Gesicht: Einerseits tendieren sie dazu, sich unter der Glocke der Solidarität gegen die Ansprüche der Erwachsenenwelt abzuschirmen; sie dienen gewissermaßen dem Schutz von Ansprüchen, die noch nicht erfüllt werden können. Andererseits wird Erwachsensein in diesen Gruppen gleichsam experimentell gelebt. Der Blick ist nach vorne gerichtet auf das, was das künftige Leben schließlich fordert«.[11] In soziologisch-psychologischer Hinsicht erklärt die folgende Theorie nach Mario Erdheim[12] den jugendlichen Ablösungsprozess. Sie spricht von der »Zweiten Chance Jugend« als der bewussten Hinwendung zur außerfamiliären »Kultur«.[13] Mit diesem Kultur-Begriff ist alles ‹Unpersönliche› der gesellschaftlichen Beziehungen unter Erwachsenen gemeint, jene Lebenswelt, die nicht wie die ursprünglich sozialisierende Familie, wie die Schule und Ausbildungsstätte ‹familiär› und zugleich mit familienähnlichem Autoritätsgefälle orientiert ist. Es geht nach dieser Theorie für die Jugendlichen um die Bewältigung des soeben beschriebenen »antagonistischen Spannungsverhältnisses von Familie und Kultur«[14], wobei in diesem Durchgangsstadium »narzißtische Stimmungen«[15] ein natürlicher und

---

Alkohol- und Drogenkonsum verleiten.

11 Nach H. Giesecke, Einführung in die Pädagogik. Weinheim und München [4] 1997 ([1]1990); S. 118.

12 Grundlage ist: Mario Erdheim, Psychoanalyse und das Unbewusste in der Kultur. Frankfurt / M. 1988.

13 Referiert nach: Lothar Böhnisch: Sozialpädagogik des Kindes- und Jugendalters. Eine Einführung. Weinheim und München 1992.

14 Zitiert nach: L. Böhnisch, op. cit., S. S. 238. Im Unterschied dazu betont die sog. »homogene Psychoanalyse« die Kontinuität von familiären Erziehungsmustern in Politik und Gesellschaft (vgl. dazu auch den Vortrag »Wie familiär ist der Psychoanalyse das Unbewusste? Über homogene und heterogene Psychoanalyse« von M. Erdheim, abgedruckt <u>in</u>: Rohde-Dachser, Christa (Hrsg.): Zerstörter Spiegel. Psychoanalytische Zeitdiagnosen. Göttingen 1990 [Überarbeitete Vorträge einer Ringvorlesung an der Universität Frankfurt]; S. 17-31.

15 ebd.

notwendiger Begleitumstand sind. Die Jugendarbeit greift die persönliche Situation der Jugendlichen durch pädagogisch betreute Freizeit- und Kontaktangebote auf.

In ihrem soziologischen Überblick »Freizeit« geben Walter Tokarski und Reinhard Schmitz-Scherzer in der folgenden Aufzählung die allgemein häufigsten Freizeit-Interessen von Jugendlichen an:

- das Bedürfnis nach Bewegung, Sport usw.,

- das Bedürfnis nach Rekreation, Erholung,

- das Bedürfnis nach Sozialkontakten,

- das Bedürfnis nach Information und Kommunikation und/ oder

- das Bedürfnis nach expansiver und/oder schöpferischer Erlebnisentfaltung.«[16]

In diesem Zusammenhang sei auf Untersuchungsergebnisse hingewiesen, die die Verwirklichung dieser Wünsche mit in den Blick nehmen. Detlef Grieswelle nennt beurteilend zu seiner empirischen Untersuchung zum Freizeitverhalten saarländischer Schüler folgende im Rahmen der landesweiten »außerschulische(n) Jugendbildung« problematische Grundtendenzen (als Ergebnis):

- »geringe Bereitschaft zu Engagement und Verantwortung; geringe Motivation zu eigener Gestaltung und eigener Verpflichtung;

---

16 Reinhard Schmitz-Scherzer / Walter Tokarski: Freizeit. Stuttgart 1985; S. 161/62.

- häufig geringe Motivation zu planmäßigem und zielgerichtetem Tun (einmal abgesehen vom Sport);

- Einstellungen gegen stärkere Bindung, Formalisierung und Institutionalisierung von Aktivitäten; Wunsch nach Flexibilität in der Wahl von Zeit, Ort, Inhalt und Sozialeinheit der Betätigung (lockere Formen werden in den Organisationen bevorzugt);

- starkes Votieren für Mitbestimmung bzw. Eigenverantwortung der Jugendlichen, aber gegen stärkere Kontrolle, Beachtung von Regeln, Einflüsse von Führungsgruppen und -personen;

- Vorliebe für konsumorientierte-kommerzialisierte Verhaltensmuster der Unterhaltung.«[17]

Für die Pädagogen (besonders die Freizeitpädagogen, die Sozialarbeiter und Medienerzieher) stellt sich die Frage, wie sie im Einzelnen mit diesen Umständen umgehen wollen oder sollen. Ein kurzer Blick auf einige **Theorieansätze** zeigt verschiedene Möglichkeiten.

Lothar Böhnisch erinnert daran, dass die Hoffnungen der 70-iger Jahre auf eine Verbesserung der Welt durch die Energie der jungen Generation unrichtig waren, ihre »Dynamik« und »Vitalität«[18] jedoch erzieherisch beachtet und »aus dem Spielraum des Jugendkulturell-Pädagogischen heraus in die sozialen und politischen Konflikt- und Konsenszonen der Gesellschaft (vermittelt)

---

17 Detlef Grieswelle: : Jugend und Freizeit. Bedingungen außerschulischer Jugendarbeit. München 1978; S. 166.
18 Böhnisch, op. cit., S. 234/35.

(werden können).«[19] Für eine sozusagen ‹generationsübergreifende›
Pädagogik (besonders im außerschulischen Bereich) spricht sich
auch Dieter Baacke aus: »pädagogische Konzepte, die auf der Voraussetzung eines Generationsgefälles ruhen, jedenfalls für bestimmte pädagogische Arbeitsformen und für ältere Jugendliche zu
ersetzen durch das Konzept einer ‹Solidarität der Generationen›«.[20]
Ohne die wachsende Einflussnahme der »Gruppen der Altersglei-
chen«[21] als neue gesellschaftliche Entwicklungsschiene ausblenden zu wollen, stimmt Baacke mit Giesecke überein, was den o. g.
weniger autoritären pädagogischen Ansatz betrifft. Giesecke seinerseits schrieb 1984 dazu: »(...) Vermutlich ist es kein Zufall, dass
die großen gegenwärtigen politisch-kulturellen Bewegungen (Frie-
densbewegung, ökologische Bewegung) generationsübergreifend
sind. Mir scheint, dass die Grenzen zwischen Jugendarbeit und
Erwachsenenbildung immer fließender geworden sind, und noch
werden müssen, und manches spricht dafür, die Ghettoisierung des
Jugendalters nicht noch pädagogisch zu verschärfen. Die kulturelle
‹Gleichschaltung› der Generationen enthält auch neue Chancen für
ihre Beziehungen.«[22]

Die in Frankreich entwickelte sog. »pédagogie institutionnelle«
mag hier ergänzend wirken können, denn sie bezieht (im aufklä-
rerischen Sinne) die Einwirkungen eines jeglichen pädagogisch-in-
stitutionellen Überbaues in ihre Theoriebildung mit ein.[23]

---

19 Böhnisch, op. cit., S. 243.
20 Dieter Baacke: »Einführung in die außerschulische Pädagogik«, Weinheim
    und München ² 1985 (¹ 1976); S. 134; Herv. v. Autor.
21 Dieter Baacke, op. cit. (»außerschulische Pädagogik«), S. 135.
22 H. Giesecke: »Wozu Jugendarbeit?« In: deutsche jugend, heft 10, 1984; zitiert
    nach: Baacke, op. cit., (»außerschul. Päd.«), S. 134 / 35; mit Herv.
23 Es geht dabei grundsätzlich um die Auseinandersetzung zwischen
    institutionellen Zwängen (vielfach auch aus sozialistischer Sicht) und den
    Ansprüchen der menschlichen Individuen (vgl. i. w. S. dazu Kap. 2.3.7).

Der in der deutschen Jugendarbeit viel beachtete Ansatz einer »sozialräumlichen Pädagogik« deutet die Lebenserfahrung Jugendlicher innerhalb ihres sozialen Lebensraumes.[24] Im Bereich der interkulturellen Begegnung ist ein derartiges Paradigma von erlebnishafter Einheitlichkeit im höchsten Grade hinfällig.[25] Was da von den genannten Charakteristika der Jugendarbeit bestehen bleibt, ist eine grundsätzliche **Funktionsoffenheit**, welche besonders dann zum Tragen kommt, wenn es sich um nicht schul- oder berufsbezogene Begegnungen aus dem freizeitbezogenen Themenangebot handelt. Gerade hier geht es vor allem darum, eigene persönliche Erfahrungen zu ermöglichen und den offenen (Gedanken-) Austausch zu unterstützen. Dass dieses übergeordnete Ziel wohl nicht in jedem Fall genügend beachtet wird, zeigen Lucette Colin, Remi Hess und Gabriele Weigand in Band 11 der »Arbeitstexte« des Deutsch-Französischen Jugendwerkes. Es geht um unterschiedliche Voraussetzungen bei interkulturellen Begegnungen, namentlich um die unterschiedliche Ausgangslage in Seminaren mit festgelegten (»identitätsstiftenden«) Gruppen und den thematisch offeneren mit sehr unterschiedlichen Teilnehmern, denen besonders an der menschlichen Begegnung gelegen ist. Die Autoren fordern eine bessere Nutzbarmachung der interkulturellen Erfahrung, auch dort, wo »die pädagogische Beziehung im internationalen Kontext nicht automatisch Anlass zu Fragen gibt«[26], d. h. im erstgenannten Bereich der stark fachlich orientierten Begegnungen mit einheitlichen Teilnehmer-Gruppen (etwa nur Reiter, Köche, Frauen ...).[27]

---

24 Vgl.: Lothar Böhnisch / Richard Münchmeier: Pädagogik des Jugendraums. Zur Begründung und Praxis einer sozialräumlichen Jugendpädagogik. Weinheim und München 1990.
25 s. dazu bes. Kap. 2.3.1 und 2.3.2.
26 vgl.: DFJW (Hg.): Arbeitstext 11: Die pädagogische Beziehung in interkulturellen Begegnungen. Internationale Situationen entschlüsseln: eine Reflexion am Beispiel des schulischen Modells. (Neuauflage 1996); S. 40.
27 Zur Erweiterung der Erfahrung sollten nach diesem Ansatz bei allen internationalen Veranstaltungen versucht werden, die (gegebene und besondere) pädagogische Beziehung zu thematisieren: »Pour qu'elle soit travaillée par

Innerhalb der **außerschulischen pädagogischen Arbeitsbereiche** bildet die internationale Begegnung eher nur ein Randgebiet der Jugendarbeit, da diese in erster Linie ganz lokal ‹vor Ort› stattfindet, um die Jugendlichen in ihrer alltäglichen Freizeit zu erreichen. Mit Dieter Baacke, op. cit. sind folgende, oftmals nur schwach voneinander abgrenzbaren Arbeitsfelder der Jugendarbeit zu unterscheiden: (1) Jugendverbände, (2) Jugendfreizeitstätten, (3) Jugendbildungsstätten und (4) zusammengefasste ‹Nebengebiete›[28], zu denen auch die internationale Jugendbegegnung gehört.[29] Ihre Bedeutung wird erst aus einem übergreifenden Blickwinkel deutlich, der neben den erweiterten pädagogischen und sozialen Zielsetzungen[30] die »internationale Verständigung«[31] als einen (wichtigen und zukunftsweisenden) »Teil der politischen Bildung«[32] erfasst.

In der Europäischen Gemeinschaftspolitik bilden Jugendfragen kein eigenes Ressort, werden aber in vielfacher Weise behandelt (Es gibt ein Europäisches Jugendwerk und einen Jugendfonds.) Der Jugendaustausch im Freizeitbereich wird (für Gruppen) aus dem Programm »Jugend für Europa« gefördert. Dabei soll auch vor al-

---

l´interculturalité, la relation pédagogique doit se laisser questionner« heisst es zusammenfassend in der französischen Ausgangsfassung (Textes de travail: La relation pédagogique dans les rencontres interculturelles. La lecture des situations internationales: une réflexion à partir du modèle de l´école. No. 11; réedition 1996); S. 29. – Zum Thema »Interkulturalität« s. bes. Kap. 2.3.2.

28 Das sind außerdem: Ferienplanung der verschiedensten Art und Jugendwohnheime (z. B. für Lehrlinge) und die Organisation der möglichen freiwilligen sozialen Dienste.

29 Baacke, op. cit. (»außerschul. Päd.«), S. 116-125

30 z. B. die Verbindung von sozialem Engagement und abenteuerlicher Auslandserfahrung in internationalen Workcamps.

31 Begriff im politischen Sinne erläutert und auf die Jugendbildung bezogen (u.a.) bei: Dieter Danckwortt, Erziehung zur internationalen Verständigung. München 1965; S. 26 f. und 60 f. Zur Wandelbarkeit einzelner Zielvorstellungen s. Kap. 1.3.

32 Dies ist ein grundlegender Hinweis bei: Ott, op. cit., S. 11 und 17.

lem solchen Jugendlichen zu einem Auslandsaufenthalt verholfen werden, die sonst nicht leicht so etwas machen könnten oder würden.[33] Als Veranstalter kommen sowohl selbstorganisierte Gruppen von Jugendlichen als auch Verbände, Jugendorganisationen, Gemeinden und Bildungseinrichtungen in Frage. Eine weitere Vorbedingung ist, dass die Teilnehmer (im Alter zwischen 15 und 25 Jahren) aus mindestens zwei Mitgliedsstaaten der Europäischen Union kommen. Auf die entsprechenden organisatorischen und institutionellen Details des Jugendaustausches wird im Zusammenhang mit der Deutsch-Französischen Jugendbegegnung noch eingegangen werden (s. Kap. 2.3.7).

Hier noch ein kurzer Blick auf einige **sozialwissenschaftliche Forschungsrichtungen**, die sich speziell mit Bereichen der internationalen Jugendarbeit beschäftigen. Ein maßgebliches Kriterium ist die Interkulturalität der Begegnung und der Umgang mit daraus resultierenden Fragestellungen (s. Kap. 2.3.2). Im Unterschied dazu handelt es sich bei der sogenannten »Interkulturellen Pädagogik« um eine eigenständige Forschungsrichtung, die sich schwerpunktartig mit den sozialen und politischen Folgen von ethnisch-kultureller Verschiedenheit auseinandersetzt. Teilweise sind von diesem Problemkreis allerdings auch bspw. deutsch-französische Freizeiten betroffen.[34] Zur Ermittlung von (vorwiegend inter-euro-

---

33 Quelle: Müller-Solger, Hermann/Czyssz, Armin/Leonhard, Petra/Pfaff, Ulrich, Bildung und Europa. Die EG-Fördermaßnahmen. Bonn 1993; S. 52. [Das Programm läuft auf jeden Fall bis 1999.]

34 Und zwar in dem Maße, wie an diesen [vorrangig] bilateralen Begegnungen auch ausländische Mitbürger teilnehmen. Man vergleiche dazu bspw. eine kritische Anmerkung: »Obwohl entsprechend der Einwanderungspopulationen in den verschiedenen europäischen Gesellschaften an diesen Programmen auch türkische oder algerische, indische oder marokkanische Kinder teilnehmen, sind die Programme dennoch auf die Verständigung von deutschen und französischen, britischen oder spanischen Kindern und Jugendlichen zugeschnitten und realisieren sich weitgehend in Jugendbegegnungs- oder

päischen) Kulturdifferenzen, ihrer Wahrnehmung und Verarbeitung (vor makrosoziologischem Hintergrund) wurde durch Anregung von politikwissenschaftlicher Seite die Vorgehensweise der Ethnopsychoanalyse adaptiert, um eine empirische Untersuchung von Deutsch-Französischen Jugendbegegnungen zu ermöglichen. Dies ist ein Verfahren, das in analytischer Weise aus einem gegenüberstellenden, einem vergleichenden und einem die eigene Personalität mit hineinnehmenden Blickwinkel arbeitet. (s. a. Kunst-Beispiel in Kap. 2.2).

Soziologische und psychologische Forschungsergebnisse können die weitere Planung des Jugendaustausches erleichtern. Denn den Organisatoren rückt ihr eigentliches Ziel vielfach aus dem Blickfeld: »Bei den Politikern hat Jugendaustausch – erfreulicherweise – einen recht guten Stellenwert. Als Aufgabe ist er wohl allgemein unumstritten; es besteht Einigkeit, dass Jugendaustausch sinnvoll und unterstützungswürdig ist. Konkrete Ziele, die damit verbunden werden sollen, vor allem aber die Inhalte, sind oft nicht näher definiert. Jugendaustausch ist insoweit ein Phänomen, als die Kommunalpolitiker, die meist recht praxisnah und laut nach dem Sinn von politischen Entscheidungen fragen, gerade den Jugendaustausch recht unkritisch befürworten, ohne ihn an Sinnkriterien zu messen, ihn als Selbstzweck hinnehmen. Bei den Betreuern, gerade bei den im kommunalen Austausch sehr häufig als Begleiter von Jugendgruppen fungierenden Jugendsporttrainern, Klassenlehrern usw. ist oft keinerlei Nachdenken über den Sinn einer Austauschreise zu bemerken. Auch sie nehmen einen Austausch als Selbstzweck, beschränken sich auf das reine organisatorische Abwickeln, sind auch oft damit voll ausgelastet. Die pädagogische Reflexion,

---

Jugendaustauschprogrammen« (»Interkulturelles Lernen« von Marie-Theres Albert / Helmut Essinger. In: Wolfgang Sander (Hg.), Handbuch politische Bildung, Schwalbach / Ts. 1997; S. 391-402 (S. 394).

ein bewusstes Planen von Austauschinhalten ist ihnen fremd.«[35] Die pädagogischen Leiter sehen sich dabei vor das scheinbare Paradox gestellt, dass »eine Jugendaustauschmaßnahme einerseits meist in der Freizeit der Teilnehmer stattfindet, andererseits aber ein Austausch eben auch ‹Arbeit› ist.«[36] Alles erziehungswissenschaftliche und pädagogische Bemühen richtet sich demnach sowohl auf den Freizeit-Aspekt einer Jugendbegegnung als auch auf den ‹arbeitsamen› Teil, d. h. die themengebundene Seminar- und Gruppenarbeit. Hinzu treten vielerlei sozialwissenschaftlich fassbare Begleitumstände (aus der makrosoziologischen und mikrosoziologischen Perspektive), die die konkrete Arbeit maßgeblich mitbestimmen und in jedem besonderen Fall variieren. Diese Arbeit beschäftigt sich mit der Untersuchung und Erläuterung ihres Zusammenwirkens bei deutsch-französischen und europäischen Jugendbegegnungen. Zielrichtung ist die **pädagogische Gestaltung** (im allgemeinen); auf eine thematische, umfassendere Aufgliederung der interkulturellen Bildungsmaßnahmen muss im Rahmen dieser Arbeit verzichtet werden.[37]

---

35 Gerd A. Treffer: Kommunale Partnerschaften und Jugendaustausch. Stuttgart, München, Hannover 1984; S. 46/47.

36 Treffer, op. cit., S. 85. Ein ähnliches Dilemma ergibt sich auch für die Gruppenleiter selbst, deren Arbeit ebensowenig als »Urlaubshobby« (H. Ott, op. cit., S. 125) betrachtet werden kann und sollte (s. ebd.).

37 D. h.: Diese Arbeit beschäftigt sich speziell mit der sog. Jugendbegegnung als Austausch-Form. Andere Maßnahmen, die sich nicht an diesem Modell **verbalisierter** interkultureller Begegnung orientieren, bleiben außen vor. (Zu dieser Eingrenzung s. auch Kap. 2.1.2).

1.2 Politische Jugendbildung und die Stärkung der internationalen Verständigung

Schulische und außerschulische Politische Bildung kann unterschiedlich verstanden und gelehrt werden.[38] In der außerschulischen Jugendbildung steht zumeist die problemorientierte Vermittlung im Vordergrund. Als Zitat nach Bernd Janssen nennt Wolfgang W. Mickel drei unterschiedlichen Auffassungen von Politischer Bildung (und damit auch der politischen Sozialisation) innerhalb Westeuropas:

> »1.parteipolitische Schulung und Propaganda
>
> 2. Unterricht oder Studien über Politik (Institutionen, politische Systeme usw.) und
>
> 3. Befähigung zu politischem Urteil und politischer Beteiligung des einzelnen ohne parteipolitische Ausrichtung.«[39]

Neben einer unterschiedlichen Akzentuierung von Begriffen und Lernzielen »(wird) Position 1 (...) in Dänemark negativ abwertend verstanden, ebenso in Großbritannien, Frankreich, Luxemburg, Belgien, schwächer in den Niederlanden.«[40] Doch müssen die **Gemeinsamkeiten bestärkt werden**, besonders auch im zusammen-

---

38 Vgl. zur Einführung: Hermann Giesecke: Politische Bildung. Didaktik und Methodik für Schule und Jugendarbeit. Weinheim und München 1993.

39 B. Janssen: Europa in der Erwachsenenbildung. Bonn / 1980 / 1982 [Quellenangabe b. Mickel nicht ganz eindeutig].

40 Wolfgang W. Mickel, Lernfeld Europa. Didaktik zur europäischen Erziehung. Opladen ²1993; S. 207.

wachsenden Europa[41]. In einem Bericht des CAHJE (......), einem
Ausschuss des Europarates, ausgeführt wird die Ausgangslage zur
politikbezogenen Jugendarbeit so beschrieben: »Jugendliche sind
nicht gewillt, eine Ordnung mitzutragen, die für sie keine Mit-
gestaltungsmöglichkeiten nach ihren eigenen Prioritäten bereit-
hält. (....). (...) sie sind aber äußerst pessimistisch in bezug auf die
gesellschaftliche Zukunft: Drohender Verlust des ökologischen
Gleichgewichts, Atomkatastrophen, Spannungen zwischen den
Großmächten, der Rüstungswettlauf, das andauernde und immer
schlimmer werdende Elend in der dritten Welt verschaffen ihnen
(den Jugendlichen – W. M.) den Eindruck, dass vor lauter Sach-
zwängen und wegen der Eigendynamik bzw. Statik des Gesamt-
systems niemand mehr imstande sein wird, die großen Weltpro-
bleme zu lösen, und die Apokalypse Realität werden könnte. (...)
Autonomie, Genügsamkeit, Sensibilität, Identität von Denken und
Handeln und eine Art sozialer Zärtlichkeit sind einige der Wert-
haltungen, die die neuen Jugendkulturen bestimmen«[42]. Trotz
einiger Veränderungen der Weltpolitik der Zwischenzeit geben
diese deutlichen Erläuterungen skizzenhaft vielleicht die Grundzüge von verbreiteten Einschätzungen des ‹Politischen› unter Jugendlichen wieder, auch wenn sich diese manchmal nur schwer
mit konkreten politischen Fragen auseinandersetzen wollen: Auf
die Frage nach den allgemeinen (d. h. nicht durch Informatio-

---

41 Dazu in aller Kürze eine Erläuterung zu den damit verbundenen
Einzelbereichen: Unter Verweis auf: Walter Hornstein / Gerd Mutz: Die
europäische Einigung als gesellschaftlicher Prozeß. Soziale Problemlagen,
Partizipation und kulturelle Transformationen. Bonn 1993; S. 257
schreibt bspw. der Pädagoge Jens Mester: »Ohne eine Europäisierung der
nationalen Bildungssysteme sowie intermediäre und private europäische
Bildungsprojekte wird die EU ein ‹Koloß auf tönernden Füßen› bleiben«
(Mester, op. cit., s. 38).

42 Peter Fricker: Die Situation der Jugend in Europa. Straßburg, 20.9.1984 (Dok.
CAHJE (84)17), S. 15 f. ; zitiert nach: W. W. Mickel, Lernfeld Europa. Didaktik
einer europäischen Erziehung. Opladen ² 1993; S. 42).

nen beeinflussten) Erwartungen der Teilnehmer an europapolitischen Jugendseminaren[43] stand gemeinschaftliches Erleben und »Kennenlernen anderer Jugendlicher« eindeutig an erster Stelle; auch die Verbesserung von Sprachkenntnissen und freizeitliche Erwägungen wurden nicht vergessen. Die Beschäftigung mit europapolitischen Themen war dagegen wenig gefragt, und die Option »Jugendprobleme gemeinsam erarbeiten« konnte erst bei der Befragung <u>nach</u> der jeweiligen Veranstaltung unter den speziell »inhaltlichen Erwartungen« den höchsten Rang einnehmen (obschon dieser Rubrik wegen ihrer Ähnlichkeit zur Schulsituation insgesamt ein ‹schlechtes Image› anhaftete).[44] Auch in einer neueren und speziell auf das politische Lernen ausgerichteten Untersuchung an vier (sog.) »Europäischen Jugendwochen«[45] wird deutlich, »dass Europa bei den Jugendlichen sehr stark auf der Ebene von Freundschaft, Freizügigkeit und persönlichem Erleben gesehen wird«.[46] Die Beschäftigung mit »Europa« (allgemein und politisch) wurde von den Teilnehmern dieser Veranstaltungen sehr gut aufgenommen und zeitigte in jeder Hinsicht begrüßenswerte Lernergebnisse.[47]

---

43 gestellt anlässlich der Preisverleihung zum Europäischen Wettbewerb, einer Initiative der Europäischen Union, die sich in der Aufteilung in drei Altersgruppen an alle Schüler der Mitgliedsstaaten wendet.

44 vgl.: Werner Treuheit, »Evaluation von fünf Preisträgerverleihungen«. <u>In</u>: Treuheit / Janssen / Otten, op. cit., S. 51-236 (182-84).

45 Diese Initiative wendet sich an Jugendliche zwischen 12 und 26 Jahren, die normalerweise aus den Ländern des geographischen Europa kommen müssen.(Vom zuständigen Bundesministerium gefördert werden nur die in Deutschland stattfindenden Jugendwochen). (Vgl.: Mester, op. cit., S. 46-49).

46 Mester, op. cit., S. 167.

47 Leider kann in dieser Arbeit nicht im einzelnen darauf eingegangen werden. Siehe jedoch a.: Anm. 486 in Kap. 3.3 und die weiterführende Argumentation in diesem Kapitel und in Kap. 4.1.2).

Angesichts dieser vielschichtigen Problematik eines Lernfeldes sollten – bei aller notwendigen Abstraktion[48] – die vieldiskutierten[49] Ziele der modernen Politischen Bildung nicht untergehen. Besonders seit der politischen und gesellschaftlichen Öffnung Osteuropas bietet es sich an, bei Untersuchungen zur internationalen Jugendarbeit die interkulturelle Dimension mit derjenigen des politischen Lernens zu verknüpfen (bzw. als verbunden hervorzuheben). Dies geschieht in einer in dieser Fassung[50] recht konzisen theoretisch-praktischen Handreichung zum internationalen Jugendaustausch, die in der Forschungstradition von Treuheit / Janssen / Otten (op. cit.) steht.[51] (In Kap. 2.2.1 wird daraus das Beispiel einer politisch-geschichtlichen Kontroverse unter zwei Teilnehmern der östlichen Staaten diskutiert werden.)

So wird neben der faktischen Information auch die Wichtigkeit einer **allgemeinen Menschenbildung** deutlich. Wenn man bspw. im Lebensbericht des französischen Soziologen Edgar Morin liest,

---

48 vgl. z. B. eine wichtige Anmerkung zum gesellschaftlichen Handlungsgefüge der heutigen Zeit: »Eine *didaktische Erschließung und Aufbereitung* des Politischen für Lernprozesse ist daher und deshalb unverzichtbar, weil dem vorfindlichen Sein des Politischen an sich keine unmittelbar aufzeigende Bedeutung mehr zukommt. Sie darf gerade nicht konkretistisch erfolgen, weil das Politische selbst abstrakt ist, muss aber anhand ihrer geläufigen konkreten Erscheinungsweisen die Wesenheiten und Gesetzmäßigkeiten geistig erfahrbar und durch erkenntnisgesättigte Generalisierungen praktisch handhabbar zu machen vorbereiten« (Bernhard Claußen, »Politische Bildung«. (Lexikonartikel) in: Hierdeis, Helmwart / Hug, Theo, Taschenbuch der Pädagogik, Bd. 4; Baltmannsweiler [4] 1996; S. 1194-1204 (S. 1200, Herv. d. Verf.).

49 vgl. die bereits dargestellten Differenzierungen innerhalb der Europäischen Union und (speziell zu Frankreich) Kap. 2.1.3.

50 Ausgangspunkt der Publikation ist eine wissenschaftsmethodisch ausführlichere **Magisterarbeit**. Die Studie ist über sich selbst hinaus nicht als repräsentativ anzusehen, da die Fallzahl in jeder Erhebungssituation unter 100 lag (vgl. dazu: Mester, op. cit., Anm. 152)

51 Vgl.: Jens Mester: Europa wächst zusammen. Interkulturelles und politisches Lernen in europäischen Jugendbegegnungen. Bonn 1998.

er habe wahrscheinlich deswegen dem Nationalsozialismus und
später dem Stalinismus (geistig) widerstanden, weil er den Grau-
samkeiten der Politik und letztendlich der Grausamkeit der Welt
habe widerstehen wollen[52], ist das auf die moralische Dimension
des »Lebenlernens« zurückzuführen. Das Postulat, im Rahmen
einer umfassenden **Friedenserziehung** wiederum einzelne Prob-
lembereiche zu **konkretisieren** (was z. B. heißen kann, »den Krieg
schonungslos in seiner ganzen Realität darzustellen«[53]), wird durch
diesen Ansatz sicherlich nicht infrage gestellt.

Bei der internationalen Kontaktaufnahme spielen im besonderen
vorgefertigte Ansichten über Land und Leute eine wichtige Rolle.
(Wenn möglich, sollte dieser Themenbereich auch in der beglei-
tenden Studien-Arbeit einer organisierten Jugendbegegnung aufgegriffen werden.) In der theoretischen Auseinandersetzung gilt
es zunächst, grundsätzlich zwischen den unumgänglichen Vor-
Urteilen unserer Wahrnehmung und jenen gesellschaftlich pro-
pagierten sog. ‹nationalen Stereotypen› zu **unterscheiden**: »Kein
Vorurteil wäre bedenklicher, als die Annahme, ohne Vorurteile
leben zu können. Die schlechthin vorurteilsfreie Existenz ist nicht
vollziehbar. Das gilt im Prinzip für jeden Bereich, dessen wir uns vi-
tal, sozial, intellektuell oder sentimental bemächtigen. Die Frage ist
allerdings, in welchem Umfang, auf welche Weise und mit welchen
Konsequenzen das geschieht (...).«[54] Mit dieser Beschreibung soll
ausgedrückt werden, dass das bewusste Urteilen ein Spezifikum
des Menschen ist. Für den inter-kulturellen Kontakt ist die unaus-

---

52 s. E. Morin, op. cit., S. 340 und Kap. 4 (zur Überzeugungskraft biographischer
    Darstellungen).
53 Kurt Jürgensen: »Der Beitrag der Geschichtswissenschaft zur
    Friedensforschung«. In: Eberhard Jäckel / Ernst Weymar: Die Funktion der
    Geschichte in unserer Zeit. Stuttgart 1975; S. 238-53 (244).
54 Burghard Freudenfeld in der Einleitung zu: Reinhold Bergler, Vorurteile –
    erkennen, verstehen, korrigieren. Köln 1976, S. 7.

weichliche »kulturelle Determiniertheit«[55] unserer Anschauungsweise bedeutsam, das unser ‹Bild› vom anderen jeweils prägt.[56] Die Auseinandersetzung mit **jeder** Art von Unterschiedlichkeit ist wichtig, denn vielfach ist es jener sicherheitsspendende Alltag, der die Menschen dazu verleitet, die Augen vor gefährlichen Tendenzen zu verschließen – wie Bruno Bettelheim festgestellt hat, auch längstmöglichst in Zeiten der nationalsozialistischen Judenverfolgung.[57]

Allerdings existieren (besonders zwischen weit entfernt liegenden Kulturen) Unterschiede oder Widersprüche, mit denen umzugehen schwierig ist. Die kulturelle Andersartigkeit betrifft vereinbare und ausschließende Elemente: »Unterschiedliche Kleidung und Eßgewohnheiten sind koexistenzfähig, unterschiedliches Zeitverständnis, unterschiedliche Auffassung der Geschlechtsrollen und der

---

55 Anette Kleszcz-Wagner, »Interkulturelle Bedingungen landeswissenschaftlicher Erkenntnisprozesse. Ein Beispiel aus der Lehrpraxis«. In: Lüsebrink, Hans-Jürgen / Röseberg, Dorothee (Hrsg.): Landeskunde und Kulturwissenschaft in der Romanistik. Theorieansätze, Unterrichtsmodelle, Forschungsperspektiven. Tübingen 1995; S. 67-76 (68).

56 Wie A. Kleszcz-Wagner im folgenden nachweist, sind viele Probleme der sog. »Politischen Bildung« von dieser Schwierigkeit betroffen, hier ein Beispiel: »Ich konnte in nicht-geleiteten Gesprächen mit frz. Geschichtslehrern über den Widerstand in Frankreich immer wieder Assoziationen zu Konzentrationslagern feststellen. Wenn man deren Bedeutung nun mit deutschen Bewertungsmaßstäben zu erfassen sucht, läuft man Gefahr, aus einer Gleichsetzung der Konzentrationslager mit der Extermination von Juden den Widerstand nicht nur als patriotischen Akt gegen die fremde Besatzungsmacht zu deuten, sondern darüber hinaus als gegen Ideologie und politisches Herrschaftssystem des Nationalsozialismus gerichtet. Auf französischer Seite aber mögen die Konzentrationslager in diesem Zusammenhang eher als grausame Internierungslager für Widerstandskämpfer für die Befreiung des eigenen Landes von fremder Herrschaft erinnert werden, **ohne jedoch automatisch auch eine politische Opposition zu einem barbarischen Unrechtsregime zu meinen.**« (S. 69; Herv. M. B.). (s. auch Kap. 2.1.3 und 4.1).

57 vgl. ebd., S. 13/14; mit bes. Verweis auf: Bruno Bettelheim, Erziehung zum Überleben. Zur Psychologie der Extremsituation. Stuttgart 1982.

sexuellen Beziehungen sind es nicht. Es hat den Anschein, als ob gerade die zentral den Kern der Person betreffenden Normen nicht koexistenzfähig sind.«[58] Für diese Problematik gibt es (nach Nicklas) keine einfachen Lösungen. Einerseits brauche eine menschliche Gesellschaft einen »Grundkonsens«[59] von Regeln für ihr Zusammenleben, schreibt er, andererseits jedoch auch eine »*Normenflexibilität*« auf der Grundlage der Erkenntnis, »dass die eigenen Normen keineswegs ‹natürlich› (seien) (...), sondern historisch entstanden und relativ«.[60] Als Abhilfe nennt er (u. a.) die folgenden beiden pädagogischen Ansätze (von denen der erste noch kaum pädagogisch ausgewertet sei): Einmal die (von Henri Tajfel herausgestellte) Bedeutsamkeit, das jeweils eigene Selbstwertgefühl zu stärken, damit kein abwertender und hierarchisierender Vergleich nötig werde, um die eigene Identitätsvorstellung ‹hochzuhalten›. Andererseits das von Alexander Mitscherlich postulierte Bemühen, unbewusste emotionalen »Triebmechanismen und ihre Funktion für unser Denken und Handeln zu durchschauen und mit ihnen besser umgehen zu können«.[61]

Ein anderer Ansatz besteht in der Bekämpfung von Vorurteilen durch gezielt dargebrachte Information.[62] Dieser nicht psychologisierende Weg wird beim internationalen Jugendaustausch

---

58 Hans Nicklas, »Friedenserziehung – Erziehung zur Friedensfähigkeit im Umbruch«. <u>In</u>: Sander, op. cit., S. 361-372; (370).

59 Nicklas, op. cit. (»Friedenserziehung«), S. 370.

60 ebd.; Herv. v. Autor.

61 Nicklas, op. cit. (»Friedenserziehung«), S. 371. In ähnliche Richtung geht auch ein Argumentationsgang des Frankfurter Dritte-Welt-Pädagogen Jouchy (Vgl.: E. Jouchy: »Ethnozentrismus und Weltgesellschaft«. <u>In</u>: Ders.: Bleiche Herrschaft – Dunkle Kulturen. Frankfurt 1985).

62 Die an sich vorurteilsabbauende Wirkung von sachlicher Information bestreitet immerhin eine spezielle sozialpsychologische Felduntersuchung unter israelischen Ägypten-Reisenden. (Ben-Ari / Amir 1988). Näheres zum Thema »Vorurteile« s. Kap. 2.3.3.

vielleicht am häufigsten beschritten: Vorhandene [nationale oder gesellschaftliche] Vorurteile sollen durch überzeugende Erfahrungen verändert werden. Dahinter stehen psychologische Grundannahmen, die durchaus durch Experimente gestützt werden,[63] und die sich in folgender ‹Binsenweisheit› subsumieren lassen: »Wer Andersartigkeit versteht, versteht auch Alternativen, versteht möglicherweise auch den eigenen Standpunkt mit seinen Vor- und Nachteilen, in seinen Stärken und Schwächen besser.«[64] Dabei geht es um wirkliches Kennen und Verstehen in allen Facetten und aus einer sachlich-nüchternen Grundhaltung heraus: »Es kann nicht Ziel des Austausches sein, Emotionen umzudrehen, von Erzfeindschaft zu Verbrüderungseuphorie zu kommen.[65] (...) »Anzustreben wäre vielmehr eine realistische Darstellung des anderen unter Berücksichtigung aller da mitschwingenden pluralistischen Tendenzen.«[66] Ein solch weiträumiger Blickwinkel erlaubt(e) den Dissens als Kommunikationsgrundlage in einer originär[67] pluralistischen Gesellschaft und Welt, wodurch einseitiges und ausschließendes Denken auch in der Politik verhindert wird (bzw. würde).[68]

In diesem Sinne haben internationale (bzw. bilaterale) Kontakte immer eine (mehr oder weniger allgemeine) **politische** Bedeutung, nämlich die Unterstützung des Zusammenlebens Menschen und der Völker. Auch wenn unser gegenwärtiges Erziehungsverständnis weniger normativ orientiert ist, bleibt wohl auch heute »das ethi-

---

63 z. B. die sog. »Homan'sche Kontaktregel« und die sog. »Ähnlichkeitshypothese« aus Henri Tajfels »Theorie der Sozialen Identität«, s. Kap. 2.3.4.
64 Treffer, op. cit., S. 50.
65 Im Hinblick auf die deutsch-polnische Aussöhnung mahnt auch ein verbandspolitischer Experte der Völkerverständigung daran, dass es im zukünftigen Europa nicht um »Verbrüderung«, sondern um »gute Nachbarschaft« ginge. (s.: R. Stephan, op. cit., S. 540).
66 Treffer, op. cit., S. 51.
67 vgl. den Begriff »Interkulturalität«, der in Kap. 2.3.2 erklärt wird.
68 vgl.: K. Eder, op. cit. (»Politik der Begegnung«) In: Dibie / Wulf, op. cit.

sche Engagement für den Frieden, als das letzte und größte Ziel jeder internationalen Jugendarbeit zu sehen und stets anzustreben«. [69] Die in Kapitel 1.3 beschriebene **Vielschichtigkeit** und **Kontext-Abhängigkeit** von friedensfördernden Initiativen legt eine gut durchdachte **pädagogische Vorbereitung** nahe. Nur aus diesem Zusammenhang heraus ist die bereits von Breitenbach (1979) geforderte und durch Treuheit / Janssen / Otten (1990) bestätigte[70] Orientierung an den konkreten Interessen und Bedürfnissen der Jugendlichen zu verstehen: »‹Die … Förderung interkulturellen Lernens in der Internationalen Jugendarbeit (erfordert) … zunächst einmal mehr Zielklarheit. Dies … setzt voraus, so paradox es auch klingen mag, dass sich die Maßnahmen von dem programmatischen Anspruch befreien, der ‚Sicherung des Weltfriedens‘, der ‚Versöhnung zwischen ehemaligen Gegnern‘, der ‚Verwirklichung der Menschenrechte‘, der ‚Europäischen Einigung‘ etc., dienen zu wollen. Jugendliche jeder Nationalität und mit den unterschiedlichsten Sozialisationserfahrungen haben sehr unmittelbare Probleme, Wünsche, Interessen, Hoffnungen und auch Ängste, um die es ihnen geht›.«[71]

---

69 H. Ott, op. cit., S. 19.

70 vgl.: »Angesichts der Ergebnisse der Träger-Interviews und der Beobachtungen der Veranstaltungen (Verlaufsprotokolle) muss festgestellt werden, dass das Resümee der Breitenbach-Studie aus dem Jahre 1979 für weite Bereiche der internationalen Jugendarbeit der Gegenwart immer noch gilt (…)« (W. Treuheit: »Programmplanung und –durchführung«, Abschn. 4.1. im Kap. »Evaluation von fünf Preisträgerbegegnungen«. In: Treuheit / Janssen / Otten, op. cit., S. 51-236 (223).

71 D. Breitenbach: »Ergebnisse und Empfehlungen«. In: Ders. (Hrsg.): Kommunikationsbarrieren in der internationalen Jugendarbeit. Bd. 1-5, Saarbrücken 1979; Bd. 5, S. 28 (zitiert nach: Treuheit / Janssen / Otten, op. cit., S. 223). Zu dieser Feststellung vgl. jedoch Mester, op. cit., nach dessen Erfahrungen die europäisch-politische Bildung durchaus auf Interesse stieß (s. a. weiter oben). Es ist wohl durchaus möglich, dass jene oben angesprochenen »Sozialisationserfahrungen« gerade durch ihre große Unterschiedlichkeit im ‹Westen› und im ‹Ostblock› auch persönlich

Von dieser (auf den ersten Blick streitbaren) konzeptionellen Grundhaltung wird in Kap. 4 noch einmal die Rede sein, da sie immerhin den Dreh- und Angelpunkt für jene wichtigen, biographisch nachhaltigen persönliche Erfahrungen bildet.

so bedeutsam für die Jugendlichen sind (bzw. bei der Kontaktaufnahme werden), dass sie <u>interessehalber</u> in den Mittelpunkt rücken – und damit zwangsläufig auch deren **politische Dimension**. ...? Weil der Schwerpunkt dieser Arbeit auf dem deutsch-französischen Jugendaustausch liegt, kann der Frage hier leider nicht weiter nachgegangen werden; einige Erläuterungen zum politischen Lernen in den untersuchten Europäischen Jugendwochen finden sich in Kap. 2.2.1.

1.3 Die Internationalen Beziehungen als Rahmenbedingungen für Friedensförderung und Kulturaustausch

Vorbemerkung:

Es können in dieser Arbeit wirklich nicht alle politischen Erklärungsweisen dargestellt werden, um den sozialen Gegebenheiten im Kleinen den ‹großen Spiegel› der Weltpolitik vorzuhalten. Es geht hier lediglich um einige ausgewählte Gesichtspunkte, an denen sich möglicherweise Parallelen erkennen lassen. (Der Weg zu einer besseren internationalen Verständigung bleibt dabei insofern offen, als dass dabei viele situationsspezifische Interaktionsmomente mitspielen.) Außerdem soll ein Eindruck von der Arbeitsweise einiger übernationaler Institutionen (im kulturellen Bereich) gegeben werden, um einen gewissen Vergleich zwischen theoretischen Zielvorstellungen und ihrer Verwirklichung zu ermöglichen. Der Blick auf die großen Organisationsformen verweist somit auf die engeren Strukturen (der Bildungsinstitutionen).

Innerhalb der politischen Theoriebildung können wohl vier grundsätzlich verschiedene Richtungen unterschieden werden (hier dargestellt in einem Schema, das sich an Druwe/Hahlbohm/Singer 1995; S. 103-104, 114 und 119-122 anlehnt)[72]:

---

72 Vgl.: Ulrich Druwe / Dörte Hahlboom / Alex Singer: Internationale Politik. Neuried 1995.

(Neo-)Realismus,	Staatenwelt-Modell bzw. Billiard-kugel-Modell (Sicherheit + Frieden durch allseits stabilisierende Macht-Politik)
Integrations–,	Weltstaat, Weltgesellschaft (ï stabiler »positiver Friede« in sozialer Gerechtigkeit; sinnvoll nur in Verbindung mit Regimeforschung?!)
Dependenz–,	Weltmarkt (Ausrichtung am Sozialismus, Betonung der Belange der Dritten Welt ï neue Weltwirtschaftsordnung)
Interdependenztheorien.	Gittermodelle, Spinnennetzmodell (Variabilität in staatl. Macht-Sicherung + geschäftl. globaler Kooperation)

Von diesen Ansätzen seien zwei zur näheren Betrachtung herangezogen, ein »REALISTISCHER« ANSATZ nach Klaus Jürgen Gantzel[73] und drei Varianten der integrationspolitischen Richtung nach Daniel Frei, aufbauend auf Amitai Etzioni.[74] Dabei ist zu bemerken, dass im ersten Fall einzelstaatlich argumentiert wird, im zweiten Fall von einem globalen Standpunkt aus.

---

73 Der Textauswahl bei Frei, op. cit. folgend, zitiert aus: Klaus Jürgen Gantzel, System und Akteur. Beiträge zur vergleichenden Kriegsursachenforschung. Düsseldorf 1972; Kap. 14: »Konstruktion eines Grundmodells (Bezugsrahmens) zur systematisch-vergleichenden Kriegsursachenforschung« (S. 114-24).
74 zitiert nach: Daniel Frei, Theorien der internationalen Beziehungen. München ² 1977 (¹ 1973).

Eine »realistische« Situationsanalyse erläutert »komparativ-statisch«[75] (und damit einschränkend) die »Determinanten, Faktoren, Parameter« [76], die die Reaktionen von bestimmte «‹Staatstypen›« in bestimmten »‹Situationstypen[77]›« bestimmen. Dennoch ist dieser Ansatz durchaus umfassend angelegt. Gantzel schreibt: »(...) (Das Modell) darf sich (...) aber nicht auf psychologische Kategorien beschränken; vielmehr muss es die strukturellen gesellschaftlichen und politischen Bedingungen umgreifen, die die psychischen Mechanismen erzeugen, zulassen oder antreiben«[78]. Bei dieser Situationsanalyse spielen die sog. »Perzeptionsfaktoren« [79] eine große Rolle. Damit sind neben den Faktoren »Information und Kommunikation; Perzeption von Perzeptionen; Attitüden; allgemeine Wertstandards und spezielle Präferenzen; eigene und konkurrierende Zielsetzungen; (...); Zukunftserwartungen; stereotype Vorstellungen von anderen Akteuren usw.« [80] gemeint. Eine konkrete Konfliktsituation kann sich dann so darstellen: »Je eher das Tiefengedächtnis (zum Beispiel Stereotypen über andere Gesellschaften oder das darwinistische Image eines von Gewaltsamkeit diktierten internationalen Systems) überwiegt, desto eher wird sich die Regierung zu einer kruden Status-quo-Politik entschließen und gegebenenfalls physische Machtmittel für sie einsetzen. Je nach dem Grad, an dem die verschiedenen Schaltstellen des Systems kombiniert und koordiniert sind und innovative Neukombinationen ermöglichen (Elastizität und

---

75 Gantzel, op. cit., S. 117
76 Gantzel, op. cit., S. 118.
77 So auch schon subsumiert bei K.W. Deutsch; s. Gantzel, op. cit., S. 117 und 120.
78 Gantzel, op. cit., S. 121/22.
79 Gantzel, op. cit., S. 122 ff.
80 Gantzel, op. cit., S. 121. Zum Sonderfall des Stereotyps ‹Feindbild› vgl. die über die spezielle Thematik hinaus anerkannte Darstellung von Daniel Frei, »Feindbilder und Abrüstung. Die gegenseitige Einschätzung der UdSSR und der USA.« München 1985. Der Autor stellt darin 28 sog. summarische »Wahrnehmungsmuster« vor (111-121), die diesen gesamten Komplex betreffen.

Anpassungsfähigkeit versus Rigidität des Regierungssystems), werden Handlungsalternativen sichtbar oder wird die Situation zwanghaft erscheinen[81]. Gantzel geht es hierbei »ausschließlich (um) die Hintergründe der Situationsdefinition, die wesentlich den Modus des Konfliktaustrags beeinflusst«.[82] Er erinnert in diesem Zusammenhang an Lewis F. Richardson, der in ähnlicher Weise von zwei Grundannahmen ausging, nämlich davon, »dass Kriege die Konsequenzen sowohl von Aktions-Reaktions-Prozessen als auch von meßbaren zwischen- und innerstaatlichen Umweltbedingungen und –beziehungen seien«[83]. Es geht hier also eher um ein zerlegendes, separierendes Vorgehen hinsichtlich einzelner Krisen und Konflikte, als um eine Gesamtsicht. Manche Konfrontationen können auch im zwischenmenschlichen Bereich (z. B. in Kleingruppen) auftreten; ‹nationale Stereotypen› ist dabei ein Schlüsselbegriff.

Die sog. INTEGRATIONSTHEORIEN gehen dagegen von der internationalen »Weltpolitik« aus. Sie bewegen sich zwischen Vorstellungen von Integration als **Zustand** und Integration als **Prozess.**[84] Neben den Aspekten »Macht, Nutzen, Normen« und (nach Etzioni) drei variablen Integrationsgrößen (konkret sichtbar in Commonwealths, Unionen, (Kolonial-) Reichen[85] geht es (bei Frei) um die ideelle Begründung von (weltpolitischen) Integrationsversuchen. Er spricht von drei Richtungen auf diesem Gebiet, dem »individualistischen«, dem »globalistischen« und dem »evolutionistischen

---

81 Gantzel, op. cit., S. 123.
82 Gantzel, op. cit., S. 124.
83 ebd.
84 nach Frei, op. cit., (»internationale Beziehungen«); S. 209; Begriffe herv. im Orig.
85 Lt. Frei ist es Etzionis Verdienst, sowohl die drei genannten Merkmale als auch die drei genannten Integrationsräume in einer Theorie miteinander zu vereinen. (vgl. Frei, op. cit. (»internationale Beziehungen«); S. 212).

Ansatz«[86]. Der erstgenannte Ansatz zielt auf die moralische und kulturelle Änderung beim einzelnen Menschen ab; gemäß der UNO-Charta aus dem frühen 20. Jahrhundert: »War begins in the mind of men ...«[87] Offen bleibt die Frage nach einer effektiven Realisierung in den gegebenen **Strukturen**. Schwierig dabei bleibt jedenfalls die erforderliche (Erziehungs-) Arbeit, da es eine ÜBER-NATIONALE ‹politische Sozialisation› kaum gibt, sie behördlich weder möglich, noch (in den meisten Fällen) überhaupt erwünscht ist.[88] Der zweite Ansatz zielt – quasi als Ergänzung – auf die Institutionalisierung[89] der erreichten friedenssichernden Initiativen im internationalen Bereich ab. Nach Frei wird dabei die Schwierigkeit der Durchsetzung übersehen, die diese Behörden haben, sofern sie nicht auf breite Zustimmung stoßen oder ihre Beschlüsse erzwingen können. Ein weiteres Problem besteht auch in der mitschwingenden, rationalen Technokratie solcher universalen Utopien, wenn es um die Herrschaftsfrage geht.[90] Der dritte genannte Ansatz setzt in der Hoffnung auf ein wachsendes Menschheitsverständnis von der individuellen zur kollektiven Dimension hin, auf eine Art ‹Politik der kleinen Schritte›. Bemerkbar macht sich diese Haltung im »internationalen Krisenmanagement«[91], bei dem die UNO in all ihrer Begrenztheit immerhin »auf die Konfliktparteien einen mä-

---

86 s. Frei, op. cit., (»internationale Beziehungen«), S. 247-51.

87 zitiert nach: Frei, op. cit., (»intenationale Beziehungen«), S. 247.

88 Heute noch gültig ist bestimmt Freis Hinweis auf die weitestgehend »nationale« Erziehung mit *einzel*staatlichen Erziehungsministerien und Schulbuchverlagen ! (s. S. 248; gleiche Herv.). Ansonsten haben sich die allg. Bestrebungen und Zielvorstellungen – zumindest in der EU – sicherlich schon mehr oder weniger zu einer Öffnung hin gewandelt.

89 <u>Stichworte</u> sind: Diskussionen um »Weltververfassungspläne« und ein mögliches »Weltparlament« (vgl. Frei, S. 249).

90 Frei denkt dabei an mögliche universale Gesetze, die die Menschen unfrei machen würden, da sie (mehr oder weniger notgedrungen) zu undifferenziert wären.

91 Frei, op. cit. (»internationale Beziehungen«), S. 251.

ßigenden Druck und auf den Konfliktsverlauf insgesamt einen ritualisierenden Einfluss auszuüben (vermag).«[92] Für noch wichtiger allerdings hält Frei die allmähliche Sensibilisierung und weltweite Zusammenarbeit bei weltweiten Problemen; er nennt hier (1977) im wesentlichen die Resourcenknappheit (ebd.) und würde heute sicherlich den Umweltschutz in den Mittelpunkt stellen. Für die Verwirklichung einer »Neuen«, die Dritte Welt nicht vernachlässigenden und die Industrieländer sachgerecht einschränkenden »Weltwirtschaftsordnung« hat er – trotz aller Unzulänglichkeiten – das »UNO- System« im Auge[93].

Die integrationspolitischen Ansätze sind seit den 70-Jahren nicht mehr weitergeführt worden; sie sind wohl zu schwierig oder zu utopisch.[94] Immerhin bildet unsere gegenwärtige Globalismus-Debatte dazu (zumindest teilweise) eine besser fassbare Variante heraus, bei der auch die ‹Interdependentien› in den Blick genommen werden.[95]

---

92 Frei, op. cit. (»internationale Beziehungen«), S. 252.

93 Zitate und Argumentation s. Frei, op. cit. (»internationale Beziehungen«), S. 252-53.

94 vgl. auch die Forderung nach gleichzeitiger Regime-Forschung (s. Tabelle am Anfang dieses Kapitels).

95 Im Hinblick auf eine friedliche interkulturelle Durchdringung schlägt bspw. der frühere UN-Mitarbeiter Maurice Bertrand vor, das Integrations-Konzept durch das der Interdependenz zu ersetzen (M. Bertrand, referiert nach: J. Demorgon: »Interkulturalität und Europäisierung«. In: Dibie / Wulf, op. cit., S. 166/67. (Vgl. a.: Kap. 3.3). Die wissenschaftliche Diskussion der 70-er Jahre machte zudem die **Komplementarität** der »realistischen« zur »globalistischen« Sichtweise deutlich: »Während die Realisten an einer staatszentristischen Auffassung festhielten, d. h. im souveränen (National-)Staat den dominanten Akteur des internationalen Systems erblickten, nahmen die Globalisten einen Wandel hin zu einem System wahr, in dem unter dem Eindruck zunehmender politischer und sozio-ökonomischer Verflechtungen nicht-staatliche Akteure (...) eine Aufwertung erfahren« (Gerhard Kümmel: »Internationale Politik«. In: Dirk Berg-Schlosser / Sven Quenter (Hrsg.): Literaturführer Politikwissenschaft.

Es ist auch zu beachten, dass alle politischen Modellvorstellungen irgendwie die Friedensfrage in sich aufgenommen haben und dass – wie bereits angedeutet – (radikale) Integration nicht unbedingt mehr (Welt-)Friede bedeutet. Die Grundlage des Friedens sind allerdings sowohl die Zivilisierung des Konflikts (durch Verrechtlichung) wie auch eine wachsende Kooperation (mit Integration als Steigerung).[96] Für das Verhältnis zwischen Staaten ergibt sich das folgende Wechselspiel:

»Im internationalen System lassen sich zwei Prozesse von langer Dauer beobachten: Machtrivialitäten unterschiedlicher Reichweite sowie Vernetzungen (Interdependenz) unterschiedlicher Dichte. Mit beiden Erscheinungen beschäftigt sich die Friedensforschung: Mit Machtrivialitäten, weil aus ihnen Gewalt, im Grenzfall Kriege, erwachsen können; mit Interdependenzen, weil sie Machtrivialitäten unterlaufen oder überwölben sollen. Zwischen beiden Erscheinungen besteht ein dialektischer Zusammenhang: Je unverstellter die Machtrivialitäten, um so weniger haben die Interdependenzen Chancen, Konflikte abfedern zu helfen; je ausgeprägter Interdependenzen, um so größer die Wahrscheinlichkeit, Machtrivialitäten in den Hintergrund zu drängen sowie unvermeidliche Interessen in friedliche Bahnen zu lenken«[97]

Robert Picht (der Leiter des Deutsch-französischen Instituts in Ludwigsburg) bezeichnet den Kulturaustausch als den eigent-

---

Eine kritische Einführung in die Standardwerke und ‹Klassiker› der Gegenwart. Stuttgart 1999; S. 157-92; (158).

96 Vgl. dazu das Schaubild zum Paradigma des Begriffs »Frieden« in: Reinhard Meyers: Begriff und Probleme des Friedens. Opladen 1994; S. 24.

97 Dieter Senghaas, Friedensforschung und der Prozeß der Zivilisation. In: Bernhard Moltmann: Perspektiven der Friedensforschung, Baden-Baden 1988; S. 167; zitiert nach: Hans Jürgen Krysmanski, Soziologie und Frieden. Grundsätzliche Einführung in ein aktuelles Thema. Opladen 1993, S. 163.

lichen Ausgangspunkt von friedensfördernden wechselseitigen Beziehungen zwischen Staaten. Er schreibt: »(...) Je schwieriger die Lage, je tiefgreifender die wirtschaftliche und soziale Krise, desto wichtiger ist die Verständigung zwischen den Völkern. Sie wird erst dann tragfähig, wenn sie sich nicht auf oberflächliche Freundschaftsbekundungen und vergangenheitsorientierte Versöhnung beschränkt. Kulturelle Beziehungen bilden deshalb die entscheidende Grundlage engerer internationaler Zusammenarbeit. Verständigung hängt von der Qualität des möglichen Verständnisses zwischen den Kulturen ab.«[98]

Das angestrebte und schrittweise verwirklichte ‹Zusammenwachsen Europas› kann als ein reales Beispiel dafür dienen, wie um politische Integration versus nationale Abgrenzung gerungen werden kann[99]. Einige Einzelheiten zum institutionellen Aufbau dieses ‹Politischen Europas› sollen am Beispiel der europäischen Kulturförderung veranschaulicht werden:

In der KSZE (Konferenz für Sicherheit und Zusammenarbeit in Europa, seit 1995 umbenannt in: OSZE: Organisation für Sicherheit und Zusammenarbeit in Europa) geht es um die folgenden,

---

98 Robert Picht (Hrsg.), Das Bündnis im Bündnis. Berlin 1982, S. 11 (Vorwort).

99 »Die ‹Europäische Dimension›, wie immer man sie definieren und inhaltlich fixieren mag, ist primär integrationspolitischer Natur«, erinnert Wolfgang W. Mickel (Wolfgang W. Mickel, »Europäische Dimension (im Unterricht)«, S. 88-91. In: Wolfgang W. Mickel (Hrsg.): Handlexikon der Europäischen Union. Köln 1994; S. 89). Diese Beschreibung ist unbedingt vor dem alltags-politischen Hintergrund zu sehen, dass wir sehr wohl in (eher) hegemonial-bevorzugenden Kategorien denken, auch in Bezug auf die europäische Einigung. (Vgl. dazu: Klaus Eder: »Prolemogene und irenogene Folgen interkultureller Kommunikation – Überlegungen zu einer Politik der Begegnung in Europa.« In: Dibie / Wulf, op. cit., S. 76-84).

sehr unterschiedlichen Aufgabenbereiche[100]: 1. die Sicherheit in Europa, 2. die Zusammenarbeit in der Wirtschaft, Wissenschaft, Technik und Umwelt, und 3. um den humanitären Bereich (der Menschenrechte), um die Kultur, den freizügigen Ideen- und Informationsaustausch, um Bildung und die »Ausweitung und Intensivierung menschlicher Kontakte«.[101] Seit 1990 ist der CDCC[102] (Conseil de la Coopération Culturelle) mit einem Kultur- und einem Bildungsausschuss das entsprechende Organ im Europarat: »Das CDCC setzt sich aus Beamten der Außen- und Kultusministerien der Signatastaaten der Kulturkonvention zusammen. Es legt Haushalt und Arbeitsprogramm im Rahmen der Vorgaben des Ministerkomitees fest, nimmt Arbeitsergebnisse zur Kenntnis und leitet Empfehlungen an das Ministerkomitee weiter.«[103] Es gibt allerdings eine entscheidende Einschränkung: Das oberste Gremium des Europarates, das Ministerkomitee, kann nicht verpflichtend verordnen. Es geht um den Antagonismus »Einzelstaatlichkeit / Kulturhoheit versus angestrebte «Harmonisierung« innerhalb Europas und der gesuchten Kooperation. Dieses sog. »Subsidiaritätsprinzip« verhindert vielfach die eigentliche übernationale Integration. Seit Inkrafttreten des Vertrages über die Europäische Union am 1. 11. 1993 hat sich immerhin institutionell einiges vereinfacht. Im Vertrag von Maastricht (1992) bspw. wurde der Europäischen Kommission mit Art. 128 EGV ermöglicht, ohne voraufgegangene Ministerratsentscheidung kulturpolitische Programme durchzuführen. Dieser selbe Paragraph macht auch deutlich, dass es ebenso sehr um die einzelnen verschiedenen Kulturen geht, wie um das allgemeine

---

100 zitiert nach: Barbara Lippert: »Die KSZE«. In: Weidenfeld / Wessels (Hrsg.): »Europa von A-Z. Taschenbuch der europäischen Integration«, Bonn 1991; S. 237-42 (Lexikonartikel).
101 Lippert, op. cit., S. 239.
102 auch CCC abgekürzt.
103 zitiert nach: Bernd Janssen: »Bildungs- und Jugendpolitik«. In: Weidenfeld / Wessels, op. cit., S. 77-82 (Lexikonartikel).

europäische Kulturerbe.[104] Auch in der Europäischen Union fördert das übernationale Kulturverständnis als einen ‹irgendwie›[105] wichtigen Faktor wirtschaftlicher, (indirekt) sicherheitspolitischer und umweltpolitischer Art[106]. Auch hier wird ‹Kultur› gewissermaßen als Keimzelle von andersartigen und weiterreichenden Aktivitäten verstanden (»'In einen Binnenmarkt verliebt man sich nicht' «, soll Jacques Delors einmal dazu angemerkt haben.[107])

In dieser Arbeit wird der Kulturbegriff zudem weitgehend[108] im Sinne der **Kulturanthropologie** verwandt, um letztendlich jegliche soziale und zivilisatorische Aneignung zu charakterisieren.[109]

Natürlich lässt sich die internationale Politik nicht so einfach strukturieren bzw. erklären. Es geht hier jedoch um den Zusammenhang zwischen ‹großer Politik› und den sozialen und pädagogischen Bemühungen ‹im Kleinen›. Standen bspw. in den fünfziger und sechziger Jahren Zielvorstellungen wie »Kennenlernen« (der Nachbarn) und »Völkerverständigung« hinter den Begegnungsinitiativen, so sind es heutzutage eher die etwas abstrakteren (und weiter ausgreifenden) Gedanken »Solidarität« und »gemeinschaftliches Handeln« (im interkulturellen Dialog).[110]

---

104 vgl.: Dieter W. Benecke: »Kulturpolitik«. <u>In</u>: Europa von A-Z. Taschenbuch der europäischen Integration. Bonn ⁶ 1997; S. 253-56 (Lexikonartikel).
105 als Theorie-Vorstellung Spill-Over-Effekt genannt.
106 vgl. Benecke, op. cit., S. 255.
107 zitiert nach: Benecke, op. cit., S. 254
108 das bedeutet: a) nicht immer und b) lediglich vom **Ansatz** her und nicht das gesamte kulturanthropologische Konzept beinhaltend.
109 vgl. dazu die Schlüssel-Definitionen zur Interkulturalität und zum interkulturellen Lernen in Kap. 2.3.2.
110 Beachtenswert hinsichtlich der psychologischen Hintergrund-Prozesse ist die von Treffer zitierte Einschätzung von schulpolitischer Seite, wie sie im »Bericht über den internationalen Lehrer- und Schüleraustausch des Schulreferats der Landeshauptstadt München 1975« deutlich wird: »In früheren Jahren wurde der Austausch wesentlich von dem Wunsch getragen, wieder Verbindung

Daneben fordert ein reflektierender (‹postmoderner›) Ansatz die »Bewusstwerdung des Dissenses«[111], um die Menschen in der heutigen Gesellschaft handlungsfähig zu machen. Diese psychologisch ausgerichtete Theorie betont die interkulturellen Wechselwirkungen aller Art und sieht in der angestrebten Versöhnung nur den ersten Schritt der Konfliktverarbeitung.[112] Als Grundlage zur pädagogischen Planung von Jugendbegegnungen ist sie vorherrschend (wie auch die weitere Darstellung zeigen wird). – Jene Dimensionen von Nähe und Ferne in kulturellen Beziehungen zeigen sich auch deutlich in dem seit 1991 vertraglich neu begründeten **deutsch-polnischen Verhältnis**. Die Schritte, die ab 1993 in die Arbeit des Deutsch-Polnischen Jugendwerks einmündeten, sind rückwärtig auf die Erfahrungen der deutsch-französischen Versöhnung bezogen und haben vorwärts gewandt die fortschreitende europäische Einigung im Blick.

Die Politik war bemüht, bereits aus Fehlern und Versäumnissen bei der Vertragsgestaltung zu lernen: Im Deutsch-Polnischen Vertrag wird die gesellschaftliche und kulturelle Zusammenarbeit stärker beachtet, als dies in Wortlaut und Gliederung des Deutsch-Französischen Vertrages der Fall ist. Der Weg zur Verständigung ist auch

---

mit dem Ausland zu bekommen und für die Versöhnung zwischen den vom Krieg betroffenen Ländern und Menschen zu wirken. Heute besteht verstärkt das Bedürfnis, sich selbst zu informieren und zu orientieren sowie durch internationale Solidarität beim Abbau von Konflikten und der Lösung von Problemen mitzuhelfen.« (zitiert nach: Treffer, op. cit., S. 48). Vgl. dazu a.: Werner Müller: Von der ‚Völkerverständigung‘ zum ‚interkulturellen Lernen‘: die Entwicklung des internationalen Jugendaustauschs in der Bundesrepublik Deutschland. Starnberg 1987 (zugl. Diss.)

111 K. Eder, op. cit. (»Politik der Begegnung«). In: Dibie / Wulf, op. cit., S. 79.

112 Angestrebt wird ganz allgemein ein Lernprozess, der dazu führt, »dem, was mit Versöhnung gemeint war, eine ganz neue objektive Bedeutung (zu geben) (...), die über die subjektiven Intentionen ihrer Urheber hinausginge« (Klaus Eder: »Zwei politische Kulturen oder eine?« In: Dibie / Wulf, op. cit., S. 106-113 (113).

hier weit. Denn auch wenn Deutsche und Polen sich geistig-kulturell wohl näher stehen, als Franzosen und Deutsche, so fügte die Politik der beiden Weltkriege und deren Folgen dem Verhältnis der beiden Nationen zueinander bekanntlich viel Trennendes hinzu.[113]

---

113 Einen <u>Leitsatz</u> für die Zukunft und Gegenwart formuliert R. Stephan, Romanist und Leiter des Referats Völkerverständigung bei der Robert-Bosch-Stiftung: »Es liegt heute in deutscher – und französischer – Verantwortung, die polnischen Nachbarn ein für allemal von dem Bewusstsein zu befreien, die ‹Verlierer Europas› zu sein – durch partnerschaftlichen Dialog und praktische Hilfe«. (Rüdiger Stephan: »Deutschland – Frankreich – Polen«. <u>In</u>: Ewa Koyblinska / Andreas Lawaty / Rüdiger Stephan (Hrsg.): Deutsche und Polen. 100 Schlüsselbegriffe. München 1992; S. 534-540 (538/39).

2 Thematische Schwerpunkte:

2.1 Deutschland und Frankreich:

2.1.1 Die historische Nachbarschaft: Über den Umgang mit Grenzen

Da in diesem Rahmen eine umfassende Geschichtsdarstellung[114] nicht denkbar ist, soll eine gewisse Zusammenfassung unter dem Stichwort »Grenze« [115] versucht werden. Der mit diesem Begriff verbundene Themenkomplex ist vielleicht besonders für das Verhältnis der beiden Nachbarländer Deutschland und Frankreich ‹symptomatisch› – doch ist das eine Frage, die hier nur aufgeworfen werden kann.

Das herkömmliche Reich des germanischen Stammes der Franken umfasste bereits im Jahr 527 n. Chr. das Gebiet des heutigen

---

114 Einen auch historisch orientierten Einblick in das deutsch-französischen Nachbarschaftsverhältnis gibt vielleicht die folgende Aufsatzsammlung: Horst Lehner (Hrsg.): Auf der Suche nach Frankreich. Der Nachbar im Westen und die deutsche Kultur. Herrenalb / Schwarzwald 1963. Das Buch wurde (zunächst als Sendereihe des süddeutschen Rundfunks) noch **vor** dem politischen Aufwind von 1963 geplant – so der Herausgeber im Vorwort (S. 9). Daher zeigt es noch sehr authentisch den Wunsch und das Ringen in Richtung auf einen geschichtlich-politischen Neuanfang. Diese Perspektive (aus **deutscher** Sicht) ist eine ganz andere als die der Gegenwart. Sie ist sehr literarisch, historisch, mentalitätsgeschichtlich – anstatt politologisch, psychologisch, interkulturell (wie es die heutigen Argumentationsansätze sind).

115 »Grenzen sind historische, psychologische, häufig intime Meßlatten des Umgangs zweier Völker«, schreibt der saarländische Diplomat Werner Rouget (mit lothringischer Familie, daher der französische Name). (s.: Werner Rouget: Schwierige Nachbarschaft am Rhein. Frankreich – Deutschland. Herausgegeben von Joachim Bitterlich und Ernst Weisenfeld. Bonn 1998); S. 31). Er erinnert dabei an die auch symbolisch verstandenen Zeichen der Abgrenzung, den »Westwall« und die »Marginot-Linie« (ebd.).

Frankreichs bis zum Rhein unter Einschluss Kölns (lateinisch damals Agrippina). Die Alamannen (von deren Namen sich der französische Begriff für »Deutschland« ableitet) siedelten im heutigen süddeutschen Raum. Weiter östlich begann das weiträumige Gebiet der slawischen Völker.[116] Unter der Regierung König Pippins (751-768) festigte sich das Reich der Franken, das bis zum Ende der Regierungszeit Karl des Großen (814) auch einen Streifen Nordspaniens, Ober- und Mittelitalien und Teile des Balkans umfasste. Das Reich ließ sich nicht halten, und in der Folgezeit wurde das mittlere, das am weitesten entwickelte, jedoch innerlich instabile Reich zum ‹Zankapfel› zwischen den Herrschen des westfränkischen und des ostfränkischen Gebietes. Die sog. »Straßburger Eide« von 842, mit denen sich die beiden Brüder und Herrscher, Karl der Kahle im Osten und Lothar der Deutsche im Westen, gegenseitige Solidarität zusichern, sind als Sprachdokumente bedeutsam, denn sie bezeugen erstmals die Existenz der jeweiligen »Volkssprache«, d. h. des Althochdeutschen und des Altfranzösischen (neben der gemeinsamen lateinischen Sprache). Abgesehen von der Sprache als Trennmarke zwischen den Gebieten und ihren Bewohnern zeigen die Auseinandersetzung zwischen den Nachfolgern Karls des Großen bespielhaft das sich wandelnde Rechtsverständnis der damaligen Zeit.[117] Es galt nicht mehr jene (reichs)umfassende Friedensordnung aus christlichem und kirchlichem Anspruch (»pax und concordia«). Der Herrscher des Mittelreiches, der bevorzugte Kaiser Lothar I., wurde vom ursprünglichen Bündnis der beiden Brüder ausgeschlossen. Deren Sieg bei Auxerre, als Gottesurteil anzuse-

---

116 Vgl. Übersichtskarte in: Fernis, Hans-Georg / Haverkamp, Heinrich, Grundzüge der Geschichte von der Urzeit bis zur Gegenwart. Berlin u. a. ¹¹1964; S. 88.

117 Bei dieser Thematik wird zurückgegriffen auf: Josef Semmler, »Eine Herrschaftsmaxime im Wandel: Pax und concordia im karolingischen Frankenreich«. In: Historisches Seminar der Universität Düsseldorf (Hrsg.), Frieden in Geschichte und Gegenwart. Düsseldorf 1985; S. 24-34.

hen, führte 843 mit dem Bündnis der »fraterna pax« (in Verdun) nur mühevoll eine gewisse Befriedung herbei. So wurde die theologische Begründung von Solidarität und Frieden durch eine rechtliche Vorstellung (die der Blutsverwandtschaft) abgelöst; ein Prozess, der 878 in die Form eines beeideten Freundschaftvertrags (»amicitia«) zwischen den Herrschern der nächsten Generation einmündete.

Der hier thematisierte Begriff des »Rivalen« (z. B. in einer Rivalitätsstreitigkeit) geht auf den lateinischen Wortzusammenhang zwischen «rivus« = »Wasserlauf«, »Fluß« und dem substantivierten Adjektiv (=»rivale«) zur Bezeichnung des dort Wohnenden zurück, mit dem man sich um das Wohn- und Nutzungsrecht des Wassers auseinandersetzen muss. In diesem Zusammenhang erinnert Günter Ullrich daran, dass »Deutschland und Frankreich (...) stets Rivalen[118] im Doppelsinn dieses Wortes gewesen (seien) – zwei Völker, die sich rechts und links des Rheines nacheinander zu Flächen- und Nationalstaaten entwickelten (...)«.[119] Das Gebiet Elsass-Lothringen (Teil des vormaligen Mittelreiches Lotharingien) stellt ein deutliches Beispiel dafür dar, wie die Landesgrenze (durch den Rhein) von Deutschen und Franzosen gehandhabt wurde und wie mit der sprachlichen Verschiedenheit umgegangen wurde. Traditionsgemäß gehören das Elsass und Ost-Lothringen zum deutschen Sprachraum und waren auch politisch bis zum Ende des Dreißigjährigen Krieges (bis 1681) Teil des »Heiligen Römischen Reiches Deutscher Nation«. Infolge der wechselnden Staatszugehörigkeit nach den Kriegen der folgenden Jahrhunderte (ab 1871 deutsch, 1919 wieder französisch, 1940-45 von Hitler okkupiert, dann wieder

---

118 im Original mit o. g. Wort-Erklärung in Fußnote).
119 G. Ullrich: Das Ende einer Rivalität? Perspektiven zur deutsch-französischen Verständigung. Lindhorst 1986, S. 13. In dieser historischen Darstellung (die den Schwerpunkt auf die Ereignisse des 20. Jahrhunderts legt) wird die Frage der Rheingrenze als Ausgangspunkt von Rivalität und Auseinandersetzung besonders hervorgehoben.

48

französisch), wuchs sich die Sprachenfrage im Elsass nicht nur zu
einer Rivalität zwischen Hochsprache und Dialekten aus, sondern
wurde auch zu einer Entscheidungsfrage zwischen den Hochspra-
chen Deutsch und Französisch, verbunden mit einem jeweils anderen Kulturleben.[120] Mit dem Entstehen der Nationalstaaten in
Europa wird die Sprachenfrage allgemein mehr oder weniger zu
einem Politikum, zu einem Kennzeichen staatlicher Abgrenzung.
Das heißt, dass im deutschen Staat deutsch gesprochen werden
sollte und im französischen französisch. In der Sprache drückt sich
auch die Identität einer Volksgemeinschaft aus. Auf das Elsass bezogen kommt Eugène Philipps daher zu dem Schluss, dass »(der)
Fortbestand des Dialektes während ihrer gesamten Geschichte
(dazu führte), dass dieser die einzige Sprache wurde, mit der sich
die Elsässer vollkommen identifizieren«.[121] Seine Zukunft ist un-
gewiss.[122]

Sprachenverbote sind hintergründige oder im Hintergrund eines
Nationalitätenverhältnisses stehende Details. Jedenfalls wird dadurch nicht unbedingt **offene** Feindschaft ausgedrückt, wohl aber
eine manifeste Abgrenzung mit der indirekten Abwertung der anderen Nation. Der elsässischen Dialekt verdankt seine heutige ideelle Bedeutung weitgehend den in der Geschichte wirksamen politischen Einflüssen: Das Elsässische ist als Kulturerbe ein sprach-

---

120 s. a. Kap. 2.1.2.
121 E. Philipps, Zeitgenosse Elsässer. Die Herausforderung der Geschichte.
    (deutsche Übersetzung) Karlsruhe 1987; S. 82.
122 Es steht in Aussicht, dass ein sprach-paritätisches Kindergarten-, Schul- und
    Ausbildungssystem die Situation von institutioneller und öffentlicher Seite
    aus entlasten und ausgleichen könnte, schreibt Hellmut Lösch über die
    Erhaltung der deutsch-französischen Zweisprachigkeit. Die Frage nach der
    Entwicklung des alltäglichen Sprachverhaltens muss seiner Meinung nach
    offen bleiben, da es keine vergleichbaren Erfahrungswerte gäbe. (Vgl.: H.
    Lösch, Zweisprachigkeit in Elsass und Lothringen – gestern, heute und auch
    morgen? Versuch einer Bilanz. Wien 1997; S. 105/06).

licher Fremdkörper in einer offiziell französischen Region. Seine Anerkennung wäre (und ist) gleichzusetzen mit der Anerkennung der historisch-kulturellen Entwicklung[123] des Elsass´.

Demgegenüber war die Anerkennung der deutschen Nation nach allem Leiden, das der Krieg mit sich gebracht hatte, eine große Aufgabe und ein großer in der Realität vollzogener Schritt des Entgegenkommens Frankreichs. Da Politik ist immer auch auf das Wirken einzelner zurückzuführen ist, seien zwei gesellschaftlich und in diesem Versöhnungsprozess engagierte Persönlichkeiten stellvertretend hier zitiert.

Joseph Rovan aus München (geboren 1918), der 1933 nach Frankreich emigrieren musste, dort auf französischer Seite Kriegsdienst leistete und Mitglied der *Résistance* war, wurde Februar 1944 verhaftet und war (mit Zwischenstationen) bis April 1945 Insasse im Konzentrationslager Dachau. Bereits am 1. Oktober 1945 veröffentlichte Rovan in der Monatszeitschrift *Esprit* einen Artikel zu der Frage, wie mit Deutschland nach dem Krieg verfahren werden solle und wie die Franzosen mit ihrem Nachbarland umgehen sollten. Darin ist von einem humanistischen Prinzip die Rede, von der grundsätzlichen Achtbarkeit der Menschen, die manchmal verdeckt wird und dennoch gesucht werden sollte: »Je mehr unsere Feinde die Züge des menschlichen Gesichts ausgelöscht haben, um so mehr müssen wir diese in ihnen selbst respektieren, ja sogar verschönern. (...) Die Gewissensfrage, vor die uns das faschistische und Hitlerische Deutschland stellte, stellt sich aufs neue,

---

123 Es geht dabei um eine weit über das Mittelalter hinausreichende Tradition kultureller (und mentaler) Alltagsprägungen (z. B. die Gewohnheit, »Schukruut« zu essen). **Nicht** damit gemeint ist die schlechte Erinnerung an die Jahre der nationalsozialistischen Besatzung, die abzuschütteln der französische Sprachgebrauch zunächst dienlich war.

immer noch, für immer. Jeder Franzose, in dem Maße, in dem er
der Mann seines kleinen Gartens bleibt, seines kleinen Realismus,
seines kleinen Sieges, des kleinen Frankreichs, trägt in sich dieselbe Zustimmung zu der herrschenden Macht, zu der herrschenden Ungerechtigkeit, die einst den deutschen Geist ruiniert hat
und die Grundlage des Faschismus bildet.«[124] Außer der Mitarbeit
in den ersten Jahren des DFJW/OFAJ und anderer Aktivitäten im
Bildungsbereich und bei den Medien, war Joseph Rovan ab 1968
Professor für deutsche Geschichte und Politik an der Sorbonne in
Paris. Er ist auch Präsident des »Bureau International de Liaison et
de Documentation (= B.I.L.D.).[125]

Auf die Notwendigkeit eines für beide Seiten schwierigen Neuanfangs wies bereits Ende 1947 der französische Soziologe und
Journalist Raymond Aron (1905-83) in einer Rede vor Münchener
Studenten hin: « On discutera indéfiniment sur la responsabilité
des vainqueurs et celle des vaincus á l´égard de leur commun avenir (...). Même si les vainqueurs faisaient tout ce qui est en leur
pouvoir, ils n´arriveraient pas à épargner aux vaincus des années
de dures privations. Par conséquent, il faudra aussi que les Allemands surmontent les tentations de l´amertume et du ressenti-
ment et préfèrent, aux appels de la catastrophe, l´éffort de cons-
truction quotidien, ingrat, tragiquement lent. (...) Ma conviction
profonde, c´est qu´au-delà des tombes, des ruines et des crimes,

---

124 J. Rovan, Zwei Völker – eine Zukunft. Deutsche und Franzosen an der
    Schwelle des 21. Jahrhunderts. München 1986; S. 92/93. (Augenscheinlich
    deutschsprachiges Original). Das Buch ist engagiert und durchdacht
    geschrieben; es ist zugleich eine Darstellung der deutschen und der
    französischen Nachkriegsgeschichte. 1993 erschien außerdem – zunächst
    in Frankreich und auf französisch – von Joseph Rovan die »Histoire de l´
    Allemagne. Des origines à nos jours«. Den Schwerpunkt der Darstellung bildet
    das 20. Jahrhundert.
125 Zu dieser deutsch-französischen Kontakt-Organisation s. Kap. 2.1.2.

Français, Allemands, Italiens, Anglais – Européens –, n'ont qu'un
avenir commun. Mais cet avenir commun ne nous est pas donné:
à nous de le forger ».[126] —

Jene (vielleicht ‹typisch französische›) argumentative Differenzierung, welche (u.a.) zu einer »fragmentierten Konfliktstruktur«[127]
führt, ermöglichte in der Folgezeit (und am Rande der wichtigen
Außenpolitik) auch einige wirtschaftliche, politische und kulturelle Kontakte zur DDR – und das ohne die ansonsten nach Westeuropa hin ausgerichtete Politik zu gefährden oder ihre freiheitlichen Grundsätze infrage zu stellen.[128]

Heutzutage steht die Frage nach Grenz-Ziehungen vielfach in Zusammenhang mit den Diskussionen um die weitere Entwicklung
der Europäischen Union. Viele Publikationen nehmen dabei die
Vorreiter-Funktion des sog. »couple franco-allemand«[129] zum Ausgangspunkt ihrer Argumentation oder kontrastiven Verdeutlichung
von Lebensbedingungen[130] (wodurch unabhängig von der Aussage
dieser Schriften die Bedeutung der deutsch-französischen Partnerschaft hervorgehoben wird).

---

126 zitiert nach: Deutsch-Französisches Institut Ludwigsburg (DFI) / Zeitschriften /
   Revues »Dokumente / Documents« (Hrsg.): 1948 – 1963 – 1993: Deutschland –
   Frankreich: Ein neues Kapitel ihrer Geschichte / France – Allemagne: Un
   nouveau chapitre de leur histoire. Chronologie / Documentation. Bonn 1993.
   S. 4 und 5 (nach der Zeitschrift *Dokumente*, Nr. 4/1948).
127 Joachim Schild, »Politik« (als Teilbereich) <u>in</u>: Lasserre, René / Schild, Joachim /
   Uterwedde, Henrik: Frankreich – Politik, Wirtschaft, Gesellschaft. Opladen
   1997; S. 17-113 (20).
128 Zum Verhältnis der französischen Öffentlichkeit gegenüber der deutschen
   Wiedervereinigung vgl. einige Hinweise in Kap. 4.1.1.
129 auf deutsch eigentlich nur trocken mit »deutsch-französischer Partnerschaft«
   zu übersetzen (vgl. dazu a. Titel entsprechender Publikationen!).
130 Einige Titel werden im Literaturverzeichnis genannt (Kursivdruck). Jene
   besonders für die Politik bedeutsamen Mentalitätsunterschiede zwischen
   Deutschen und Franzosen werden in Kap. 2.1.3 erläutert.

2.1.2 Der Elysée-Vertrag von 1963 und die daraus resultierenden Möglichkeiten

Der heutigen deutsch-französischen Partnerschaft (= « le couple franco-allemand», s. a. Kap. 2.1.1) ging immerhin Mitte der 20er Jahre das Bestreben des deutschen Außenministers Gustav Stresemann voraus, durch Vermittlung Englands einen Weg aus der deutsch-französischen »Erbfeindschaft« (= les ennemis « héréditaires») zu finden. Diese zu ihrer Zeit weitgehend **erfolglosen** Bemühungen wurden letztendlich durch den Zweiten Weltkrieg (mit den speziellen deutsch-französischen Verwicklungen durch die sog. Kollaboration) erneut in ihr Gegenteil verkehrt.[131]

Entscheidend für den Neubeginn in der Nachkriegs-Ära (und ebenso wegbereitend für weitergehende Zukunft der »Europäischen Gemeinschaft«, bereits existent in Form der »Römischen Verträge«) war der »Vertrag zwischen der französischen Republik und der Bundesrepublik Deutschland über die deutsch-französische Zusammenarbeit« (= « Traité entre la République française et la République fédérale d´Allemagne sur la « coopération franco-allemande») , den Konrad Adenauer und Charles de Gaulle am 22. Januar 1963 unterzeichneten. Vorausgegangen waren mehrfache Treffen der beiden Staatschefs, ihre persönliche Annäherung und die Bereitschaft zur engeren Zusammenarbeit einerseits und die deutlich sichtbare politische Ungleichheit der beiden Nachbarstaaten andererseits: Adenauer und de Gaulle waren sich in der

---

131 Als <u>Überblick</u> zum deutsch-französischen Verhältnis bis weit über die eigentliche Nachkriegszeit hinaus vgl. möglicherweise: »Epilog: Späte Ernte«; das Schlusswort <u>in</u>: Wilhelm v. Schramm: Hitler und die Franzosen. Die psychologische Vorbereitung des Westkriegs, 1933-1939. Mainz ² 1980 (1. Aufl. unter anderem Titel 1973); S. 163-174.

Notwendigkeit der Versöhnung zwischen ihren beiden Ländern einig, um so den (west-) europäischen Zusammenhalt (und damit ein die Existenzgrundlage für ein friedliches Europa) erreichen zu können. (Allerdings suchte de Gaulle 1958 in Fragen der nuklearen Abschreckung zunächst vorrangig eine Annäherung an die U.S.A. (und 1944 aus Angst vor deutschen Racheabsichten anfänglich ein Zusammengehen mit der U.d.S.S.R.). Nicht nur in den Augen Adenauers wurde Deutschland damit ein Platz in der ‹zweiten Reihe› der politischen Bedeutung zugewiesen.)

Die Vereinbarung zur Gründung des Deutsch-Französischen Jugendwerkes[132] ist **Teil des Elysée-Vertrages** und beinhaltet die folgenden Grundsätze: »Der deutschen und französischen Jugend sollen alle Möglichkeiten geboten werden, um die Bande, die zwischen ihnen bestehen, enger zu gestalten und ihr Verständnis füreinander zu vertiefen. Insbesondere wird der Gruppenaustausch ausgebaut. Es wird ein Austausch- und Förderungswerk der beiden Länder errichtet, an dessen Spitze ein unabhängiges Kuratorium steht. Diesem Werk wird ein deutsch-französischer Gemeinschaftsfonds zur Verfügung gestellt, der der Begegnung und dem Austausch von Schülern, Studenten, jungen Handwerkern und jungen Arbeitern zwischen beiden Ländern dient.«[133] Das ist also die inhaltliche und rechtliche Grundlage für viele der Austauschmaßnahmen, um die es in dieser Arbeit geht. Einzelne Veränderungen betreffen die Organisation und Gestaltung der Jugendbegegnungen und die

---

132 Das spezielle Abkommen zur Gründung des DFJW/OFAJ wurde am 5. Juli 1963 in Bonn unterzeichnet.

133 Die deutsche Fassung des Vertragsteils zitiert nach dem deutsch-französischen Dokumentationsband: »1948 – 1963 – 1993: Deutschland – Frankreich: Ein neues Kapitel ihrer Geschichte / France – Allemagne: Un nouveau chapitre de leur histoire. Chronologie / Documentation. Bonn 1993; S. 37. Die beiden Vertragstexte entsprechen sich natürlich genau in der jeweiligen Sprache.

unterschiedliche bezifferte und tatsächliche Höhe des zur Verfügung stehenden Budgets.[134]

Neben dieser bekannten staatlichen Initiative stehen andere, nichtstaatliche Institutionen, die um Begegnung und Verständigung bemüht sind. Dazu zählt bspw. das durch den Geschichtswissenschaftler Joseph Rovan geprägte « Bureau International de Liaison et de Documentation » (= B.I.L.D.) mit der deutschen Schwesterorganisation »Gesellschaft für übernationale Zusammenarbeit« (= G.Ü.Z) in Bonn. (Beide werden auch vom DFJW / OFAJ unterstützt). Seit der Öffnung für Teilnehmer aus anderen Ländern versteht sich das DFJW / OFAJ im besonderen auch »als ein Erprobungsfeld für europäische Jugendarbeit«.[135] In diesem Bereich sind ebenfalls andere Organisationen tätig (bspw. das Bildungswerk des Instituts für angewandte Kommunikationsforschung (IKAB) in Bonn, welches eine der in Kap. 2.2.2 beschriebenen Veranstaltungen ausrichtete).

In der Regel werden Einrichtungen wie die o. g. (und andere Träger-Vereine) vom DFJW/OFAJ herangezogen, um diejenigen Jugendbegegnungen, die in ihr jeweiliges Profil passen, durchzuführen. Das DFJW / OFAJ veranstaltet selbst keine konkreten Begegnungs- oder Fortbildungsmaßnahmen, sondern stellt dafür eine übergeordnete Koordinationsstelle dar. Die Gruppenleiter einer Freizeit sind folglich gleich zwei Institutionen gegenüber verantwortlich (welche sich u. U. auch nicht immer ganz einig sind). Diese organisatorische Besonderheit und ihre Auswirkung auf die Gruppenarbeit wird in Kap. 2.3.7 dargestellt. Außerdem bestimmt sich die Anzahl der deutschen und der französischen Gruppenleiter nach den jeweiligen rechtlichen Bestimmungen (diese selbstverständ-

---

134 Vgl. dazu entsprechende einzelne Hinweise in dieser Arbeit und (u. a.) H. Ott, op. cit., H. Ménudier, op. cit.
135 H. Ménudier, op. cit., S. 183.

liche Rechtsgrundlage kann z. B. eine nicht-paritätische Verteilung der Nationalität zur Folge haben).

Die Programme des DFJW / OFAJ wenden sich allgemein gesehen an alle sozialen Gruppen von Jugendlichen. Dementsprechend vielfältig ist auch das inhaltliche Angebotsspektrum. Allein im Freizeitbereich reicht es von vereinsinternen Begegnungen (meist über eine Städtepartnerschaft organisiert), über Schulpartnerschaften und die Förderung gemischter Orchester, über Workcamps und dem individuellen Auslandsaufenthalt (in Einzelfällen) bis hin zur **themenzentrierten Jugendbegegnung**, dem Schwerpunktthema dieser Arbeit.[136]

Der »Deutsch-Französische Freundschaftsvertrag« von 1963 hat dazu verholfen, dass Deutschland und Frankreich eine gewisse **Vorreiterrolle** innerhalb des europäischen Einigungsprozesses übernommen haben. Im kulturpolitischen Bereich der Kontakte besteht ebenso eine (traditionelle) Vorrangstellung, was allein die Anzahl der SchulPartnerschaften verdeutlichen kann: Trotz der Vorrangstellung des Englischen, sowohl in deutschen wie französischen Sekundarschulen, – zu Einzelheiten s. Kap. 2.1.4 – stehen den ca. 2500 deutsch-französischen Schulpartnerschaften nur ca. 300 deutsch-britische u. a. Schulpartnerschaften gegenüber.[137]

---

136 Diese Aufzählung bietet lediglich ein grobes Raster der Begegnungs-Initiativen. Eine detaillierte Aufstellung speziell zu den deutsch-französischen Kontakten (mit Adressenangaben und Hintergrundinformationen) findet sich in der Broschüre: »Wege zur Freundschaft / Chemins de l´Amitié, Adreßbuch der deutsch-französischen Zusammenarbeit / Répertoire de la coopération franco-allemande«, die von den beiden Außenministerien herausgegeben wird und kostenlos angefordert werden kann. Die Themenbereiche der einzelnen Organisationen überschneiden sich vielfach; da es um **jede** Form des Kontaktes geht, gibt es keine gesonderte Rubrik für Jugendkontakte.
137 Dies als ungefähre Vergleichswerte zum Jahr 1987 nach: Wolfgang W. Mickel, (»Lernfeld Europa«), op. cit., S. 303.

Seit 1976 werden vom DFJW / OFAJ auch Begegnungen mit Jugendlichen aus Drittländern gefördert[138] (deren Teilnahme allerdings vorher schon kein unüberwindliches Hindernis darstellte); seit 1989 dürfen 5% der Teilnehmer auch aus Staaten kommen, die nicht Mitglieder der EG / EU sind.[139] Es findet so eine Erweiterung statt, die der wachsenden **Internationalisierung** und des notwendigen Kontakts und der Verständigung Rechnung trägt. »Der Jugendaustausch, der an der Schwelle zur Berufstätigkeit stattfindet, ist ein besonders geeigneter Zeitpunkt, um auf jene künftige europäische Mobilität vorzubereiten, die die natürliche Konsequenz der immer fortschreitenden wirtschaftlichen, technologischen wissenschaftlichen und kulturellen Verflechtung ist«, erinnert Henri Ménudier an die gesellschaftspolitische Ziel-Dimension.[140] Die unmittelbaren, nächstliegenden Wirkungen des deutsch-französischen Jugendaustausches stehen demgegenüber nicht zurück. Der auch mit der interkulturellen Thematik befasste Anthropologe Christoph Wulf beschreibt sie folgendermaßen: »Mittlerweile gehört der Jugendaustausch zum Alltag der deutsch-französischen Beziehungen und der Jugendarbeit in beiden Ländern. Mit seiner *Selbstverständlichkeit* wachsen die Möglichkeiten, die Andersartigkeit von Franzosen und Deutschen wahrzunehmen und offen auszusprechen, anstatt die Wahrnehmung und die Artikulation der Differenz einem falsch verstandenen Zwang zu oberflächlicher Verständigung und Gemeinsamkeit unterzuordnen.«[141] Dieser interkulturelle Begeg-

---

138 Und zwar 5% aller Programme, d. h. jährlich etwa 300 Programme (Quelle: H. Ménudier: Das Deutsch-Französische Jugendwerk. Ein exemplarischer Beitrag zur Einheit Europas. dt. Ausg. Bonn 1991; S. 215/16).

139 Dieser Beschluß wurde v. a. im Hinblick auf Osteuropa gefasst. (Die Informationsquelle ist leicht veraltet: Ménudier, op. cit., S. 211-218; das frz. Original erschien 1988).

140 H. Menudier, op. cit., S. 239 / 40.

141 Christoph Wulf: »Der Andere. Perspektiven zur interkulturellen Bildung«. In: Dibie / Wulf, op. cit., S. 61-75 (64); Herv. v. Autor.

nungsprozess, der von der epistemologischen **Pluralität**serfahrung der Wirklichkeit über die Erkenntnis der (kulturellen) **Differenz** zum (psychologischen) Erleben von **Fremdheit** führt[142], wird in Kapitel 2.3.2) thematisiert. Es geht dabei sowohl um die eigene Person wie auch um die Gruppe und die Gegenüberstellung mit einer anderen Nationalität. »Bei jeder deutsch-französischen Begegnung steht jeder Teilnehmer bewusst oder unbewusst vor der Frage nach der eigenen Identität und der Fähigkeit, sich dem anderen zu öffnen. Im Verlauf von Begegnungen treten deshalb häufig Konflikte und Machtkämpfe auf«, erinnert H. Ménudier an die konkreten sozialpsychologischen Komponenten: »Rasch bilden sich innerhalb der Leitungsgruppe und in der Gruppe der Teilnehmer ebenso Machtverhältnisse heraus wie zwischen Gruppenleitern und Teilnehmern.« [143] Von dieser speziellen (und interkulturellen) Gruppenerfahrung wird v. a. in Kap. 2.2 und 2.3.4 die Rede sein.

Über die Vielzahl deutsch-französischen (und übergreifenden) Begegnungsinitiativen gäbe es noch viel zu sagen. Um ihren Sinn wirklich zu erfassen, hilft vielleicht die Erinnerung an jene Zeit, in der Krieg und Feindschaft noch aktueller waren und der politische Neuanfang gerade erst **erlebt** wurde. Horst Lehner, damaliger Leiter der Abteilung »Literatur und kulturelles Leben« des damaligen Karlsruher Studios des Süddeutschen Rundfunks, beschreibt Anfang der 60er Jahre die Konzeption eines Aufsatzbandes über Frankreich (und die deutsch-französische Nachbarschaft) zusammenfassend mit den Worten: »Wir werden nur begreifen, wenn wir versuchen zu verstehen, und nur ändern, wenn wir verstanden haben. Am Anfang einer neuen Begegnung

---

142 Zur Einordnung der o. g. Begriffe nach philosophischen (und allgemeinen), soziologischen und psychologischen Kriterien vgl. u. a. Wulf, op. cit., <u>in</u>: Dibie / Wulf, op. cit., (bes.) S. 67 /68 und 73.
143 H. Ménudier, op. cit., S. 202.

steht die Einsicht in die erfassten und die vertanen Möglichkeiten vieler Begegnungen.«[144]

Diese Thematik lässt sich einerseits bis weit in das Feld der Politik und andererseits in Richtung auf eine soziologisch-psychologische Analyse hin verfolgen. Konvergenzen, Divergenzen, gefeierte Übereinstimmung und allseits monierte Differenzen sind da quasi an der Tagesordnung. Allein die Beschäftigung mit dem Bereich der außerschulischen Begegnungspädagogik fördert einen gewaltigen Facetten-Reichtum der Beziehungen und der Abgrenzungen zwischen beiden Nationen zutage. In diesem Sinne liegt der Schwerpunkt dieser Erörterung (Arbeit) auf der Analyse der **anthropologisch-psychologischen Implikationen** interkultureller Kontakte (unter Jugendlichen).

---

144 Horst Lehner, Vorwort zu: Ders.: Auf der Suche nach Frankreich. Der Nachbar im Westen und die deutsche Kultur. Herrenalb / Schwarzwald 1963; S. 10.

2.1.3 Politische Sozialisation, Kultur und Vergangenheitsbewältigung

Dieses Kapitel beschäftigt sich mit typischen, nachweisbaren Unterschieden in der Mentalität und der politischen Sozialisation in Deutschland und in Frankreich (wobei im besonderen vom jeweiligen nationalen Selbstverständnis ausgegangen wird).

Im Unterschied zu Deutschland ist Frankreich keine kulturell gewachsene Nation, sondern eine Nation aus Übereinkunft ihrer Bürger. Das hat (pauschal gesagt) eine weitgestreute und allgemein akzeptierte weltanschauliche Pluralität zur Folge. So werden die Franzosen bereits in den dreißiger Jahren von dem berühmten deutschen (Bonner) Romanisten ernst Robert Curtius charakterisiert: »Trotz aller Mannigfaltigkeit, aller Gegensätze und inneren Krisen zeigt Frankreich und seine Kultur eine Einheit, wie nur langes, gemeinsames geschichtliches Erleben sie schaffen kann. Die Freidenker sind in Frankreich aus demselben Holz geschnitzt, wie die Gläubigen, die Empörer brauchen dieselbe Rhetorik wie die Bewahrer, die Intellektuellen mischen sich unter die Politiker, und die Führer der Wirtschaft verstehen die Sprache der Künstler. Alle Schichten der Nation scheinen einen gemeinsamen Wortschatz der Gefühle, das gleiche Register der Empfindungen und der Forderungen an das Leben zu haben.«[145] Dies ist eine Einschätzung, die die Verfasserin dieser Arbeit soweit sie es beurteilen kann, durchaus bestätigen möchte.

Demgegenüber spricht Julia Kristeva von einem französischen ‹Mischmasch› von Nationalgefühls, welches sich nach der Großen

---

145 E. R. Curtius, Die französische Kultur. Eine Einführung. Bern ^{2} 1975 (^{1} 1930); S. 193/94.

Revolution auf der Grundlage Hegelianischer Dialektik herausbildete: « Nulle part ailleurs, en effet, le pouvoir politique – comme s'il continuait un despotisme affaibli jusqu'à n'être qu'une apparence vide – n'est ressenti à un tel degré comme factice » merkt sie an[146] und leitet aus dem Postulat der scheinbaren Akzeptanz (und Unterwerfung), welche die grundsätzliche Umkehrbarkeit von Werten und Ordnungen begründen, die Unfähigkeit der Franzosen ab, Andersartigkeiten überhaupt zu **erfassen** : « Le sérieux romantique ou terroriste de l'étrangeté en soi se dissout dans cet étincellement de la culture polymorphe qui renvoie chacun à son altérité ou extranéité. Cependant, une telle culture n'assimile pas non plus l'étranger ; elle dissout son être même en dissolvant les frontières tranchées entre les mêmes et les autres ».[147] Die Auffassung, dass sich in Frankreich Traditionalismus und Radikalismus vielfach begegnen, ist allgemein anerkannt[148]; mit einer solchen psychoanalytischen Deutung und Beschreibung lässt sich – möglicherweise – auch das (zugegebenermaßen weithin bekannte und ausgeprägte) französische Nationalbewusstsein erklären. Verständlich wird dadurch ebenso Frankreichs grundsätzlich integrierender Umgang mit den ‹Übersee-Franzosen›; ein Themenbereich, der im einzelnen ja viel sozialen und interkulturellen Sprengstoff beinhaltet.

Für Deutschland konstatiert Kristeva einen Nationalismus, der bei seiner Entstehung eng mit kulturellen Werten und sprachlicher übermittelter Identität geprägt war. Dadurch würden philosophische Deutungen sowohl konkret als auch fremde Inhalte gut vermittelbar: Die « assimiliation de la langue à la Bildung et, vice versa, cette accentuation du parler national comme le plus petit dé-

---

146 J. Kristeva, op. cit., S. 218.
147 J. Kristeva, op. cit., S. 219 (Eine ungefähre Bestätigung findet sich bei: v. Beyme, op. cit. S. 76).
148 vgl. Fatzer / Janssen, op. cit., S. 31 und E. R. Curtius, op. cit., S. 192.

nominateur d´identité extraient le cosmopolitisme chrétien ou humaniste de son imprécision spirituelle, naturelle ou contractuelle ; de plus, elles permettent de considérer ce qui est ‹étranger› sous l´aspect logique et familier de la langue et de la culture.» [149] Diese Beurteilungen beziehen sich – wohlgemerkt – auf die Zeiten und Impulse von Herder, welche von Goethe und anderen ‹Universalisten› weiterentwickelt wurden.[150] Das Selbstbildnis der Deutschen ist demgegenüber allerdings seit dem 19. Jh. von Hochmut wie von Selbstzweifel geprägt, womit (nach G. Trautmann) die deutsche Suche nach Schönheit und Innerlichkeit[151] zu erklären ist, mit der kompensiert wurde, den Weg zu einer tragfähigen Demokratie verpasst zu haben[152], den andere europäische Staaten bereits gefunden hatten.[153] Ein großer ideengeschichtlicher Wirkungskomplex kann

---

149 J. Kristeva, op. cit., S. 265, Herv. im Orig.

150 s. dazu J. Kristeva, op. cit., S. 255-266.

151 Die beiden Seite dieser Eigenschaft sind in einem zu Ende des vorigen Jahrhunderts sehr populären Buch über das Wesen der Deutschen beschrieben (dessen Autor die deutsche Universität sehr schätzte): »Unter all den nebelhaften Theorien der spekulativen Theorie, die das Lächeln des Auslandes hervorrufen (...), bleibt die Tatsache bestehen, dass die Deutschen mehr Philosophie in das Alltagsleben hineingetragen haben, als irgend ein anderes Volk« (Sidney Whitman: Das kaiserliche Deutschland. Hamburg ⁴1898; S. 38; zitiert nach: Peter Drewek: »Bildung in Europa und in Deutschland: Affinitäten und Differenzen«. In: Robert Hettlage (Hrsg.): Bildung in Europa: Bildung für Europa? Die europäische Dimension in Schule und Beruf. (Europa-Kolloquien, Bd. 3) Regensburg 1994; S. 21-48 (31).

152 Vgl. z. B.: Günter Trautmann, Einleitung zu: Ders. (Hrsg.): Die häßlichen Deutschen? Deutschland im Spiegel der westlichen und östlichen Nachbarn. Darmstadt 1991; S. 26-27 Und: Klaus v. Beyme, Kulturpolitik und nationale Identität. Studien zur Kulturpolitik zwischen staatlicher Steuerung und gesellschaftlicher Autonomie. Opladen und Wiesbaden 1998 (Kap.1 und 2).

153 Der Pariser Psychoanalytiker Gérard Mendel bezeichnet in einem Aufsatz den deutschen Sinn für die soziale Gemeinschaft als einen wesentlichen Unterschied zum weitreichenden französischen Individualismus. Jede Haltung birgt die Problematik ihrer Übersteigerung (Für Frankreich: s. Kap. 2.1.4). Für Deutschland stellt sich Mendel aus seiner Perspektive die zeitlos gültige Frage, ob »das deutsche Individuum die demokratischen

hier nur angedeutet werden: »Die Nazis haben die Ästhetisierung der politischen und gesellschaftlichen Wirklichkeit keineswegs erfunden«, erinnert Trautmann, »sie nutzten sie nur zynisch für ihre Ziele aus«.[154] Angesichts unserer spezifischen jüngeren Vergangenheit spricht er sich mit den von Christian Meier[155] entwickelten Grundsätzen für eine »klare geschichtliche Erinnerung«[156] aus, die »ohne weiße Flecke in der Zeit zwischen 1933 und 1945« auskommt, und gleichzeitig »die Chance eines deutschen Neuanfangs ohne die Verdrängung der eigenen Geschichte«[157] beinhaltet. Trautmann deutet u. a. an, die Aussage des deutschen Historikers Eberhard Jäckel »Vielleicht sollten wir sogar stolz darauf sein, dass wir nicht mehr so stolz auf unsere angeborene Nationalität sind«[158] in einem solchen zukunftsweisenden Sinn[159] verstanden wissen zu wollen.[160]

In jedem Fall wirken die Kriegs-Erfahrungen (und besonders die des Zweiten Weltkriegs) im Verhältnis der beiden Nachbarländer nach

---

Werte ausreichend verinnerlicht (hat), um nicht, sollte erneut die große Gefahr aufziehen, doch wieder Opfer einer Ideologie zu werden, die aufs neue das Phantasma eines vollständigen Aufgehens des einzelnen in einer omnipotenten Gemeinschaft beschwört und ihm das Ende seiner Angst verspricht« (G. Mendel: »Bemerkungen zur deutschen und französischen Kultur«. In: Dibie / Wulf, op. cit., S. 93-100 (100); dt. Übers.

154 Trautmann, op. cit., S. 26.

155 vgl.: Christian Meier, Vierzig Jahre nach Auschwitz. Deutsche Geschichtserinnerung heute. München 1987 (bzw. erw. Fassung München 1990).

156 Trautmann, op. cit., S. 9

157 ebd.

158 Eberhard Jäckel in: Frankfurter Rundschau, 6. Juni 1987(zitiert nach: Trautmann, op. cit.).

159 In diesem Zusammenhang ist vielleicht auch die von Christian Meier (1988) vorgelegte sozialpsychologische Deutung des Phänomens »nationale Identität« von Bedeutung, welche an ein Geschichtsbewusstsein anknüpft, das Bruch und Wandel mit einschließt (s. Chr. Meier, »Was ist nationale Identität?« In: Gauly, Thomas M.(Hrsg.): Die Last der Geschichte. Köln 1988; S. 55-67.

160 s. Trautmann, op. cit., S. 9/10.

und bedingen z. T. auch **andere Sozialisationserfahrungen.**[161] Eingedenk des Münchener Abkommens mit Hitler wird bspw. der Pazifismus in Frankreich schnell als »falscher Denkansatz« beurteilt[162], wohingegen er in Deutschland aufgrund der Kriegserfahrungen als mehr oder weniger diskutabel oder wünschenswert erscheint. In jedem Falle haben die deutschen Jugendlichen ein anderes Verhältnis zu den (sog.) »nationale(n) Mythen«.[163] Im übrigen tun sich auch die Franzosen schwer mit ihrer Vergangenheit der nationalsozialistischen Kollaboration (Regime von Vichy), eine Kriegserfahrung, die teilweise erst in den neunziger Jahren (aus Anlass des Gedenkens) ins öffentliche Bewusstsein rückte.[164] Und auch Schulbücher können dazu beitragen, ein mangelhaftes oder klischeehaftes Bild des Nachbarn zu vermitteln.[165]

---

161 vgl. auch: Kap. 1.2, Beispiel nach Kleszcz-Wagner.

162 Vgl. die Erfahrungen einer Reisebegleiterin deutsch-französischer Jugendgruppen zu historischen Stätten und die Hinweise der Herausgeber: Margot Umbach,‹«Deutsch-französische Freundschaft› – oder: Wie wir auf dem Vulkan tanzen lernten«. In: Müller / Colin, op. cit., S. 121-27 (Zitat und Beispiel S. 124).

163 vgl. Umbach, op. cit., S. 125. Die hier angesprochene Mythenbildung um die »Libération« Frankreichs von Hitlers Besetzung und um die Französische Revolution ist natürlich eine ganz **andere Ausgangslage** als diejenigen Erfahrungen, die die deutschen Teilnehmer aus den Erzählungen ihrer (Groß-)Eltern kennen (bzw. kannten). Ohne auf diesen Themenbereich näher einzugehen, eine kurze Konkretisierung: »Bei der deutschen Mythenbildung über den gemeinsamen Ursprung der Nation war mehr ‹erdachte› als ‹erlebte› Geschichte im Spiel«. (K. v. Beyme, op. cit., S. 57). (Dieser Umstand hat u.a. mit der späten **territorialen Nationsbildung** Deutschlands zu tun). Diese Verhältnisse treffen hier auf eine Nation, die sich ihrer Eigenart deutlich bewusst ist, und sich nicht scheut, dabei sehr pauschal bspw. auf Karl den Großen zurückzugreifen (vgl. dazu wiederum: v. Beyme, op. cit., S. 56).

164 Zu diesem Themenkomplex vgl. bspw. einen Aufsatz der deutschen Politkwissenschaftlerin Marieluise Christadler (Duisburg): »Résistance – Kollaboration«. In: Picht, Robert / Hoffmann-Martinot, Vincent / Lasserre, René / Theiner, Peter, Fremde Freunde. Deutsche und Franzosen vor dem 21. Jahrhundert. München 1997; S. 45-49.

165 Vgl. z. B. Umbach, op. cit., S. 126 (-27) und Kap. 2.3.3 dieser Arbeit.

Ein den Kommunalpolitikern und den Verantwortlichen im deutsch-französischen Jugendaustausch weithin auffallendes Phänomen ist der feste Vorsatz, konfliktträchtige politische Gesprächsthemen auszusparen. Diese Beobachtung wird sowohl von deutscher[166] wie von französischer[167] Seite mitgeteilt. Während Fouquet dafür im wesentlichen das Bestreben, sich politisch gutwillig und von der jeweilige Stadt und Region den »bestmöglichen Eindruck«[168] zu vermitteln, verantwortlich macht[169], erklärt Letze diese Spielregel mit dem unterschiedlichen Verständnis beider Nationen von Politischer Bildung: Im Unterschied zur vielgestaltigen und eher problemorientierten Auffassung zu diesem Lehrgebiet in Deutschland, werde politische Bildung in Frankreich entweder als parteipolitische Bildung oder als persönliche Auseinandersetzung eines Staatsbürgers mit den politischen Richtungen und institutionellen Gegebenheiten seines Landes verstanden.[170] Damit lässt sich die weitreichende Zurückhaltung der Franzosen erklären, politische Themen anzusprechen bzw. auf einer bi- oder multinationalen Jugendfreizeit zu diskutieren.[171] Nach Letze kommt diese Grundhaltung bei den Kontakten unter Erwachsenen noch stärker zum Tragen.[172] Er zitiert die Darstellung eines Verantwortlichen für die Städtepartnerschaft von Pavilly[173], der die Situation so begründet:

---

166 s. z. B. Letze, op. cit., S. 50 f.

167 s. z. B. Fouquet, op. cit., S. 152 ff.

168 Fouquet, op. cit., S. 155.

169 ein Bedürfnis, das auch in den Augen der Kritiker seine Berechtigung hat (oder haben sollte).

170 vgl. Letze, op. cit., S. 50-51.

171 vgl. Letze: »Der französische Animateur in einem binationalen Kurs verhält sich gegenüber seinen Kursteilnehmern, wenn die Sprache auf Politik kommt, oft so, dass er diese zumeist als Parteipolitik begreift und es daher ablehnt, sich in diesem Kontext darüber zu äußern, oder er versteht Politik als Moment der Persönlichkeitsbildung der Teilnehmer, in die er nicht steuernd eingreifen würde« (Letze, op. cit., S. 51).

172 s. Letze, op. cit., S. 51.

173 Pavilly ist (laut Anm. b. Letze, S. 51) mit Warendorf-Freckenhorst verschwistert.

« Dans le cadre du jumelage je refuse de parler de politique, parce que nous sommes des amis et avec des amis on ne parle jamais de politique ».[174] Demgegenüber vergleicht Fouquet die Vorgehensweise der (Kommunal-)Politiker mit dem Verhalten und der Zielsetzung von internationalen Diplomaten.[175] Diese Frage kann hier nicht weiter verfolgt werden. Es ging lediglich darum, auf eine Besonderheit im deutsch-französischen Umgang hinzuweisen.

---

174 Aussage anläßlich eines pädagogischen Fortbildungsseminars in Diessen vom 11.-15. 10. 1982; zitiert nach: Letze, op. cit., S. 51.

175 Vgl. dazu Fouquet [in dt. Übers.?]: »Es ist einfach, sich darüber zu einigen, dass es Ziel der Partnerschaft ist, auf europäischer Ebene Kriege zu verhindern; es ist allerdings schwierig, weiterhin von Freundschaft zu sprechen, wenn man auf andere oder sogar voneinander abweichende Interessen stößt. (...) Man nimmt sich ein Vorbild an den offiziellen diplomatischen Beziehungen, so dass man in der gleichen Weise dazu tendiert, jede Kritik an dem zu vermeiden, was als ‹innere Angelegenheit› des Partners angesehen wird« (Fouquet, op. cit., S. 153). – Sieht man von der an sich schon schwierigen Frage, ob mit deutsch-französischen Partnerschaften der Friede nur auf europäischer Ebene bestärkt wird, einmal ab (– s. dazu ansatzweise Kap. 1.2 und Kap. 2.3.2 –), so geht es um das **Kernproblem**, einerseits die Partner nicht zu ‹vergraulen› und andererseits nicht schon innerhalb der nationalen (hier der französischen) Gemeinderäte von einer kleinen Streitigkeit zur nächsten zu kommen. (Fouquet zitiert die dahingehende Stellungnahme eines französischen Deutschlehrers, der ebenso bestätigte, »dass Ziel (von) Treffen (der Partnerschaftskomitees) (könne) nicht darin liegen (...), interne Differenzen aufzudecken«; Fouquet, op. cit., ebd.). Die zitierte Aufsatz (Fouquet, op. cit.) berichtet im übrigen über ein Forschungsprojekt des DFJW / OFAJ zum Jugendaustausch innerhalb von Städtepartnerschaften (welches von dem französischen Institut National d´Education Populaire und dem deutschen Ludwig-Uhland-Institut für empirische Kulturwissenschaft der Universität Tübingen durchgeführt wurde). Beispielhaft herangezogen werden in dieser Darstellung die Befragungsergebnisse der Autorin, d. h. Interviews mit französischen Verantwortlichen (die innerhalb dieses Projektes stattfanden).

2.1.4 Unterschiedliche Bildungssysteme, Fremdsprachenkenntnisse und Jugendbegegnungen

Bevor die Frage der Sprachkenntnisse thematisiert wird, soll ein kleiner bildungsphilosophischer Exkurs die Unterschiede in der schulischen Sozialisation von Franzosen und Deutschen andeutungsweise illustrieren.

Im französischen und im deutschen Bildungssystem sind jeweils unterschiedliche philosophische[176] und pädagogische Einflüsse verankert. Die mit G. F. von Humboldt verbundene ‹freiheitliche› Bildungsauffassung in Deutschland, nach der »Bildung (...) zuallererst Selbstbildung (ist)«[177], hat in Frankreich kaum Wurzeln, da Bildung dort (nach republikanischer Tradition) eng mit staatlich-nationalen Interessen im Sinne einer vorgegebenen gesellschaftlichen Hierarchisierung[178] verknüpft ist. Die französische Konzeption von »Bildung« blieb länger dem römisch-griechischen Ideal nach Trivium, Quadri-

---

176 Der traditionelle Unterschied zwischen den französischen Begriffen »civilisation« und (nur teilweise: »culture«) für die deutsche (umfassende) »Bildung« schwächt sich mehr und mehr ab (Vgl. dazu: Heinz Thoma: »Macht und Ohnmacht von Deutungsmustern, Civilisation / Kultur – Culture / Zivilisation.« <u>In</u>: Lüsebrink / Röseberg, op. cit., S. 13-22). Hier eine knappe Beschreibung der Verhältnisse: »Der französische und angelsächsische Kulturbegriff erlaubte keine polemische Gegen- | überstellung der *Zivilisation* – wie in Deutschland seit der Romantik. Kultur war nie völlig losgelöst von Technik und Politik. Zivilisation war der Oberbegriff und Kultur entwickelte keine antipolitischen Affekte (...)« (v. Beyme, op. cit., S. 76/77 unter Verweis auf: Norbert Elias: Studien über die Deutschen. Frankfurt / M. 1989; S. 165; Herv. im Orig.).

177 Röseberg, op. cit., S. 52

178 Dies mag damit zusammenhängen, dass sich (im Gegenzug zum Individualismus) der demokratische Geist in Frankreich sehr mühevoll und langwierig entwickelte (er musste sich nach der Zeit des Absolutismus bekanntlich gewaltsam durchsetzen .... – Vgl. auch: Mendel, op. cit. <u>In</u>: Dibie / Wulf, op. cit., S. 95-97).

vium und den »auteurs classiques« verhaftet; bis zu dem republikanischen Kompromiss einer sog. »culture générale« der die allg. geistige Kultiviertheit neben jeglicher Fachgebundenheit zu bewahren hilft. In Frankreich fehlt die (gedankliche und praktische) Kopplung von (Berufs-)Bildung und den Anforderungen der Wirtschaft (wie sie u. a. im dualistischen Ausbildungssystem in Deutschland zum Ausdruck kommt). Somit ist die französische Bildungsvorstellung deutlich intellektualistisch geprägt. Das führt (bei aller Fähigkeit und Brillianz) zu einer Sichtweise, die »oft übertrieben skeptisch, sehr individualistisch und manchmal etwas trocken ist« – so die Beschreibung eines französischen Psychoanalytikers.[179] Auch die nachweisliche Tendenz zum Elitarismus lässt sich durch die Überbetonung des Individuellen gegenüber der Gesellschaft erklären, denn damit soll ein Ausgleich bewerkstelligt werden (welcher wiederum allen Anforderungen einer modernen Massengesellschaft entgegensteht).[180]

Nach Ansicht des Kulturbeauftragten der Französischen Botschaft in Deutschland[181], Daniel Parfait, fördern derartige gesellschaftliche Selektionsmechanismen in der Weise das Ansehen der Fremdsprache Deutsch in Frankreich, wie sie das Lernfach Französisch in Deutschland abwerten: « En France, il y a un choix de l´Allemand qui est un choix social, on met les enfants dans des écoles où on fait de l´allemand, parce que la compétition y sera plus élevée et qu´on considère´qu´ils travaillleront davantage et qu´au fond c´est meilleur pour eux. Mais si on met les enfants dans des écoles où l´allemand est la première langue, il est tout à fait naturel que par la suite, entrant à l´université, ils poursuivront l´étude de l´allemand

---

179 G. Mendel, op. cit., <u>In</u>: Dibie / Wulf, op. cit., S. 93.
180 Zu dieser soziologischen Argumentation vgl.: G. Mendel, op. cit. <u>In</u>: Dibie / Wulf, op. cit.
181 der französische Titel lautet: »Conseiller Culturel près de l´Ambassade de France en Allemagne« [Übers. M. B.].

et qu'on les retrouve avec l'allemand, parfois unique langue, dans les écoles d'ingénieurs[182] (...). La situation est exactement inverse en Allemagne, où l'on nous dit souvent: il faut que les enfants aient les mêmes chances et donc il ne faut pas qu'ils prennent le français. Le français, étant une matière qui, en réalité, pèserait sur leur cursus scolaire – par exemple chez les élèves moyens ou d'origine modeste – leur demanderait des efforts trop importants.»[183] Dieser Situationsbeschreibung ist in einer Überblicksdarstellung nicht viel entgegenzusetzen, höchstens einige erklärende und weiterführende Anmerkungen. In der Schulwirklichkeit sind die entmutigenden Lernerfolge vielleicht noch stärker ausgeprägt: Bekanntlich fällt es den Frankophonen so schwer, eine nicht-romanische Sprache zu erlernen, dass die meisten französischen Jugendlichen selbst nach über fünfjährigem Deutschunterricht kaum einen längeren deutschen Satz zustande bringen – und die deutschen Schüler kommen ihrerseits auf freiwilliger Basis kaum über ½ bis (allerhöchstens) zwei Jahre Französischunterricht hinaus.[184] Doch nun ein Blick auf **statistische Daten**: Es ist nicht leicht, die Dauer des fremdsprachlichen Unterrichts in Deutschland und Frankreich zu vergleichen, da die jeweiligen Schulsysteme zu unterschiedlich sind.[185] Der Rangunterschied vom Deutschunterricht als erster Fremdsprache in Frankreich ist mit fast 14% gegenüber der Wahl von Französisch als erster Fremdsprache in Deutschland mit nur knapp 3% der Sekundarschüler erheblich; dieser wird jedoch durch

---

182 Diese Hochschulen sind Teil der typischen französischen Elite-Schulen (Anm. M. B.).

183 D. Parfait: Diskussionsbeitrag. In: DFJW (Hrsg.) / OFAJ (Ed.): Fremdsprache – Partnersprache / Langue étrangère – langue du partenaire. Baden-Baden 1995; S. 75-76; (76).

184 Diese Konkretisierungen bezeichnen Erfahrungswerte der Verfasserin, die sie vor Jahren im Austausch mit vielen deutschen und französischen Altersgenossen bestätigt fand.

185 Vgl. dazu: Bernard Trouillet: Das deutsch-französische Verhältnis im Spiegel von Kultur und Sprache. Frankfurt / M. 1981, S. 405.

die organisatorisch wesentlich besser geebnete Wahlmöglichkeit in der Mittelstufe ausgeglichen wo dann zwischen 50 und 60% der Schüler Französisch wählen.[186] Insgesamt sind beide Partnersprachen im realen Fächerkanon der (allgemeinen) Schulen »unterrepräsentiert« (wie Robert Picht für die Zeit um 1980 konstatiert).[187] Daher soll an dieser Stelle allgemeiner auf den **kommunikativen Vorteil** von fremdsprachlichen Kenntnissen eingegangen werden.

Raymond Aron beschrieb diesen wichtigen sinnhaften Aspekt der Sprache als Denk-System in einem Interview mit den Worten: « Quand je parle anglais ou allemand, je pense un peu autrement qu'en français. (...) En passant du vocabulaire français au vocabulaire allemand ou anglais, je suis un peu plus libre que beaucoup d'autres qui sont véritablement prisonniers de leur système de pensée en même temps que de leurs mots. »[188] Der hier angesprochene Sachverhalt ist von sehr komplexer Natur.[189] Das Ausmaß der rein sprachlichen Veränderung lässt sich vielleicht besonders an der Übersetzung (bzw. eher: der Übertragung) von Gedichten verdeutlichen. Als Beispiel sei auf die französische ‹Variante› eines onomatopoisch ausdrucksstarken italienischen Gedichtes von Giuseppe Ungaretti hingewiesen[190]:

---

186 Quelle: s. ebd. und – übereinstimmend, doch detaillierter: R. Picht: »Die Fremdheit des Partners: Genügen die kulturellen Beziehungen?« In: Ders. (Hrsg.): Das Bündnis im Bündnis. Deutsch-französische Beziehungen im internationalen Spannungsfeld. Berlin 1982; S. 193-220 (215/16).
187 R. Picht, 1982, S. 216.
188 R. Aron: Le spectateur engagé. Entretiens avec Jean-Louis Missika et Dominique Wolton. Paris 1981; S. 42. Diese persönliche (und auobiographische) Einschätzung von Sprachkenntnissen steht in Zusammenhang mit einer Frage von D. Wolton nach der prägenden Wirkung seiner (Studien-)Zeit in Deutschland (s. ebd.).
189 s. a.: Kap. 2.3.6 dieser Arbeit.
190 Die folgenden Ausführungen beziehen sich auf die Darstellung bei: Mario Wandruszka, Die Mehrsprachigkeit des Menschen. München und Zürich 1979; S. 295-98.

«M´illumino	« Je m´ éblouis
D´immenso.»	D´ infini. »

Für die französische Form (die bspw. bereits auf der grammatischen Ebene anderen Regeln Genüge leisten muss[191]), wählt Philippe Jaccottet[192] eine sprachlich angemessene Umschreibung, bei der klanglich die i-Silben erhalten bleiben.[193]

Literarische Übersetzungen haben an und für sich natürlich nichts mit Jugendfreizeiten und Jugendbegegnungen zu tun. Dieser kleine Exkurs sollte lediglich dazu beitragen, an einem extremen Beispiel die formale, inhaltliche (und damit auch mentale) **Kluft** zu verdeutlichen, welche zwischen verschiedenen Sprachen besteht, selbst wenn diese recht eng miteinander verwandt sind.

Bei internationalen bzw. binationalen Jugendfreizeiten stellt sich weitaus eher das praktische Problem mangelnder oder irregeleiteter Kommunikation aufgrund unzureichender Sprachkenntnis.[194] Das DFJW / OFAJ veranstaltet selbst Sprachkurse für (potentielle) Austauschteilnehmer, »die sich ganz auf das jeweilige begrenzte

---

191 Für dieses Beispiel bedeutet das z. B. die Einfügung des Personalpronomens ‹Je› und eine andere Wortwahl im Bereich der ‹Unendlichkeit›, da frz. ‹immense› nicht substantiviert werden kann.

192 zitiert bei Wandruszka nach: Ph. Jaccottet, Giuseppe Ungaretti, Vie d´un homme. Paris 1973; S. 79.

193 Dem gegenüber hebt sich die von Wandruska zitierte deutsche Fassung (nach: Ingeborg Bachmann, Giuseppe Ungaretti, Gedichte italienisch und deutsch, Frankfurt/M. 1961; S. 7), »*Ich erleuchte mich / durch Unermeßliches*«, naturgemäß lautlich stark ab. (Wandruska bezeichnet sie im übrigen als die »(wohl) bestmögliche deutsche Übersetzung« – Wandruszka, op. cit., S. 295).

194 s. zu diesem Themenkomplex Kap. 2.3.6.

Kommunikationsbedürfnis einstellen«[195], und die »erstaunlich erfolgreich« [196] sein sollen. Auch die pädagogisch zu schulenden Teamer und Teamerinnen nehmen an einer derartigen speziellen (und u. U. spezialisierten) Sprachausbildung teil.

Pädagogische Mitarbeiter und Mitarbeiterinnen haben sich 1992 mithilfe teilnehmender Beobachtung und Befragung mit dem konkreten Sprachverhalten der Jugendlichen bei deutsch-französischen Jugendbegegnungen auseinandergesetzt, um die vom DFJW / OFAJ angewandte Methodik der (sog.) Sprachanimation (l'animation linguistique) zu überprüfen. Diese kleinere und nicht repräsentative Studie wird »Projekt / Projet Bielefeld« genannt, da sie unter der Leitung des Bielefelder Universitätsdozenten und Mitglied der Arbeitsgruppe des DFJW /OFAJ zur Sprachanimation, Dr. Ulrich Dausendschön-Gay (Fakultät für Linguistik und Literaturwissenschaft) stand. Im Vorwort der behandelnden Publikation heißt es dazu: « L'animation linguistique part du postulat que les besoins réels de communication des jeunes doivent être au centre d'une sensibilisation à l'autre langue, dans le contexte de l'échange.»[197] Es gehörte zu den Zielen der Untersuchung, Aufschluss über die natürliche Kommunikation der Jugendlichen untereinander und deren mögliche Veränderung zu erbringen, um so zu Aussagen über den möglicherweise stattfindenden Spracherwerb zu kommen. Eine Fülle detaillierter Aspekt-Analysen (welche der Verfasserin des

---

195 Picht 1982, S. 206.

196 ebd.

197 Bernadette Bricaud, Bureau linguistique de L'Office franco-allemande (Sprachreferat des Deutsch-Französischen Jugendwerks im Vorwort zu der entsprechenden Broschüre »Le Projet Bielefeld« / »Projekt Bielefeld«, Reihe: Dokuments de travail / Arbeitsmaterialien. Bad Honnef / Paris (o. J.) (In diesem Fall sind die beiden Veröffentlichungen **nicht gleich** (als Übersetzungen) und wurden auch von zwei verschiedenen Mitarbeiterinnen des Forschungsprojektes verfasst).

72

französischen Berichtes, Fabienne Bailly, zu einer Magisterarbeit an der Universität Clermont-Ferrand verholfen), erbringt vielleicht das (abgekürzte) Fazit: »Sich begegnen setzt voraus, sich begegnen zu wollen. (...) — Sich begegnen zu wollen setzt voraus, sich begegnen zu können.« [198] Mit dem letzten Satz wird eine Ermunterung zur (verbalen) Kontaktaufnahme apostrophiert, die sich sowohl auf die animatorische Aktivität der Gruppenleiter wie auf die entwicklungsfähige Kommunikations-Begabung der Jugendlichen bezieht.[199] F. Bailly stellt zudem u. a. zwei weiterführende Fragen (als Forschungs-Postulat): « Peut-on réellement constater une difficulté de prise de parole plus grande chez les Français que chez les Allemands ? L'enseignement (scolaire, M. B.) favorise-t-il davantage un apprentissage écrit en France, oral en Allemagne ? »[200] Solche Sprachschwierigkeiten sind jedoch sicherlich kein Hindernis für die Teilnahme. Neben dem insgesamt wachsenden Zulauf aus Drittstaaten nehmen seit 1987 mehr Franzosen als Deutsche an den vom DFJW / OFAJ geförderten Austauschprogrammen teil.[201]

---

198 Bettina Offermann, die Verfasserin der deutschen Ausgabe, in ihrer Schlussbetrachtung, S. 42 /43.
199 vgl.: B. Offermann, op. cit., S. 43; s. Kap. 2.3.6.
200 Fabienne Bailly, »Conclusion« der französischen Ausgabe, S. 72.
201 Vgl.: eine statistische Übersicht für die Jahre 1963/64 bis 1990 bei: H. Ménudier, op. cit., S. 178.

2.2 Ausgewählte Konfliktsituationen in Jugendseminaren und ihre Bewältigung

In diesem Kapitel geht es a) um konkrete Schwierigkeiten der Begegnung und der Kontaktaufnahme und b) um die gelungene bzw. weniger geglückte Organisation von internationalen Jugendseminaren. Ansatzpunkte sind jeweils Beschreibungen von erlebten Vorgängen. Diese Beschreibungen stammen meist von Pädagogen, Beobachtern bzw. anderen Fachleuten (Wissenschaftlern). Diese zitieren jedoch auch Äußerungen von Teilnehmern. Der jeweilige Zusammenhang mit den Ergebnissen einer bestimmten Studie kann hier natürlich nicht gewahrt bleiben.

2.2.1 Vom praktischen Umgang mit der Verschiedenheit durch sprachliche und nicht-sprachliche Mittel

Zu dieser Fragestellung gehören zwei Beispiele aus dem Bereich der künstlerischen Arbeit und eines aus dem politischen Alltag, d. h. ein argumentativ ausgetragener Konflikt.

Beispiel No. 1: Theaterspielen mit jungendlichen Berufstätigen und Arbeitslosen.

Die (sog.) dient der internen Beschreibung von Gruppen. Es ermöglicht bspw., die *unterschiedliche Bedeutung* der Gruppenmitglieder in Bezug auf die Gruppe als *Einheit* zu erfahren. Ausgangspunkt des Verfahrens ist die unterschiedliche Beliebtheit der einzelnen Gruppenmitglieder, die sich in der Wahl durch die anderen ausdrückt.

Elfriede Höhn und Gerhard Seidel geben in einem bekannten kleinen Lehrbuch zum Soziogramm[202] ein Beispiel[203] von Visualisierung der Beziehungsunterschiede in einem Ferienlager mit 10-12jährigen Jungen ganz verschiedener Sozialisation und Herkunft. Das Ergebnis dieser Untersuchung lautet kurzgefasst: Abgesehen von Veränderungen der Untergruppen-Struktur, ergibt sich nach drei Wochen gemeinsam verbrachter Ferien ein deutlich dichteres ‹Striche-Geflecht› von (positiv) gewählten Gruppenmitgliedern, als dies am zweiten Ferientag der Fall war. Es mag dabei auch förderlich gewesen sein, dass es sich noch um **Kinder** handelte. Mit differenziert denkenden jungen Erwachsenen und in einem interkulturellen Bezugsrahmen sind die Verhältnisse grundsätzlich viel komplexer, wie bspw. die Erfahrungen des Theater-Pädagogen Willy Praml zeigen: Vermeintliche Klassifizierungen der deutschen und der französischen Gruppen erwiesen sich als nichtig, sobald eine andere nationale Gruppe aus einem (wenn auch nur geringfügig) andersartigen Milieu kam. Der Pädagoge beschreibt lebendig und anschaulich jene Hoffnungen der persönlichen Suche und Identifikation(en) auf spielerischem Terrain: »Welche aktiven Momente sind aus dem Traditions-Kontinuum der Geschichte der Bevölkerung einer Region (und ihrer individuellen Geschichte) herauszusprengen und fruchtbar zu machen für deren mündiges, selbstbestimmtes und wirksam nach außen zu vertretendes Leben im Industriezeitalter?«[204] Vor diesem Hintergrund einer

---

202 Höhn, Elfriede / Seidel, Gerhard: Das Soziogramm. Die Erfassung von Gruppenstrukturen. Göttingen[4] 1976.

203 wiedergegeben aus einer unveröffentlichten wissenschaftlichen Arbeit von H. Dietz; s. Höhn / Seidel, op. cit., S. 35-38.

204 Willy Praml, »Interkulturelles Theater: »Austauschprogramme mit Berufstätigen und Arbeitslosen In: Colin / Müller, op. cit., S. 161-173; (173). Diesen Leitgedanken haben die deutsch-französischen Initiatoren der Theater-Werkstätten nach mehrjährigen praktischen Erfahrungen für ihre Arbeit (heraus-)gefunden. In bald zwanzig Jahren erkundeten sie Zusammenhänge zwischen der »Zielgruppenorientierung«, der »pädagogischen Effizienz« und (idealistischen) Erziehung (vgl.: Praml, op. cit., S. 163 und 171/72).

speziellen sozialen Bedürfnislage sind jene makrosoziologisch-nationalen Unterschiede kaum bedeutsam[205]; die Stilistika des Millieus bestimmen Zugehörigkeit und gegenseitiges Verständnis. So kristallisiert sich als Schlussfolgerung heraus, dass eine persönliche Kontaktaufnahme von kulturell fremden Gruppen und deren Mitgliedern nur auf der Ebene gleicher Erfahrungen (d. h. eines vergleichbaren Erlebnishorizontes) gelingen kann: »Erst wenn soziale Äußerungen der anderen im Sinne eines Wiedererkennungseffektes auch als kulturelle verstanden werden können, ist eine gegenseitige Beeinflussung, gemeinsames Lernen möglich.«[206] Der Kulturbegriff kann in diesem sozialpädagogisch geprägten Bereich durchaus schichtenspezifisch bzw. sub-kulturell gemeint sein.

Bsp. No. 2: »Kunst darf nicht brennen«

Dieses Ereignis auf einem künstlerischen Workshop in Berlin ist ein Beispiel für einen möglichen Konflikt um die nationalsozialistische Vergangenheit Deutschlands. Von der aktuellen Seite her geht es zudem auch um die Identitätsbestätigung der teilnehmenden Arbeitsgruppe.

Auf diesem Workshop stand die international erbrachte künstlerische Leistung ausdrücklich im Vordergrund, und das schon allein deshalb, weil die Veranstalter als Abschluss eine öffentliche und sogar per Fernsehen angekündigte Ausstellung der verfertigten Arbeiten vorsahen. Als in der Skulpturen-Arbeitsgruppe unter den Teilnehmern die Idee aufkam, eine lebensgroße Figur, die für die Teilnehmer bislang den (Museums-)‹Wärter› verkörpert hatte, sozusagen zur Ausstellungseröffnung zu verbrennen, stieß das bei

____

205 Vgl. Praml, op. cit, S. 170.
206 Praml, op. cit., S. 171.

76

dem für das Haus verantwortlichen Teamer auf unerwartet hartnäckigen und fundierten Protest. In diesem Konflikt standen sich a) die Skulpturen-Arbeitsgruppe (welche im Kern nur aus Deutschen bestand und weiblich dominiert wurde), b) ihr französischer Leiter, der selbst seit längerem in Berlin lebte und c) der »Hausteamer« als Vertreter der verantwortlichen Institution gegenüber. Die thematische Konfrontation begann mit der überraschenden und sehr entschiedenen Argumentation des Hausteamers, eine solche Aktion schädige das Ansehen der Veranstalter, da es die Erinnerung an den Nationalsozialismus wieder aufleben lasse. Seine persönliche Abneigung gegen dieses Vorhaben war so stark, dass er mit »Konsequenzen für die Teilnehmer« drohte, wenn es zur Ausführung käme (i. S. von: »Ihr werdet nicht mehr eingeladen.«[207]) Angesichts dieser Deutung reagierten die angesprochenen Deutschen gekränkt bis trotzig, da man ihnen nicht gedachte Dinge unterstellte. Der französische Teamer wollte sich ausdrücklich zurückhalten und jegliche Entscheidung seinen Kursteilnehmer überlassen. Diese, damit weit überfordert, suchten spontanen Rat durch Befragung aller zufällig auftauchenden Seminarteilnehmer. Deren bunt gemischte Meinungs-Akzentuierungen verhalfen dem Projekt zum stillschweigenden Übergangenwerden. Bei Haumersen / Liebe wird diese unterschwellige Entscheidungssituation u. a. so beschrieben: »Viele zuckten auch nur mit den Schultern und meinten, dass die Figur doch so menschlich sei, und ob wir statt dessen nicht etwas anderes verbrennen wollten, denn das mit dem Verbrennen an sich wäre schon gut. Andere Deutsche konnten die Position von H.[208] ganz gut verstehen, und sie befanden sich, konfrontiert mit der Frage, sofort in einem Zwiespalt. L., ein anderer französischer Animateur, traf den Nagel gewissermaßen auf den Kopf. Er selbst baute an zwei riesigen Holzskulpturen und sagte sinngemäß: ‹Das

---

207 s.: Haumersen / Liebe, op. cit., S. 129 und 131.
208 gemeint ist der Hausteamer.

ist ein deutsches Trauma, dass ihr das nicht einfach tun könnt. Macht es mal. Ich bin gespannt, was dann mit mir passiert, wenn ich so eine brennende Skulptur sehe.›«[209] In der Auslegung durch die Experten bedeutete die gestellte Frage in zugespitzter Form eine Erkundigung, ob man die Teilnehmer für Nazis hält, wenn sie die Figur tatsächlich verbrennen[210]; das jedenfalls ist der Hintergrund, vor dem der Konflikt und das verschwiegene deutsche Trauma begriffen werden muss.

Die beiden Verfasser der Studie sprechen sich (bei diesem Beispiel und für andere Konfliktfälle) für eine Verhaltensweise aus, die es erlaubt hätte, die herausgearbeitete Problematik zu erleben, sie mit ihren Akteuren kennenzulernen und auch für andere Nationalitäten zumindest nachvollziehbar zu machen.[211] Nach ihren Erfahrungen ist die Art der beschriebenen Bildmedienwerkstatt nicht dazu geeignet; sie biete »weder Zeit noch Raum«[212] dafür an. So habe die Ausstellung denn auch in ihren Augen »internationale Kunst in einem luftleeren Raum«[213] gezeigt und »lediglich mehr oder weniger vorgefertigte Ergebnisse der Animateure, die die Ateliers leiteten (dokumentiert)«.[214] Zusammen mit den Beschreibungen ist dieser Eindruck auch für den Leser nicht von der Hand zu weisen.

209 Haumersen / Liebe, op. cit., S. 130.
210 s.: Haumersen / Liebe, op. cit., S. 131.
211 s.: Haumersen / Liebe, op. cit., S. 131/32.
212 Haumersen / Liebe, op. cit., S. 131.
213 Haumersen / Liebe, op. cit., S. 133.
214 Haumersen / Liebe, op. cit., S. 136.

Beispiel No. 3: Nationalistisch–kulturelle Konflikte und politisches Lernen im Überblick:

Gerade in den Jugendbegegnungen mit osteuropäischen Teilneh-mern gehören national-kulturelle Konflikte mehr oder weniger zum Alltag. In den von Jens Mester beobachteten vier Jugendbegegnungen (den »Europäischen Jugendwochen«) wurde verbal und persönlich vielfach mit der Umstellung auf die neuen nationalstaatlichen Verhältnisse gerungen. Ein Bulgare weigerte sich mit Blick auf die Historie, eine mazedonische Teilnehmerin als Mazedonierin anzuerkennen. Er akzeptierte das neue Land nur widerwillig, um einerseits den Konflikt beizulegen (und wohl auch, um der staats-politischen Argumentation nicht völlig auszuweichen.[215]) In diesem Begegnungs-Bereich spielen Vorurteile, Selbst- und Fremdbilder, die Art der Gruppenleitung (bzw. die mögliche Vermittlungsarbeit der Teamer), die Gruppenzusammensetzung (nach Nationalitä-ten) und das allgemeine Gruppenklima eine besondere Rolle.[216] Ganz allgemein gesehen liegt auf dem Gebiet solcher »latente(r) kulturelle(r) Konflikte (...) eine der größten Herausforderungen und Chancen der internationalen Jugendarbeit«, wie Mester unter Be-rufung auf die pädagogische Fachwelt zusammenfasst.[217] Vielfach treten Probleme und Meinungsverschiedenheiten in diesem Be-

---

215 Vgl.: Mester, op. cit., S. 122-24.

216 Der oben angeführte mazedonisch-bulgarische Streitfall wurde bspw. von seiten des Teams nicht aufgegriffen und nur zwischen den beiden Jugendlichen ausgetragen: nach einigen Tagen lenkte der Bulgare wie oben geschildert ein. Dies war eine Reaktion, welche die Makedonierin erwartet hatte, schreibt Mester. Zudem merkt er an, die Argumentation des Bulgaren habe der seit Jahrzehnten üblichen bulgarischen Minderheitenpolitik entsprochen (vgl.: Mester, op. cit., S. 124). Mester weist überdies darauf hin, dass dieser Streitfall nicht spurlos an der Gruppe vorbei ging. Er zitiert dazu die Ansicht eines rumänischen Teilnehmers, die geschichtlichen Umstände nicht so verewigen zu wollen (s.: Mester, op. cit., S. 124/25).

217 Mester, op. cit., S. 164 (und zu der gesamten Argumentation: S. 118-31).

reich eben nur streiflichtartig (quasi als dunkle Gespenster) oder nur andeutungsweise auf.[218]

Angesichts der aktuellen nationalistischen Auseinandersetzungen auf dem Balkan warnen sowohl Fachleute wie Teilnehmer vor einer allzu brisanten Mischung der Nationalitäten. »Skepsis, Unwissenheit und Angst vor einem katastrophalen Ende der Jugendbegegnungen sind dafür verantwortlich, dass nicht auf die Identifizierung kultureller Konfliktlinien und eine fruchtbare Arbeit mit ihnen abgezielt wird, sondern dass ihre Verdrängung und oberflächliche Harmonie vorgezogen wird. Die Konsequenz ist, dass durch eine bessere Teilnehmer-Qualifizierung der Umgang mit kulturellen Konflikten eingeübt und somit eine Freilegung des immensen kulturellen Lernpotentials ermöglicht würde«, deutet Mester resümierend vom theoretischen Standpunkt aus an.[219] In praktischer Hinsicht zeigte sich die damit angesprochene Ambivalenz und Unsicherheit in den Verhaltensweisen so: In der Jugendwoche gen. B (die vom 22.7. bis zum 5.8. 1995 stattfand), äußerte ein serbischer Teilnehmer im Gespräch mit Mester zunächst, er halte nicht viel davon, die Aktualität der politischen Konflikte seines Landes während des Aufenthaltes thematisiert zu erleben, war jedoch wenige Tage später bereit, über den Bosnien-Konflikt mitzudiskutieren und äußerte am Ende der Jugendwoche, er hätte darüber auch gern mit Kroaten und Bosniern gesprochen.[220]

---

218 In EJW B und D ließen bspw. Jugendliche aus Serbien und Russland wissen, nicht vor handgreiflicher Meinungsbekundung zurückzuschrecken, da das in ihren Heimatländern üblich sei und viele andere Europäer einfach zu weich. ... (Und dies ist nur ein Beispiel aus Mesters Erfahrungen mit kulturellen Konflikten; vgl. Mester, op. cit., S. 126).
219 Mester, op. cit., S. 131.
220 s. Mester, op. cit., S. 128.

Hinsichtlich der kognitiven Annäherung an die Thematik kultureller Diversität und Verständigung (die am Beispiel des »Europäischen Bewusstseins« vorgenommen wurde) sind Mesters Ergebnisse nahezu uneingeschränkt optimistisch. Er schreibt u. a.: »Das gemeinsame Erleben, die Begegnungserfahrung des konkreten menschlichen, kulturellen und sozialen Europas, in dem sich Freundschaften und Kontakte aufbauen, waren für die Jugendlichen unschätzbarem Wert. (...) Zu Beginn und am Ende der EJW (= Europäische Jugendwochen) konnte eine breite Zustimmung zur europäischen Einigung verzeichnet werden. Die Beschäftigung mit dem politischen Europa führte jedoch dazu, dass bestimmte Probleme und Teilaspekte in einem neuen Licht oder zum ersten Mal gesehen wurden.«[221] Die daraus resultierende differenzierendere und kritischere Haltung der Jugendlichen gegenüber Europa wertet Mester als ernsthafte und wünschenswerte Bewusstseinsbildung.[222] Diese Ergebnisse kontrastieren deutlich mit denen anderer Befragungen zu Europa (s. Kap. 3.3). Ob das mit der überzähligen Teilnahme von Osteuropäern zu tun hat? Ist politische und kulturelle Bildung durch aufeinandertreffende Unterschiede wieder interessant geworden? – In jedem Fall zeigt sich, dass bei diesen Jugendbegegnungen auch die didaktischen Vorgehensweisen[223] erfolgreich gewesen sein müssen. Sachliches und politisches

---

221 Mester, op. cit., S. 167.

222 vgl.: ebd.

223 Dazu eine kleine **ausschnitthafte Anmerkung** zu den pädagogischen und menschlichen Zwiespälten: Der Leiter von EJW C schildert sein Vorgehen so: Doch, so zwischendurch (= in informellen Gesprächen?, M. B.) würde er »auch mal was provozieren«, (was darin besteht, nationale Streitfragen anzusprechen). »Aber sich da bewusst Konflikte ins Seminar reinzuholen, möchte ich auch nicht, weil ich gar nicht weiß, wie die Teilnehmer sind (...). | Unser Ziel ist einfach, dass die Leute ein positives Erlebnis von Europa haben. (...) Aber das jetzt von vornherein auf Konflikt anlegen ... da würde ich auch ganz anders arbeiten. Da würde viel mehr Freiraum lassen und leute reinholen, die sich politisch auskennen, und auch gruppendynamisch das ganze (!)

Lernen stieß hier mit Sicherheit auf mehr Gegenliebe als bei den Vorläufer-Beispielen nach Treuheit / Janssen / Otten (op. cit.) oder Breitenbach (op. cit., s. Kap. 1.2). (Leider geht Mester im Rahmen seiner praxisorientierten Darstellung auf diese Thematik nicht ein).

2.2.2 Wie's glückt oder schiefgeht: Das annähernde Scheitern und Gelingen von Jugendbegegnungen

Mit der o. g. Fragestellung beschäftigen sich explizit Treuheit / Janssen /Otten, op. cit. Zwei deutlich gegenteilige Beispiele aus dieser Studie sollen in diesem Unterkapitel vorgestellt werden. Den Abschluss bildet ein Beispiel zum Umgang mit den sprachlichen Verhältnissen aus der Berichterstattung nach Haumersen / Liebe. (Leider kann auf diese weitschweifige und doch sehr konkret auf den Einzelfall bezogene Thematik nicht sehr ausführlich eingegangen werden, da eine angemessene Behandlung die Möglichkeiten dieser Arbeit übersteigt).

Bekanntlich zielt der **interaktionistische Ansatz** auf die Kontakt- und Austauschmöglichkeiten beim interkulturellen Lernen ab.[224] Bei der »Evaluation von fünf Preisträgerbegegnungen«[225] berichtet Treuheit von einer Jugendbegegnung in Österreich[226], bei der sich

---

vertieft sehen (...)« (Gesprächsausschnitte nach Mester, op. cit., S. 129/30). **Zum methodischen Vorgehen**: In der Betrachtung seiner Ergebnisse stellt Mester die beobachteten Planspiele und die Diskussionen mit eingeladenen Fachleuten (etwa mit einem Abgeordneten des Europäischen Parlamentes während der EJW C) als besonders aussagekräftig und fesselnd heraus (vgl.: Mester, op. cit., S. 144 /45).

224 Einzelheiten s. Kap. 2.3.2.

225 s. Treuheit / Janssen / Otten, op. cit., S. 51-236.

226 s. Treuheit / Janssen / Otten, op. cit., S. 148-63.

das Verhältnis zwischen einer hektischen, vielfach despotischen Leiterin und den Teilnehmern grundsätzlich problematisch gestaltete, und die außerdem mit touristischen Besichtigungen so überladen war, dass die kommunikative Bewegungsfreiheit stark eingeengt war. Das offizielle Programm fand größtenteils in angespannter Atmosphäre statt; auch die Zeitplanung und andere Details wurden in Mitleidenschaft einer undurchdachten und unpädagogischen Organisation gezogen. Selbst die Unterbringung in einem ziemlich feinen Sporthotel machte sich unangenehm bemerkbar.[227]

Bestqualifiziertes Bsp., D3, das am ausführlichsten beschrieben wurde:

Treuheit / Janssen / Otten beschreiben eine Jugendbegegnung in Deutschland (gen. D3) als besonders gelungenes Beispiel in puncto interkulturelles Lernen.[228] Bei dieser Jugendbegegnung wird besonders gründlich darauf geachtet, die internationale Kommunikation unter den Teilnehmern zu fördern.[229] Die Zielvorstellungen

---

227 Treuheit und seine Mitarbeiter sprechen in ihrer summarischen Kritik (sechs Aspekte) von der Hotelatmosphäre als einem »weitere(n) Disziplinierungsinstrument«, da sie die Jugendlichen eher verunsicherte und die Kellner in den (ohnehin fehlenden) Aufenthaltsräumen meistens eine Bestellung wünschten. (s.: Treuheit / Janssen / Otten, op. cit., S. 160 und die oben angegebenen Seiten über die »Veranstaltung in A«).

228 Dieses Beispiel stellt gleichzeitig eine Eigenwerbung für das Institut für angewandte Kommunikationsforschung in der außerschulischen Bildung (= IKAB, Bonn) dar, da es mit dieser Information in Treuheit / Otten als Muster-Beispiel vorgestellt wird. Ein wenig Kritik bleibt allerdings auch nicht ausgespart.

229 Dies geschieht bspw. am Anfang durch ein besonderes Kennenlern-Spiel hinsichtlich der Namen, nach der Wochenmitte durch eine schriftlich unterstützte »Zwischenbilanz« zu der Veranstaltung und am letzten Tag durch die gemeinsame Vorbereitung des großen Abschiedsessens (s. a. u.).

für die ersten 4 Tage bestehen a) in »Kennenlernen und (der) Herstellung eines offenen Klimas« und b) in »erste(n) inhaltliche(n) Informationen aus den Exkursionen, die Grundlage der Arbeit im zweiten Teil der Veranstaltung sein können«.[230] Die sog. »Zwischenbilanz« am Vormittag des vierten Tages wird ernsthaft vollzogen und erzeugt mancherorts Betroffenheit.[231] Sie erbringt in allgemeiner Hinsicht zwei weiterführende Zielvorstellungen: »Man will (a)) über die Sicht der Teilnehmer voneinander arbeiten; was denken wir über die anderen?« – und es werden (b)) zwei Vorschläge zum Arbeitsprogramm angenommen (die nicht in direktem Zusammenhang mit der Zwischenbilanz stehen): »Arbeit über den Alltag der Jugendlichen in den verschiedenen Ländern und Zukunft als individuelles und gesellschaftliches Problem.«[232] Den abschließenden Höhepunkt bildet ein festliches Abendessen: Als besonderer ‹Clou› wurde ein internationales Menü gekocht, das von einer internationalen Teilnehmer-Arbeitsgruppe vorgeschlagen worden war: Es bestand aus: 1. Tomatensuppe (D), 2. Salade nicoise (!) (F), 3. Spaghetti Carbonada (!) (I), 4. Obstsalat (L), 5. Käsetorte (B), 6. Eiskaffee (D).[233] Auch wenn bei dieser Veranstaltung nicht jede nationale Aufsplitterung vermieden werden konnte, wurden (nach Meinung der Beobachter) die wichtigen Eckpunkte der interkulturellen Begegnung (Vorurteile, Konfliktgründe) angemessen berücksichtigt und thematisiert. Sie heben die größtenteils optimalen organisatorischen Voraussetzungen zum Gelingen hervor.[234]

---

230 Zitate nach: Treuheit / Janssen / Otten, op. cit., S. 125.

231 vgl.: Treuheit / Janssen / Otten, op. cit., S. 134.

232 Zitate s. ebd. (Das Tagungsthema lautete im übrigen: »Zukunft«- vgl.: Treuheit / Janssen / Otten, op. cit., S. 124).

233 Augenscheinlich bezieht sich die geschilderte gute Vorbereitung nicht auf die Schreibweise mancher Spezialitäten; s.: Treuheit / Janssen / Otten, S. 138 bzw. Treuheit / Otten, S. 134. (Im letztgenannten Werk ist immerhin das italienische Gericht korrekt geschrieben).

234 vgl.: Treuheit / Janssen / Otten, op. cit., S. 120: »Die Veranstaltung D3 war inhaltlich wie methodisch ohne Zweifel am ehesten an die in Teil 1.3. dieses

Wie hoffentlich verständlich, ist es in dieser Arbeit unmöglich, die Einschätzungen (und Gegebenheiten) zu dieser und den anderen Jugendbegegnungen nachvollziehbar darzustellen. Es sei daher nur kurz erwähnt, dass Treuheit / Janssen / Otten auch eine Jugendbegegnung in den Niederlanden auswerten, die durch die pädagogische Stärke und das Engagement des einzig vorhandenen Leiters positiv auffiel (auch wenn dieser gut geeignete Pädagoge fast naturgemäß manchmal etwas überfordert war).[235]

Elsass-Beispiel:

Bezeichnenderweise unter der Überschrift »Jenseits der Sprachbarriere« referieren Haumersen / Liebe über ein Fortbildungsseminar für Animateure (mit einigen anderen engagierten Fachleuten), das im Elsass stattfand und auf dem fast nur deutsch gesprochen wurde, da bis auf eine Ausnahme auch die (elsässischen!) Franzosen gut deutsch sprachen.[236] Nach den Erkundigungen der Wissenschaftler (in Form von **psychoanalytischen Interviews**) ging es hier um ein Problem von kultureller Dominanz, die von der zuerst angekommenen (und zahlenmäßig größeren) deutschen Gruppe ausging. Durch Protest und sprachliche Verabredungen wird deutlich: »Kaum ist die Sprachbarriere als Verständigungsproblem gegenstandslos, muss sie wieder aufgerichtet werden, um der anderen Kultur zum Ausdruck zu verhelfen« – so jedenfalls interpretieren Haumersen / Liebe die Situation.[237] In ihrer Sichtweise ist die Spra-

---

Buches entwickelten 'Bedingungen interkulturellen Lernens' angelehnt. Sie bietet eine ausgezeichnete Basis für die Diskussion um Ziele und Methoden europäischer Bewusstseinsbildung samt ihren Schwierigkeiten und objektiven Grenzen (...)«.

235 Vgl. dazu: Treuheit / Janssen / Otten, op. cit., S. 163-73.
236 vgl.: Haumersen / Liebe, op. cit., S. 107-111.
237 Haumersen / Liebe, op. cit., S. 111.

che jeweils ein Symbol für vorhandene Unterschiede, und diese Unterschiede sind auch bei einer gemeinsamen Sprache übersetzungsbedürftig.[238] (Zu dieser Thematik s. a.: Kap. 2.3.6).

Vielleicht wird aus den Angaben in diesem Kapitel ersichtlich, welche kaum überwindbare Schwierigkeit es mit sich bringt (mit sich bringen würde), bestimmte Maßnahmen als ‹wirklich gelungen› (oder gegenteilig...) zu bezeichnen. Solche Qualifizierungen sind demgegenüber immer nur vorsichtige **Annäherungen**, bei denen die jeweils besonderen Umstände und Einzelfall-Tatsachen berücksichtigt werden müssen. Da es sich nicht um Labor-Ergebnisse handeln kann, wird die Evaluation von internationalen Jugendbegegnungen derart problematisch, dass der sozialpädagogische Professor Burkhard Müller zur Abhilfe eine **Langzeit-Erkundung unter biographischem Aspekt** vorschlägt. Je weiter der Blickwinkel gefasst würde, desto schwerer ließen sich die Ergebnisse auf **einzelne** pädagogische Interventionen zurückführen[239], bleibt ihm da allerdings anzumerken. Doch wäre, wie er meint, »die Frage nach erwünschten, isolierbaren ‹Wirkungen› (...) dann vielleicht nicht mehr so wichtig«.[240] Es handelt sich dabei eben von vornherein um **unterschiedliche Perspektiven**. ... (vgl. auch Kap. 3.2 zu Fragen der Evaluation und Austauschforschung; Kap. 4.1.2 zu methodischen Forschungsansätzen in der internationalen Jugendarbeit).

---

238 vgl.: ebd.
239 B. Müller, op. cit., <u>in</u>: Colin / Müller, op. cit. (»Alltagserfahrung«), S. 178.
240 ebd.

2.3 Beeinflussende und erklärende Faktoren bei der Gestaltung von Jugendbegegnungen:

2.3.1 Die Bedeutung der Ausnahmesituation »Jugendtreffen«

Vorbereitung und Anreise zu einer Jugendbegegnung bilden (mitsamt dem Ereignis selbst) einen ‹Ausnahmefall› zum Alltag, wecken Neugierde, Aufregung und spezielle Erwartungen bei den Teilnehmern.[241] Die jeweilige Freizeitmaßnahme konstituiert sich innerhalb einer vorgegebenen Zeitspanne und an einem vorgegebenen Ort, womit auch eine mehr oder minder bedeutsame räumliche Veränderung verbunden ist. Der Sozialisationsforscher Wilfried Gottschalch sieht im Reisen ein wichtiges Mittel zur Sozialisation, sofern die damit verbundenen Erfahrungen individuell eine Bedeutung erlangen. Er schreibt zu dieser Möglichkeit des Kennenlernens ‹anderer Welten›: »Wer Erfahrungen macht, der fährt durch Raum und Zeit. Er nimmt Ortsveränderungen vor. Wer etwas erfährt, versucht, das Ereignis, das er erlebt hat, mit seiner Lebensgeschichte und mit dem, was er von der Zukunft erwartet, zu verbinden. Die Erschließung der Zeitdimension ist dabei wichtig. Ich erlebe etwas im Hier und Jetzt, aber Erfahrung wird das Erlebnis erst, wenn ich ihm eine Bedeutung in meiner Lebensgeschichte zu geben vermag.«[242] Die Einlösung dieses weitreichenden Anspruchs ist eines der Anliegen bei pädagogischen Konzeptionen zum internationalen Jugendaustausch. Verbunden mit Fragen der Langzeitwirkung von Austauschmaßnahmen setzt die dem konkreten Vorhaben zur Verfügung stehende Zeit den Zielvorstellungen enge Grenzen: Zumeist

---

241 vgl. a.: Otto Letze, op. cit., S. 157 und Treuheit / Janssen / Otten, op. cit., S. 242.
242 Wilfried Gottschalch: Soziologie des Selbst. Einführung in die Sozialisationsforschung. Heidelberg ² 1991 (1. Auflage unter einem etwas anderen Titel 1990); S. 121.

geht es in diesem Zusammenhang um mangelnde, fehlende Zeit (für Auseinandersetzungen bspw., vgl. Haumersen / Liebe, op. cit.), oder um die günstigste zeitliche Aufteilung (vgl. bes. Treffer, op. cit.). Die ins Auge gefasste kurze Zeitspanne ist zudem dafür verantwortlich, dass die Teilnehmer sich ‹nicht wirklich› kennenlernen können. Es können auf solchen Freizeiten keine Freundeskreise oder Peer-groups der üblichen Art entstehen, da die zugemessene Zeit natürlicherweise eine Ausnahmesituation schafft, welche es kaum zulässt, ernsthaft miteinander vertraut zu werden. Daher entwickeln sich bei der internationalen Jugendfreizeit die (hier vielfach pädagogisch stark vor-strukturierten) gruppendynamischen Prozesse in eine ‹besondere› oder ‹andere› Richtung: Grundlage ist schließlich (positiv oder negativ akzentuierend) die spezielle Erfahrung des ‹Andersartigen› im kulturellen und lebenspraktischen Sinn.[243]

Somit beinhaltet die Ausnahmesituation einer Jugendbegegnung auch, sich mit unerwarteten Gegebenheiten zu ‹arrangieren›. Ein an der praktischen Forschung des DFJW / OFAJ beteiligter Wissenschaftler, Jacques Demorgon, gibt dazu alltägliche Beispiele, so z. B. das folgende: « Le choc culturel de jeunes Français qui d´couvrent, pour la premier fois, le contenu d´un repas allemand de midi, dans une institution modeste, est d´abord un choc vif et la révolte est manifeste. Mais après quelques gestes accomodants du personnel de la cuisine, on finit par accepter. »[244] Seine Beispiele geben einen Eindruck

---

243 Otten begründet mögliche »Unsicherheiten« beim Einfinden in ein Seminar v. a. mit unklaren Erwartungen an eine solche Jugendbegegnung; d. h. mit einer negativen Rück-Wirkung hinsichtlich der eigenen aktiven Teilnahme. (vgl.: Hendrik Otten: »Konsequenzen für die Aus- und Weiterbildung von Mitarbeitern in der internationalen Jugendarbeit«. In: Treuheit / Janssen / Otten, op. cit., S. 237-46 (242).

244 J. Demorgon, L'exploration interculturelle. Pour une pédagogie internationale. Paris 1989; S. 222.

davon, wie schon Banalitäten wichtig sein können, wie sie bereits einen Teil der kulturellen Identität darstellen und wie man pragmatisch mit solchen Schwierigkeiten umgehen kann. Die rein praktische ‹Lösung› ist den Anlässen natürlich vielfach nicht angemessen. Bei interkulturellen Begegnungen geht es zuvorderst darum, bestehende Differenzen zu bemerken und zu thematisieren (d. h., sie weder zu negieren, noch zu verkleinern). Eine wichtige Grundlage dafür ist die bewusste Anerkennung der persönlichen « altérité-étrangeté »[245] auf psycho-analytischer Ebene, welche **jeden** Menschen betrifft (und die an sich gar keine ‹Ausnahmesituation› darstellt – höchstens ihre Bewusstwerdung!). Dieser Ansatz kann in der interkulturellen Begegnung fruchtbar gemacht werden, denn er ermöglicht eine Beziehungsebene der Gleichwertigkeit: « Si l´étranger peut être semblable, c´est à condition de lui ôter le statut d´objet et de le rencontrer comme sujet. C´est aussi en acceptant la part d´altérité que chacun porte en soi et la découverte que ‹Je est un autre› selon l´expression pénétrante de Rimbaud. » [246] Mit den vielseitigen Möglichkeiten interkultureller Lernerfahrung beschäftigt sich das folgende Kapitel (Kap. 2.3.2)).

Zunächst sollen jedoch einige Aspekte der **Persönlichkeitstheorie** behandelt werden, um eine allgemeine Vorstellung hinsichtlich der Aneignung (und Verarbeitung) von Erfahrungen zu ermöglichen. Dadurch wird das Erlebnis »Jugendbegegnung« in seiner biographischen oder psychologischen Bedeutung zumindest auf einer abstrahierenden Ebene besser erfassbar.

---

245 Begriff nach: Julia Kristeva, Étrangers à nous-mêmes. o. O. (Frankreich) 1988; S. 269. Ausgehend vom Umgang mit Fremdheit durch die Jahrhunderte hinweg, stellt sich die Autorin die psychoanalytisch kodierte Schlüsselfrage: »L´ universalité ne serait-elle pas ... notre propre étrangeté?« (J. Kristeva, op. cit., S. 249 ff.).

246 Ladmiral / Lipiansky, op. cit, S. 142/43. (Diese Zugangsweise führt im interkulturellen Bereich zu Untersuchungsmethoden der Ethnopsychoanalyse, s. u.).

Die Forschungsrichtung, die sich vor allem mit Fragen der gesellschaftsbedingten Sozialisation beschäftigt, orientiert sich bevorzugt an Theorien des **»Symbolischen Interaktionismus«** (repräsentiert v. a. durch H. G. Mead). Demnach entwickelt sich die Persönlichkeit quasi als »‹Spiegelbild-Selbst›«[247] nach den Interaktionen mit anderen; es geht dabei um die Auseinandersetzung zwischen einem persönlichen »Ich« und den »Anderen« als Repräsentanten der (vorrangig) vom gesellschaftlichen Kollektiv geteilten Erwartungen. Die in dieser Weise gebildeten Identitätsvorstellungen (und somit auch stereotype Vorurteile) sind **veränderbar**. Reisedidaktiker bspw. sollten sich der neuen, nämlich der »unmittelbare(n) »‹sinnliche(n)› Begegnung«[248], bewusst sein, die eine Reise grundsätzlich ermöglicht, und mit ihr pädagogisch umgehen. Bei allen weiterreichenden individuellen und gesellschaftlichen Auswirkungen von Interaktions-Erfahrungen schwingt immer die Einsicht mit, dass die konkrete soziale Interaktion naturgemäß diskutabel und »nicht die Wirklichkeit selbst ist, sondern stets nur eine partielle und interpretierte«.[249] Sie besitzt insofern **Symbolcharakter**, als dass ihr Erfahrungswert (vielfach) auf andere Situationen übertragbar ist.

Im Unterschied zu den auf zwischenmenschlichen Austausch bezogenen Interaktionstheorien ist der **Strukturfunktionalismus**[250] (v. a. entwickelt von T. Parsons) als eher lerntheoretisch und vom

247 Gerstenmaier, Jochen: »Symbolischer Interaktionismus«. In: Rexilius, Günter / Grubitzsch, Siegfried (Hrsg.): Handbuch psychologischer Grundbegriffe. Mensch und Gesellschaft in der Psychologie. Ein Handbuch. Reinbek b. Hamburg 1987; S. 1076-1078 (1077).
248 Zu dieser Argumentation vgl.: Glaubitz, Gerald: »Stereotypenproblematik und Reisedidaktik: Methodische Überlegungen und historische Beispiele.« In: Hahn, Hans Henning (Hrsg.): Historische Stereotypenforschung. Methodische Überlegungen und empirische Befunde. Oldenburg 1995; S. 75-103 (Zitat S. 75).
249 W. Treuheit: »Evaluation von fünf Preisträgerbegegnungen«. In: Treuheit / Janssen / Otten, op. cit., S. 56 / 57.
250 auch Systemtheorie genannt.

Individuum ausgehend[251] zu verstehen. Es geht zuvorderst um dessen Möglichkeiten des Hineinwachsens und der Anpassung an die vorgegebenen tradierten Strukturen in Kultur und Gesellschaft. In den Augen vieler mit den Problemen der europäischen und internationalen Verständigung befasster Wissenschaftler[252] ist dieses Modell nicht geeignet, um Auseinandersetzungen in diesem Bereich zu erklären, da eine durch theoretische Vorgaben begründete Vereinheitlichung des Meinungsbildes nicht erstrebenswert sein kann.[253] In diesem Zusammenhang sei zwischen »ernstzunehmende(n) unterschiedliche(n) Standpunkte(n), die aus der eigenen nationalen und kulturellen Tradition her definiert werden«, und »desavouierenden Vorurteilen« zu unterscheiden, schreibt Treuheit.[254] Im Verlauf deutsch-französischer Jugendbegegnungen (bspw.) wäre die Anzahl der ‹banalen› Alltags-Konflikte wesentlich größer, wenn eine Spiegelung (d. h. ein stellungnehmender Vergleich; s. a. Interaktionstheorie) mit dem ‹normalen› Alltag stattfände.[255] Zugunsten von vordergründiger Anpassung wird dieser Konflikt auf eine argumentative Ebene gedrängt und führt langfristig zu verstärkten Vorurteilen.[256]

Psychoanalytische Erklärungsansätze sollen an dieser Stelle nur insofern erläutert werden, als sie Fragen der internationalen Verständigung behandeln.[257] Der psychologischen Ausrichtung

---

251 Zu dem angedeuteten Unterschied in der Perspektive vgl.: H. Giesecke (»Einführung Pädagogik«), op. cit., S. 69.

252 z. B. Bernd Janssen, Henrik Otten und Werner Treuheit (vgl. Treuheit, op. cit. (»Evaluation«), in: Treuheit / Janssen / Otten, op. cit. S. 54-57).

253 Zu diesem Themenkomplex vgl. Treuheit, op. cit. (»Evaluation«), in: Treuheit / Janssen / Otten, op. cit., S. 54/55.

254 s. ebd., Zitate im Original z. T. hervorgehoben.

255 vgl. Letze, op. cit., S. 157.

256 vgl. Letze, op. cit., S. 158 ff.

257 Zu psychologischen Interpretationen interkultureller Begegnungssituationen s. Kap 2.3.2.

zufolge kann eine (sehr) autoritäre Sozialisation, bei der die Heranbildung eigener Ansichten unterdrückt wurde, letztendlich die absolute Unterwerfung unter die Maßstäbe der eigenen Nation (als Groß-Gruppe) hervorrufen.[258] Damit ist dieses theoretische Schema natürlich nur sehr vereinfachend umrissen (welches bspw. Mario Erdheim mithilfe ausführlicher Freud-Interpretationen zu erhellen versucht).[259] Der von ihm aufgegriffene ethnopsychoanalytische Ansatz fordert eine verzweigt dialektische Vorgehensweise, auf die an anderer Stelle eingegangen wird.[260] Seine Untersuchungen an Züricher Gymnasiasten mit Fragen über ihr Verhältnis zur Schule legen ihm nach eigener Einschätzung die »These«[261] nahe, »dass es nicht die Schicksale der frühen Kindheit, sondern diejenigen der Adoleszenz sind, die die Einstellung des Individuums zur Kultur[262] bestimmen«.[263] Entscheidend für die persönliche Entwicklung ist das ‹Gleichziehen› äußerer (geschichtlicher, biographischer) und innerer (psychologisch analysierbarer) Gegebenheiten, um so eine ich-starke Persönlichkeit zu ermöglichen, die sich bewusst mit all diesen Umständen im einzelnen auseinandersetzen kann (und so auch der Brückenschlag zur gesellschaftlichen Dimension gelingt).[264] Auch in diesem Erlebnisbereich sollte die Jugendbegegnung oftmals ein, wenn auch kurzzeitiges, so doch wirksames Zeichen setzen können.

---

258 Vgl. dazu die Untersuchungen von M. Horkheimer und T. W. Adorno zum ‹autoritären Charakter›, die ihrerseits auf psychologischen Forschungen von A. Mitscherlich aufbauen.

259 vgl.: Mario Erdheim, Die gesellschaftliche Produktion von Unbewusstheit. Eine Einführung in den ethnopsychoanalytischen Prozeß. Frankfurt/M. 1982.

260 s. Kap. 3.2 (und auch Kap. 2.3.2).

261 Erdheim, op. cit. (1982), S. 39.

262 Mit »Kultur« ist in diesem Zusammenhang die Teilnahme der Erwachsenen am gesellschaftlichen Leben gemeint (s. a. Kap. 1.1).

263 ebd.

264 vgl. dazu bes.: Erdheim 1982 (op. cit.), 338-340 und 366-368.

Vorurteile, wie in den Argumentationen zur Persönlichkeitsbildung mehrfach angesprochen, stellen dennoch auch ein fruchtbares Element im Zusammenhang mit Jugendbegegnungen dar. Wie Haumersen /Liebe[265] und Tourette-Turgis[266] darlegen, ergeben Vorurteile als sog. »(psychische)« »Projektionen«[267] ebenso die Motivation zum Kennenlernen, wie sie auch dazu beitragen, anfängliche Ängste (Scheu?) zu überwinden.[268] *»Gerade weil wir Vorurteile über den anderen haben, möchten wir ihn kennenlernen«*, lautet die auf den Punkt gebrachte Argumentation.[269] Im übrigen allerdings sind Vorurteile dem Begriff nach falsche oder zu sehr vereinfachte (stereotype) voraus-gehende Urteile, die mit der dynamischen und komplexen Wirklichkeit nicht viel (oder nichts) gemeinsam haben.[270] Da ja andererseits Vor-Urteile unumgänglich sind, ist es wichtig, sie zu erkennen und in ihrer Bedeutung einzuschätzen. Positiv in der Begegnungspädagogik verwendbar sind Vorurteile nur dann, wenn sie erkannt und akzeptiert werden.[271]

---

265 op. cit., S. 61.
266 Catherine Tourette-Turgis: »Identität und Unterschiede: Zu einer psychologischen Pädagogik der Identität« In: Colin / Müller, op. cit., S. 35-38 [übers.], S. 38
267 Tourette-Tugss, op. cit., ebd.
268 Haumersen / Liebe, op. cit., S. 61.
269 Tourette-Turgis, op. cit., S. 38; Herv. der Autorin.
270 zu diesem Themenkomplex s. Kap. 2.3.3.
271 vgl. Tourette-Turgis, op. cit., ebd.

2.3.2 Das interkulturelle Zusammentreffen: die Auseinandersetzung mit Unbekanntem

« Nous devons, nous, de façon différente et dans des conditions tout autres rétroagir du présent sur le passé pour apprendre ce qu´ il y avait de commun, non seulement malgré mais surtout <u>dans</u> nos divisions et <u>dans</u> nos antagonismes, et donner à ce qui a pu sembler secondaire ou inessentiel une importance ou une vertu principales <u>pour nous</u> », schreibt der Soziologe Edgar Morin über das politische Europa (als Schicksalsgemeinschaft), und fügt erklärend hinzu : » Car c´est aujourd´hui que les antagonismes nous apparaissent fructueux, alors qu´ils étaient, pour ceux qui les ont vécus, irréconciliables voire mortels. »[272] Damit zeigt er einen Weg auf, mit den kulturellen Unterschieden umzugehen, die unabdingbar zwischen den einzelnen Ländern bestehen. (Innereuropäische) Mentalitätsunterschiede und kulturelle Verschiedenheiten im weitesten Sinne bilden das Thema dieses Kapitels. Dabei handelt es sich eigentlich um eine Angelegenheit, die von jeher zum zwischenmenschlichen Erfahrungsbereich gehört: »Um die Anderen und sich selbst zu verstehen, bedarf es einer beständigen Relativierung, der Einübung eines befremdeten Blicks auf den Alltag und die eigene Identität. Die Eskimos und die Automobilbesitzer sind, ebenso wie noch viele andere »Stämme« und Subkulturen der Weltgesellschaft, unwiderruflich aufeinandergeprallt und müssen sich miteinander befassen,«[273] erinnern zwei Psychologen an die ursprünglich extreme Ausgangserfahrung.[274]

---

272 Zitate aus: E. Morin : Penser l´Europe. St. Amand (Cher) 1987; S. 169/70 (Herv. v. Autor).

273 Klaus Ottomeyer / Erhard Wedekind, »Alltag«. (Lexikonartikel) <u>in</u>: Taschenbuch der Pädagogik, Bd. 1, Baltmannsweiler 1996; S. 11-24 (S. 12/13).

274 Auch aus der Sicht ganzheitlicher psychologischer Betrachtung stellen »historische und kulturelle Faktoren (...) (keine) erschwerende oder

Strenggenommen lebt jedes Individuum bereits in einer interkulturellen Situation, wenn man die Mannigfaltigkeit der bestehenden kulturellen Bezüge und Wahlmöglichkeiten für das Verhalten in Betracht zieht[275] (Def. 1). Laut Demorgon bedeutet der Kontakt zwischen verschiedenen Kulturen daher lediglich eine Erhöhung der »Komplexität und Schwierigkeit«[276] des interkulturellen Erlebens. (Def. 2). Übereinstimmend fordern Sozial- und Verhaltenswissenschaftler eine **diskursiv** verlaufende Auseinandersetzung mit dem Neuen, Unbekannten. Neben der in Kap. 2.3.1 vorgestellten **Interaktionstheorie**, die verhaltenstheoretisch gesehen von einem inter-individuellen Austausch an Initiativen und Erfahrungen ausgeht, spricht auch die im Millieu des (fremd-)kulturellen Kontaktes (nach Def. 2) eingesetzte **Ethnopsychoanalyse**[277] von »eine(r) Art Pendelbewegung zwischen Selbst- und Fremderkenntnis«.[278] Die von E. T. Hall (und einem Gutteil US-amerikanischer Wissenschaftler)[279] geforderte methodische Einfühlung in ein Gegenüber aus einer anderen Kultur verlangt bei kritischer Betrachtung wohl ebenso sehr nach der Bejahung von kulturtypischen Mentalitätsunterschieden. Diese Bereiche unterschiedlichen Denkens und Erlebens werden bei der interkulturellen Kontaktaufnahme zu sog.

---

verändernde Bedingungen einer einfachen biophysischen Situation (...)« dar, sondern »wohnen vielmehr jedem Problem inne, so wie es sich uns darstellt« (Frederic S. Perls / Ralph F. Hefferline / Paul Goodman: Gestalttherapie. Grundlagen. München 1991 (amerikan. Original: New York 1951; dt. 1979); S. 10. – Näheres zum gestalt-pädagogischen Ansatz in Kap. 3.1.

275 Vgl. Jacques Demorgon: »Jeder lebt bereits in einer interkulturellen Situation, aufgrund all jener Unterschiede, die innerhalb seiner eigenen Kultur von ihm selbst und von anderen und mit ihnen gemeinsam geschaffen werden« (J. Demorgon, »Das Intekulturelle im Prozeß der Globalisierung: Theoretische und praktische Perspektiven der Ausbildung«. In: Colin / Müller, op. cit., S. 183-212; (194). [Übers. aus d. Frz.].

276 ebd.

277 s. weiter unten

278 Haumersen / Liebe, op. cit., S. 15.

279 vgl.: Demorgon, op. cit., In: Colin / Müller, op. cit., S. 185.

»**Metathemen**«.[280] Haumersen / Liebe fordern in ihrer Studie[281] »eine Kompetenz, die es erlaubt, mit Metathemen konstruktiv arbeiten zu können«, [282] was auch bedeutet, besseres Wissen und die didaktischen Fähigkeiten zu haben, um über die kulturellen Unterschiede sprechen zu können. Die so oft beschworene ‹Offenheit› für die andere Kultur halten sie letztlich für bloße egoistische Neugierde, durch die kein Lernen ermöglicht wird, denn: »Die Fixierung auf das Fremde lässt das Eigene zum kulturellen Neutrum werden, und somit wird der Dialektik interkulturellen Lernens die Antithese entzogen. Es kann zu keiner Auseinandersetzung mehr kommen, da sich die Begegnung in einem kulturellen Relativismus abspielt, der alles erlaubt, solange es nur spannend ist.[283] In diesem Zusammenhang spricht Demorgon von jenem »Interkulturelle(n)[284], das seine eigene Logik zu verstehen sucht«, wenn die empirischen Untersuchungsmöglichkeiten[285] ausgeschöpft sind.[286] Diese (nach Demorgon) von Grund auf interdisziplinäre Forschungsrichtung ist bisher noch kaum etabliert.[287] Daher erfolgt die Erforschung von Interkulturalität zumeist entweder ganz pragmatisch oder auf einer speziellen ideologischen Ebene.[288]

---

280 s. weiter unten.

281 Haumersen / Liebe, op. cit..

282 Haumersen / Liebe, op. cit., S. 159.

283 Haumersen / Liebe, op. cit., S. 160.

284 als abstrakte Befindlichkeit des menschlichen Erlebens; s. o.

285 das sind: Interviews, Fragebögen, Beobachtungen und ihre Übertragung auch auf makrosoziologische Gegebenheiten (vgl. Demorgon in: Colin / Müller, op. cit., S. 183-88.

286 Demorgon, op. cit. In: Colin / Müller, op. cit., S. 189 (und ff.).

287 vgl.: »Tatsächlich beginnt das Interkulturelle eben erst aus dem Bereich des Ungedachten der menschlichen Erfahrung herauszutreten. Und dennoch betrifft es heute schon alle Bereiche von der zwischenmenschlichen Begegnung bis zur internationalen Geopolitik«. (Demorgon, op. cit., in: Colin / Müller, op. cit., S. 209).

288 s. Demorgon, op. cit., in: Colin / Müller, op. cit., S. 209.

Die Ebene einer pädagogisch geplanten multinationalen Jugendbegegnung bietet dagegen »Lernfeld (an), in dem mit Lösungen
und Verhaltensweisen experimentiert werden kann«[289], um sich
mit Interkulturalität auseinanderzusetzen. Dabei sind die Vorzüge
dieses ‹pädagogischen Schonraumes› mitzubedenken: »Das Risiko
eines interkulturellen Konflikts, dass nämlich (...) (eine) neue Form
des Umgangs mit dem Fremden, die ihn weder vereinnahmt noch
ihn zu vernichten trachtet, nicht oder nicht gleich gefunden wird,
besteht natürlich auch im Falle des Jugendaustauschs. Es ist hier
aber leichter zu tragen als etwa bei interkulturellen Konflikten, wie
sie in Wohnvierteln der europäischen Großstädte oder gar in den
Krisengebieten der Erde an der Tagesordnung sind.«[290] Auf einer Jugendbegegnung ist wohl gerade in Konfliktsituationen die Hilfe der
Teamer gefordert (bzw. erwünscht). Und dann sollte der **kulturellen Dimension** (die sich gemeinhin als Soziozentrismus ausdrückt)
nicht unbedingt ausgewichen werden.[291] Den (möglichen)[292] theo-
retisch-definitorisch abgrenzbaren Konfliktfeldern (= Metathemen)
ist jedenfalls gemeinsam, »dass sie innerhalb einer Kultur Normali-
täten beschreiben, die sich unserer Aufmerksamkeit entziehen und
derer wir uns deshalb kaum bewusst sind. In einer interkulturellen
Situation treten sie an die Oberfläche, weil sie sich an einer anderen
Normalität brechen«.[293] Die Gliederungspunkte des gesamten Kapi-

---

289 Haumersen / Liebe, op. cit., S. 25.
290 ebd.
291 Es sei den, es handle sich um »rein persönliche Unterschiede oder Gegensätze«
   (zwischen zwei Teilnehmern), Haumersen / Liebe, op. cit., S. 25.
292 Vgl. dazu die folgende allgemeine Einschätzung: »Die Globalisierung bewirkt,
   dass Personen, Gruppen, Institutionen aus verschiedenen Nationen und
   verschiedenen Kulturen sich häufiger begegnen. Es entstehen interkulturelle
   Schocks. Es gibt praktische Probleme und Verständigungsschwierigkeiten, über
   die man aus Höflichkeit oder Zeitmangel rasch hinweggeht. All dies wird nur
   selten beachtet und noch seltener beschrieben und analysiert« (Demorgon, op.
   cit., in: Colin / Müller, op. cit., S. 189). Siehe auch: Kap. 1.2 und 2.3.4 dieser Arbeit.
293 Haumersen / Liebe, op. cit., S. 160.

tels 2.3 behandeln wichtige Metathemen bei deutsch-französischen und internationalen Jugendbegegnungen.

Wie vielgründig ein umfassendes interkulturelles Denk-Konzept sein kann, zeigt der in diesem Kapitel bereits angesprochene Ansatz mit Namen **Interkulturelle Pädagogik,** in welchem die politische und gesellschaftliche Ungleichheit der Kulturen und Nationen (in Geschichte und Gegenwart) miteinbezogen werden. Demnach dürf(t)en kulturelle Zugehörigkeiten nicht mit Vorstellungen von Überlegenheit (bzw. Dominanz) in Verbindung gesetzt werden. Diese Dimension aufklärerischer Arbeit ist für den Jugendaustausch innerhalb der westeuropäischen Staaten nur sehr am Rande[294] von Bedeutung. Zudem spiegelt dieser Denkansatz eher die **politische** Seite einer (nicht existenten) »Weltgesellschaft«[295] wider.

Demgegenüber vollzieht sich die interkulturelle Begegnung auf Jugendfreizeiten vorrangig auf einer **pädagogischen** Ebene, denn es geht hierbei ja um das interkulturelle Lernen junger Menschen. Daher sprechen Sternecker / Treuheit in diesem Zusammenhang von einem »Sozialisationsvorgang besonderer Art«.[296] In ihren Augen findet das (bereits erwähnte) Konzept des interaktionistisch vollzogenen interkulturellen Lernens eine deutliche Bestätigung durch viele einzelne Bestrebungen (des Austausches) in Politik und Kultur[297], welche die allgemeine Globalisierung mit sich bringt.

---

294 vgl. Fußnote 34 , Kap. 1.1.

295 Zu diesem Stichwort aus dem Bereich der **politischen Utopie** vgl. auch den in Kap. 1.3 beschriebenen integrationspolitischen Ansatz.

296 Petra Sternecker / Werner Treuheit: »Ansätze interkulturellen Lernens«. In: Hendrik Otten / Werner Treuheit (Hrsg.): Interkulturelles Lernen in Theorie und Praxis. Ein Handbuch für Jugendarbeit und Weiterbildung. Opladen 1994; S. 31-56 (55) (im Original hervorgehoben).

297 vgl. ebd.

Auch die ethnopsychoanalytische Sichtweise sucht die (möglichst gleichrangige) Auseinandersetzung mit dem kulturell Fremden, sie betont jedoch stärker die (psychologische) Konfrontation mit der Andersheit: »Die Ethnopsychoanalyse untersucht das Verhältnis des Individuums zur Kultur; sie gewinnt ihre Daten durch soziale Beziehungen, die sich aufgrund psychoanalytischer Gespräche ergeben.(...).« [298] Dabei ist die kulturelle Verschiedenheit der Gesprächspartner ausschlaggebend für die »Dynamik« im Gesprächsverlauf.[299] Mit methodischen Modifikationen setzten Haumersen / Liebe diesen Blickwinkel zur Untersuchung von 5 deutsch-französischen Jugendbegegnungen (bzw. Aktivitäten) ein. Der Interaktionsansatz fand Berücksichtigung bei den Forschungsarbeiten unter Federführung von Janssen / Otten / Treuheit. Eine methodenübergreifende Untersuchung zu verschiedenen **pädagogische Zugangsweisen**, die bei deutsch-französischen Jugendbegegnungen Anwendung finden, geben Giust-Desprairies / Müller.[300]

---

298 M. Erdheim: Die gesellschaftliche Produktion von Unbewusstheit. Eine Einführung in den ethnopsychoanalytischen Prozeß. Frankfurt/M. 1982; S. 33.
299 vgl. ebd. unter Verweis auf ein Beispiel Morgenthalers dargestellt in Parin et al. 1971, S. 126 f.. (QUELLE präzisieren !)
300 Zu Einzelheiten vgl. Kap. 3 dieser Arbeit.

2.3.3 Vorausgehende Vorurteile und nationale Stereotype

Zu jeder Nationalität und zu vielen Volks- oder gesellschaftlichen Gruppen existieren (und kursieren) mehr oder weniger gängige **feststehende Vorstellungen** (wie sie in banaler und pointierter Form z. B. in Schottenwitzen oder Blondinenwitzen zum Ausdruck kommen). Solche verfestigten und typisierten Vorurteile werden als **Stereotype** (Sg.: das Stereotyp oder selten: die Stereotype[301]) bezeichnet. Ein Stereotyp kann man also als die »kognitive Komponente« [302] des (eher affektiv geprägten) **Vorurteils** auffassen, welches sich auf der Seite des Verhaltens in (sog.) **sozialer Diskriminierung** ausdrücken kann.[303] In theoretischer Hinsicht entstehen Stereotype aus reduzierter Wahrnehmung und dem Einfluss der ‹öffentlichen Meinung› heraus. Sie »bilden Typen, die der Verhaltensorientierung dienen. Im allgemeinen fehlt uns die Möglichkeit, den Zusammenhang dieser Typen mit den kontinuierlich variierenden Durchschnittswerten weitstreuender Gegebenheiten zu überprüfen; wo wir dies aber können, hat sich die Tendenz zur maximalen Verdeutlichung stets nachweisen lassen«.[304] Elisabeth Noelle-Neumann geht noch einen Schritt weiter, wenn sie schreibt, dass die öffentliche Meinung

---

301 Der Begriff geht auf den englischen Journalisten Walter Lippmann und das Jahr 1922 zurück.

302 s.: Güttler, Peter O.: Sozialpsychologie. Soziale Einstellungen, Vorurteile, Einstellungsänderungen. München ² 1996; S. 82.

303 s.: Güttler, op. cit., S. 84. Nach Güttler, op. cit. (S. 86) handelt es sich bei den 3 Begriffen um tendenzielle Fein-Unterscheidungen. Ungeachtet dessen ist »Vorurteil« der allgemeinsprachlich am häufigsten benutzte (und umfassendste) Umschreibungsbegriff. Desweiteren gehört auch der Begriff des beispielhaften **Prototyps** zu diesem Themenbereich.

304 Peter Hofstätter: Die Psychologie der öffentlichen Meinung. 2. Aufl., Wien o. J. (im Vorwort: 1949); S. 51.

durch Stereotype erst »mitteilbar« werde.[305] Sie spricht von einem dann einsetzenden gesellschaftlichen »Konformitätsprozess«[306], der die Möglichkeit des Redens oder Schweigens sozusagen reglementiere. Wie bereits dargestellt[307], können wir jedoch nicht ohne eine gewisse Stereotypisierung auskommen, wenn wir mit der Vielfältigkeit des Lebens zurecht kommen wollen. Als einleuchtendes Beispiel dazu nennt Hofstätter die wissenschaftliche Klassifizierung der Tiere[308] – woraus sich unschwer ableiten lässt, dass notwendige und sinnvolle Einordnungen öfters zu Lasten einzelner Merkmale gehen (können).

Zur Frage, inwieweit Vorurteilsbildung und Sozialisierung miteinander zusammenhängen, gibt es verschiedene Antworten und Untersuchungsansätze. Es versteht sich von selbst, dass ein gewisses kognitives Differenzierungsvermögen erreicht worden sein muss, um den oder die »Anderen« als andersartig wahrzunehmen und die eine oder andere Haltung ihm oder ihnen gegenüber einnehmen zu können. Nach Untersuchungen von Jaspars et al.1972 mit Fragen zum Nationalitäten-Verständnis [unter niederländischen Schülern der Klassen 2-6] wird die eigene Nation ansteigend in den Altersstufen von der 2. bis zur 4. Klasse am häufigsten genannt, dann ist die Nennung abfallend, was teilweise und vorläufig als Bestätigung der 3-Phasen-Theorie nach Gordon W. Allport[309] angesehen werden kann. Sicher hingegen ergab sich (aus der 3. Teil-Untersuchung bei Jaspars et al.), dass »die

---

305 E. Noelle-Neumann: Öffentliche Meinung. Die Entdeckung der Schweige-Spirale. Frankfurt/M. und Berlin 1989. (Erweiterte Ausgabe eines ähnlichen Buches von 1982); S. 217.
306 ebd.
307 s. Kap. 1.2 und Kap. 2.3.1.
308 Hofstätter, op. cit. (»öffentliche Meinung«), S. 50
309 Originalarbeit von 1954 unter dem Titel: The nature of prejudice, Cambridge, Mass.

Zuordnung (...) (von) Fotos zur eigenen Nation mit einem hohen Sympathiewert verbunden war«.[310]

Es folgt eine kleine Sammlung von Schüleraussagen als ‹Kostprobe› nationaler Stereotype zwischen Deutschen und Franzosen (dem Wesen des Vorurteils entsprechend eher als Heterostereotyp denn als Autostereotyp verbreitet)[311]:

1) « Je trouve que l´ Allemagne est un pays riche où la vie est chère. Mais on est toujours pressé: On mange en vitesse, il n´y a que deux plats à table, il y a juste un duvet, on ne prend pas le temps de vivre.

2) Ils sont aussi très disciplinés, car ils ne traverseront jamais au feu vert, alors que les Français s´en moquent complètement. (Tiemann 25)

3) Man achtet nicht besonders auf seinen Vorgarten wie in Deutschland, wo es den Kampf der Hausfrauen um das schönste Haus, um dem gepflegtesten Garten gibt. Das haben die Franzosen nicht nötig. Ich finde das gut so. Man sollte sich wirklich auf das Wichtige im Leben konzentrieren. (T. 40).

4) Das Klischee vom Land der Liebe trifft nicht zu. (T. 42)

5) Man hat in Frankreich das Vorurteil, die Deutschen sitzen im

---

310 Vgl.: Schäfer, Bernd / Six, Bernd: Sozialpsychologie des Vorurteils. Stuttgart 1978; S. 121.
311 Zur Begriffserläuterung: Das sog. Heterostereotyp bezeichnet die Meinung vom Anderen, von der Fremdgruppe; das sog. Autostereotyp gibt die Vorstellung wieder, die eine Person oder Gruppe von sich selbst hat.

Bierzelt, trinken viel Bier und schunkeln. (französischer Austauschlehrer)

6) L'Allemagne est un pays acceuillant où j'ai passé plusieurs séjours. Ce très bon accueil est parfois dommage, car il empêche de voir vraiment le pays tel qu'il est. En effet, on vous traite presque trop bien sous prétexte que vous êtes étranger (Français surtout). Actuellement, j'ai l'impression, que les Allemands essayent de se faire pardonner la dernière guerre en montrant qu'ils la regrettent et qu'ils ont oublié leur défaite. (T. 306).

7) Die französischen Familien halten sehr zusammen, z. B. kommen die verschiedenen Verwandten einer Familie öfter zusammen, nicht wie bei uns, dass einmal im Jahr die Oma zu Besuch kommt. (T. 43)

8) Ce que j'ai surtout remarqué, c'est la rapidité à laquelle ils mangent: Ils ingurgitent un repas en quelques minutes.

9) Les assiettes comme en France n'existent pas, elles sont remplacées par des plateaux ronds en bois.

10) Ich finde, in Frankreich wird zu oft und zuviel gegessen. Man verliert durch das Essen auch viel Zeit.

11) Les Allemands ont pour seule couverture un édredon rempli de duvet. Est-ce une tradition? Je ne sais pas. Mais en tout cas, j'ai trouvé que cela tenait très chaud et que cela était aussi très pratique pour faire son lit.

12) Die erste Nacht wusste ich nicht, wie ich schlafen sollte. Ich legte mich einfach oben drauf und schlief ein. Die zweite Nacht

setzte ich mich auf die Bettkante und zwängte mich unter das Laken.

13) In die Betten kam man gar nicht rein. Wenn man dann drin ist, spannt sich die Decke ganz arg über einen. In der ersten Nacht konnte ich gar nicht schlafen.

14) Ils n'ont pratiquement pas de devoirs à faire à la maison. J'étais même un peu écoeurée par rapport à nous qui travaillons sans arrêt. Mais comment peuvent-ils faire des études?

15) Ils sifflent, lancent de boîtes de coca-cola pendant les cours.

16) Ich finde das Schulsystem nicht gut. Die Stunden sind länger als bei uns. Fast jeden Tag Nachmittagsschule. Die Freizeit war fast nicht vorhanden.»[312]

Hinsichtlich der zitierten Schüleransichten konnten die Teilnehmer der Arbeitsgruppe die Initiatoren davon überzeugen, dass Punkt 11-13 keine eigentlichen Stereotypen darstellten, sondern Beobachtungen, die einen Denkanstoß geben, wobei offen zu lassen ist, ob daraus Stereotype oder ernsthafte Urteile entstehen werden.[313]

---

312 zitiert nach: Firges, Jean / Melenk, Hartmut, »Landeskunde: Stereotypen – schädlich – unvermeidlich – nützlich?« In: Donnerstag, Jürgen / Knapp-Potthoff, Annelie (Hrsg.): Kongreßdokumentation der 10. Arbeitstagung der Fremdsprachendidaktiker. Tübingen 1985; S. 97-114 (100). Bei den mit »T+Seitenzahl« gekennzeichneten Schüleraussagen beziehen sich die beiden Autoren auf: Dieter Tiemann: Frankreich- und Deutschlandbilder im Widerstreit. Urteile französischer und deutscher Schüler über die Nachbarn am Rhein. Bonn 1979 bzw. 1982. (Es fehlen nähere Angaben).
313 s. Firges / Melenk, op. cit., S. 101.

In einem Lehrbuch zu diesem großen Forschungsgebiet der Sozialpsychologie macht Peter O. Güttler darauf aufmerksam, »dass die Vorurteilsforschung in mehrfacher Hinsicht das Problem des Vorurteils einschränkt«[314]: Es werde auf entweder auf »Gruppenvorurteile« (ebd.), auf die Beziehungsebene Majorität vs. Minorität oder psychologisch auf das Erleben des Individuums reduziert und sehr oft nur in der Ausprägung des **negativen Vorurteils** untersucht.[315]

Mit Bezug auf das Themengebiet dieser Arbeit verengt sich der auswählende Blickwinkel teilweise in eine andere Richtung: Von einem abstrahierenden Standpunkt aus gesehen, ist es unbedeutend, ob es sich um positive oder negative Vorurteile handelt[316], entscheidend ist ihre Funktion innerhalb des Kontextes »Jugendbegegnung«. Dazu ein Beispiel von fehlender (pädagogischer) Metakommunikation, deren Auswirkungen einem »heimlichen Lehrplan«[317] gleichkommen kann: »Insofern oft leicht zu durchschauende Stereotype oder Vorurteile auch *gegensätzlicher* Art geäußert werden und unwidersprochen nebeneinander stehen bleiben, identifiziert der Zuhörende diese von ihm innerlich vielleicht abgelehnten Auffassungen oft mit der Nation des Meinungsträgers,

---

314 Güttler, op. cit., S. 81.
315 Vgl. ebd. Abschließend sei – wie in Kap. 1.2; Zitat nach B. Freudenfeld – noch einmal deutlich auf die zweiseitige Natur des Vorurteils hingewiesen. Der hervorragenden Einführung in die Thematik bei: Alexander Mitscherlich, Auf dem Weg zur vaterlosen Gesellschaft. München 1969 (1963), zufolge ist der Rechtsgrundsatz ‹Alle Menschen sind gleich› »selbst das Musterbeispiel eines Vorurteils« (A. Mitscherlich, op. cit., S. 294); die Vorstellung von ihrer Gleichheit vor dem Gesetz jedoch »eine Leistung (...); (...) (welche) sich gegen eine Kette herrschender Vorurteile durchsetzen (muss)« (ebd.). Daran wird überzeugend deutlich, dass sich die beiden Seiten des Vorurteils **definitorisch eindeutig** unterscheiden lassen.
316 Nach Ansicht von Haumersen / Liebe bspw. spielen bei Jugendbegegnungen eher positive, d. h. »idealisierende« Vorurteile eine Rolle als xenophobische. (Haumersen / Liebe, op. cit., S. 59).
317 Treuheit, op. cit., S. 177.

wodurch diese Stereotypen auf abstrakterer Ebene zusätzliche Wirkung haben und neue zeitigen«[318], deutet W. Treuheit entsprechende Beobachtungen der Wissenschaftler bei fünf Europäischen Preisträgerverleihungen. Zu Einzelheiten in Verbindung mit dem Themenkomplex »Interkulturelles Lernen« s. Kap. 2.3.1 und 2.3.2. Auch bei den untersuchten »Europäischen Jugendwochen« wurden zu Beginn der Veranstaltung »Vorurteile / Stereotype« (mit 20,8%) als häufigste theoretisch angenommene Ursache für Konflikte genannt (= Vorab-Fragebogen). »Charakterunterschiede / persönliche Differenzen« folgten mit 15,1%.[319]

Hinsichtlich der (i. w. S. länderkundlichen) Vorbereitung durch Schulbücher ist allgemein eine vereinheitlichende Tendenz zu beobachten (bzw. zu beklagen), mithilfe derer einer Vorab-Stereotypisierung ausgewichen werden soll: »Die Schüler sehen sich [in den Lehr-Texten, M. B.] Personen gegenüber, die ihren eigenen Familienmitgliedern aufs Haar gleichen, und erkennen nur an der Sprache und an einigen landesspezifischen Details, dass es sich um Franzosen oder Engländer und nicht um Deutsche handelt. (...) Die Inhalte sind auf das Kulturgut westlicher Industriegesellschaften verallgemeinert.« [320] Zu (eventuell heute noch auf diesem

---

318 Treuheit, op. cit., ebd. (S. 177); Herv. v. Autor.

319 Vgl. Kreisdiagramm b.: Mester, op. cit., S. 119 und Erläuterungen, S. 120. Die anderen Kriterien lauten: »nationale Gruppenbildung« (11,3%), »kulturelles Verhalten« (10,4%), »Sprache« (9,4%), »Soziale Unterschiede« (9,4%), »Religion« (8, 5%), »nationale« [Umstände, M.B.] (7,5%), »andere« (7,5%). In diesem Zusammenhang ist der Hinweis wichtig, dass es sich bei den Teilnehmern mindestens zu zwei Dritteln um **Osteuropäer** handelte. (Einzelheiten sind dem sog. »Steckbrief« der untersuchten Veranstaltungen zu entnehmen; s. Mester, op. cit., S. 193 (Anhang, Abschn. A)). Leider kann die Frage nach den kulturellen und national bedingten Konflikten gerade in diesen Jugendbegegnungen hier nicht angemessen behandelt werden; wichtige Einblicke werden jedoch (u. a.) in Kap. 2.2 gegeben.

320 Firges / Melenk, op. cit., ebd.

Wege reproduzierten) sachlichen Einseitigkeiten bzw. Vorurteilen in **Geschichtslehrwerken** vgl. bspw. die von Hans-Joachim Lißmann vorgestellte Schulbuch-Analyse aus den 80-Jahren[321] und – zum Umgang mit historischen Themen auf deutsch-französischen Jugendbegegnungen – Kap. 2.1.3).

---

321 Hans-Joachim Lißmann: »Bilder vom anderen: Über alte Mythen und neue Legenden in Schulbüchern«, (wieder) abgedruckt <u>in</u>: Colin / Müller, op. cit., S. 89-96 (vgl. die erläuternde »Nachbemerkung« der Herausgeber S. 97).

2.3.4 Gemeinschaftsbildende Aktivitäten und die (mögliche) Dynamik der Kleingruppe

Die Gruppenform ist bei der internationalen Jugendbegegnung die Rahmenbedingung der pädagogischen Arbeit mit ihren Zielen und Möglichkeiten. Die Gruppe muss als (zumeist) national bestimmte Gruppe und als Ort der Meinungsbildung (während des Seminars) beachtet werden. Damit steht sie allerdings **nicht** in der Tradition einer gruppendynamischen Trainingsgruppe irgendwelcher Art, denn es geht hier nicht (primär und ausschließlich) um die Reflexion psychologischer Mechanismen und den daraus resultierenden Kommunikationsweisen. Bei interkulturellen Seminaren geht es um das individuelle und kollektive Kennenlernen der anderen (und des Anderen), und zwar größtenteils auf einer sach- und themenzentrierten Ebene und ohne sozialtherapeutische Wirkungselemente[322] (was eine erneute Abgrenzung bedeutet). Diese Seminarform steht vielleicht insofern ein bisschen zwischen »Schule« (mit den Merkmalen des Dozierens, Erarbeitens, der ausgewiesenen Leitungsfunktion ...) und »Jugendheim am Nachmittag« (das beinhaltet: Diskutieren, künstlerisches Arbeiten und sich Ausdrücken, Elemente der Freiwilligkeit und Freizeitgestaltung ...). Als Besonderheit treten in diesem Kontext das Fremde, Neue und die Reise-Situation hinzu. Neben den kulturspezifischen Besonderheiten der jeweiligen »nationalen Gruppen«[323] wird das Gruppenverhalten durch die kurze Dauer des Zusammenseins und durch vorheriges Kennen oder Nichtkennen der TeilnehmerInnnen ge-

---

322 Daher auch begrifflich nicht zu verwechseln mit der Gruppenmethode der Themenzentrierten Interaktion (TZI), die von der Psychotherapeutin Ruth Cohn entwickelt wurde.

323 Mit dieser gängigen Bezeichnung sind die aus <u>einem</u> Land anreisenden Gruppen gemeint, selbst wenn auch sie (bspw. durch Einwanderer) eigentlich national gemischt sind.

prägt. Die nachfolgenden Anmerkungen zur Kleingruppen-Analyse lassen sich auch auf diese spezifische Ausgangslage beziehen.

Als Instrumente zur Beschreibung von (grundsätzlich veränderlichen) Gruppenstrukturen dienen die Soziometrischen Verfahren. Darauf aufbauend verbindet die sog. »Soziodynamische Grundformel« des österreichischen Psychoanalytikers Raoul Schindler[324] formale Gesichtspunkte einer Gruppenstruktur mit inhaltlich weiterführenden Deutungsmöglichkeiten: Die Rolle des aktiven oder vermeintlichen Führers einer Gruppe wird mit ‹Alpha› bezeichnet; der beratende ‹Experte› als ‹Beta›-Person und der mitlaufende Rest einer Gruppe wird ‹Gamma› genannt. In dieser Konstellation findet sich sowohl eine dem Führer und seinen Ideen entgegenstehende Position,[325] als auch den sog. »Sündenbock« in letztrangiger ‹Omega›–Stellung. Dieses Schema beschreibt Formierungstendenzen innerhalb von spontanen Interessen-Gruppen, die sich bei Jugendbegegnungen etwa dann bilden, wenn es um Initiativen im Freizeitbereich oder um wählbare Projektgruppen geht. (vgl. dazu Kap. 2.2.1, 2. Beispiel).

Wie stark deutliche Gruppenzugehörigkeiten a) veränderbar sind, b) das Verhalten bestimmen und c) wie schnell damit verbundene Vorurteile in Feindschaft umschlagen können, zeigten Muzafer Sherif et al. anhand einer lebensnahen Versuchs-Vorgabe. Unter

---

324 veröffentlicht in dem Aufsatz: R. Schindler, »Grundprinzipien der Psychodynamik in der Gruppe.« <u>In</u>: Psyche 11 (1957/58), S. 308 – 314.

325 Dem Kollegen Andreas Ploeger hat Schindler in einem persönlichen Gespräch die Bezeichnung »Gegner« i. d. S. relativiert, dass damit nicht unbedingt eine Person gemeint sein müsse, sondern dass es sich allgemein um »das ‹Entgegenstehende›« handle, welches auch dinglich sein oder in der jew. Situation begründet sein könne. (Vgl.: Andreas Ploeger u.a.: Tiefenpsychologisch fundierte Psychodramatherapie. Stuttgart u.a. 1983; S. 67).

der Leitung M. Sherifs wurden 1949 in Connecticut, 1953 im Norden des Staates New York und 1954 in Oklahoma Sommerlager für diese Altersstufe ‹normaler› und einander unbekannter Jungen organisiert, bei denen die Forscher das Lagerpersonal darstellten. Man wollte das (möglichst) natürliche Gruppenverhalten studieren und nur durch geschickt arrangierte ‹Bewährungssituationen› (die die 2 grundsätzlichen Gruppen von 20-24 Jungen zunächst neu aufteilten, in gegenseitige Rivalität brachten und am Ende miteinander solidarisierten) jene Gruppenprozesse fördern, welche vermutet wurden und erforscht werden sollten. Nach Muzafer Sherif / Carolyn W. Sherif, *An outline of social psychology, revised edition New York 1959*[326] gab es folgende 3 Basis-Voraussetzungen bzw. Untersuchungsphasen: »1. The stage of in-group formation. (...) 2. The stage of intergroup friction and conflict. (...) 3. The stage of reduction of intergroup friction. (...)« (Sherif/Sherif, op. cit., S. 302). Kurz gesagt, wurden alle drei Gruppenstadien erfolgreich durchschritten (nur das Lager von 1953 wurde nach der 2. Phase abgebrochen). Allein für diese 2. Konflikt-Phase geben Sherif/Sherif als Ergebnis drei erklärende Aspekte an: »The recurrent observation during Stage 2 indicate that intergroup friction which is consequential in the scheme of group activities (1) brings about unfavorable attitude and stereotypes in relation to the out-group, (2) increases in-group solidarity, and (3) changes the pattern of relations within groups when such changes become necessary for effective dealings in intergroup relations«[327]. Hier können unmöglich die detaillierten Ergebnisse jeder Hypothesenüberprüfung (die in Schäfers/Six, op. cit., S. 167/68 und S. 286-88 dargestellt sind) angeführt werden; wichtig

---

326 Sherif, Muzafer / Sherif, Carolyn W.: An outline of social psychology, revised edition New York 1956 bzw. 1959 (erschienen 1948) – und mit zahlreichen eindrucksvollen Photographien der jugendlichen Aktivitäten und Wettkämpfen versehen! -
327 Sherif / Sherif, op. cit., S. 311.

sind jedoch sicherlich die Ergebnisse zur Konfliktforschung, die a) besagen, dass der bloßer Kontakt »auf der Ebene der Gleichheit«[328] zwei verfeindete Gruppen **nicht versöhnt**, selbst wenn er nicht als unangenehm empfunden wird, dass b) ein solcher Gruppenkontakt mit wechselseitigen Aktivitäten »auf übergeordnete Ziele hin«[329] zu einer **kurzzeitigen Kooperation** führt, und dass c) nur eine »Serie solcher kooperativer Aktivitäten«[330] zur **situationsunabhängigen Übernahme** dieser Verhaltensweise und zur »(...) Verminderung von Intergruppen-Feindseligkeit«[331] führt, also eine Art der *Einübung*, wie immer sie auch definiert wird.[332]

An diesem Beispiel wird deutlich, dass Gruppenbildungen nicht immer unterstützenswert sind. Im Bereich des internationalen Jugendaustausches mag das zu der folgenden Überlegung führen (die bereits durch die Praxis bestätigt worden ist): Die Vermischung der Arbeitsgruppen allein genügt nicht, um die intendierten pädagogischen Ziele auf den Weg zu bringen. So unverzichtbar die Anlehnung an die eigene nationale Gruppe auch sein mag, um

---

328 Schäfers / Six, op. cit., S. 287.

329 ebd.

330 Schäfer / Six, op. cit., S. 288.

331 ebd.

332 Zur Interpretation von Gruppenkonflikten gibt es auch andere Ansätze. Dieser, auf einem »realistischen Gruppenkonflikt« (vgl. Güttler, op. cit., S. 98 ff.) aufbauende, wurde lediglich deshalb hervorgehoben, weil er ein weitgehend ‹naturbelassenes› Beispiel aus dem konkreten Bereich ‹Jugendgruppe› darstellt. Henri Tajfel z. B. legte durch ein durchdachtes Laborexperiment nahe, dass starke Eigengruppenbeziehungen keiner äußeren Anlässe bedürften, sondern sich (seinem »minimalen Gruppenparadigma« entsprechend) durch Kategorisierungsprozesse bereits eine leichte Tendenz zur Ungleichbehandlung ergäbe (vgl. Güttler, S. 117). Dabei geht er von einer grundsätzlich sozial bestimmten Identität des Individuums aus. – Ergänzen lässt sich das Spektrum der möglichen theoretischen Erklärungen u. a. durch die bei gleichem Status wirksamen Förderungsmaßnahmen des sozialen Klimas (»Homan'sche Kontaktregel«) und der (allgemeinmenschlichen) Suche nach »Ähnlichkeit« (vgl. Güttler, S. 105, 128 und 119).

Rückhalt zu geben[333], so wichtig ist es auch, auf spezielle nationale Rivalitäten und Konfrontationen zu achten und sie als Konfliktfälle einzuplanen[334]. »Eine gelungene Begegnung ist daher keineswegs jene, die wenig Konflikte auslöst, sondern jene, bei der – trotz aller Widersprüche – mit großer Aufmerksamkeit versucht worden ist herauszufinden, welche Prozesse wirklich abgelaufen sind«[335], resümiert Jeanne Kraus, Leiterin der Abteilung Internationales der Union française des centres de vacances et de loisirs (UFCV). Das eigentliche pädagogische Ziel, interkulturelles Lernen zu ermöglichen, wird bei Begegnungen, die auf gemeinsames Schwimmen oder auf sportliche Wettkämpfe zwischen den Nationalitäten ausgerichtet sind, möglicherweise übergangen. Es stellt sich dann die Frage »ob es wirklich notwendig gewesen wäre, für diese Aktivitäten in ein anderes Land zu fahren«.[336] Diese Argumentation geht bis zum äußersten Rand der Sinnhaftigkeit, doch ist sie wohl allein schon deshalb berechtigt, weil die ‹touristische› bzw. landeskundliche Erfahrungsebene bei der Konzeption von Jugendbegegnungen nur sehr begrenzt eingesetzt wird.[337]

---

333 vgl.: Lucette Colin: »Schulaustausch von Grundschulklassen: Spracherwerb und interkulturelle Bildung«. In: Colin / Müller, op. cit., S. 69-87; (86) [Übersetzung].

334 Zur Differenzierung dieser Frage bei multinationalen und multiethnischen Begegnungen vgl. bspw.: Bernard Viale: »Das DFJW und die Drittländerprogramme mit ost- und mitteleuropäischen Ländern«. In: Internationaler Jugend- und Austauschdienst (IJAB) (Hrsg.): Partner für die Zukunft – Kooperationsformen in der Jugendarbeit zwischen Ost und West (deutsch—englisch). Bonn 1994; S. 112-16.

335 Kraus, op. cit., S. 148.

336 Fouquet, op. cit., S. 156 (das gesamte Beispiel).

337 Vgl. Kap. 1.3.

2.3.5 Wirkung der Räumlichkeiten, Entfernungen und Umstände am Tagungsort

Bevor wir uns den konkreten Räumlichkeiten der Unterbringung und des Zusammentreffens zuwenden, soll dargestellt werden, welchen Platz der Faktor »Örtlichkeit« im Lebensgefühl eines Menschen einnehmen kann. (...) »(...) Für die Erinnerung entfaltet der Ort, weil er das sinnlich Anschaulichere ist, gewöhnlich eine stärkere assoziative Kraft als die Zeit« , schreibt Georg Simmel.[338] Er meint damit eine spezielle gedankliche Verbindung zwischen dem Erlebten und dem rahmengebenden Ort, die es möglich macht, »(den) Handlungskontext und dessen Sinngehalte in der Erinnerung der Handelnden auf den Ort, das Artefakt oder die Ortsbezeichnung (zu) übertragen, an dem oder über das die Handlung stattgefunden hat, »so dass für die Erinnerung der Ort sich mit dieser (Handlung) unauflöslich zu verbinden pflegt«.[339] Eine vergleichbare Auswirkung kann man sicherlich auch für internationale Jugendbegegnungen annehmen, da die Ausnahmesituation das Erinnerungsvermögen eher bestärkt.[340] Zudem kann die mit einer bestimmten Tätigkeit verbundene Räumlichkeit das Gruppengefühl bestärken bzw. überhaupt erst entstehen lassen. »Der Raum kann eine Gleichstimmung als Gruppe schaf-

---

338 Simmel, Georg: Soziologie des Raumes. In: Jahrbuch für Gesetzgebung, Verwaltung und Volkswirtschaft im Deutschen Reich, 1. Jg., Heft 1, 27-71, o. O. 1903; S. 43; zitiert nach: Werlen, Benno: Gesellschaft, Handlung und Raum. Grundlagen handlungstheoretischer Sozialgeographie. 2., durchges. Aufl., Stuttgart 1988 ([1] 1987)); S. 191 / 92. (Es geht in dem Zusammenhang um die räumliche und inhaltliche Eingebundenheit der Handlung »Rendez-vous«).
339 Simmel, op. cit., ebd.; zitiert nach: Werlen, op. cit., ebd.
340 Außer bei einer traumatischen Disposition, von der im Falle der Jugendbegegnungen ja nicht auszugehen ist.

fen«, schreibt Hans-Peter Krüger[341] über die den sozialen Raum des Klassenzimmers.[342]

In der interkulturellen Begegnung besitzen die zur Verfügung stehenden Räumlichkeiten auch eine symbolische Bedeutung. Die vorhandene begrenzte Raum-Struktur kann im gruppendynamischen Geschehen sinnbildlich verstanden und genutzt werden und persönlichen, soziologischen und politischen Eigenheiten / Umständen zum (sichtbaren) Ausdruck verhelfen[343]. Vielleicht haben die Pädagogen dafür am ehesten ein Gespür, zumindest nach einer Zeit der persönlichen Schulung. Haben Begegnungs-Erfahrungen und individuelles Interesse den Blick für Unterschiede geschärft und dazu geführt, einen persönlichen Kontakt zu suchen, wird auch die Umgebung anders beurteilt: »Man bemerkt auf einmal, wie entscheidend die Begegnungsmodalitäten sind. (...). Einrichtungen, in denen Jugendliche untergebracht werden, entsprechen in der Regel den Bedürfnissen, wie sie in den jeweiligen Erziehungssystemen definiert werden«[344], schreibt eine französische Erziehungswissenschaftlerin,

---

341 Krüger, Hans-Peter: Erlebte Interaktionshäufigkeiten als soziometrische Maße. Erlangen-Nürnberg 1973 (Diss.); S. 32. Eine umfassende Darlegung des objektiven, subjektiven **Raumerlebens** und **–interpretierens** in vielen Lebensbereichen geben: Gerold Becker / Johannes Bilstein / Eckart Liebau (Hrsg.): Räume bilden. Studien zur pädagogischen Topologie und Topographie. Seelze-Velber 1997.

342 Die Schulklasse zeitigt in ausgeprägter Form die beiden ‹spiegelbildlichen› Seiten von (festen) Gruppen. Sie ist »sowohl erlebte Ausgliederung aus einer Vielfalt von Schülern und anderen als auch erlebtes Zusammengehören aus dem gemeinsamen Schicksal heraus« (H.-P- Krüger, op. cit., S. 33). Zur Gruppen-Thematik bei Jugendbegegnungen s. Kap. 2.3.4.

343 Will man solche am Raumbegriff orientierten Erklärungen psychologisch deuten (bzw. für den psychologischen Bereich finden), so bietet sich bspw. die sog. »Feldtheorie« nach Kurt Lewin an. Damit sind Erklärungen auf der Ebene des Beziehungsgeflechtes einer Person (eines Individuums) gemeint.

344 Jeanne Kraus, »Das Nahe und das Ferne in interkulturellen Begegnungen«. In: Colin / Müller, op. cit., S. 141-148 (144).

die im Bereich der internationalen Ferienplanung tätig ist[345], zu Unterscheidungsmerkmalen auf makrosoziologisch–nationaler Ebene.

Eine Jugendfreizeit wird auch unter einem konkreteren und weniger übergreifenden Blickwinkel von den jeweiligen örtlichen Gegebenheiten mitgeprägt. »Es ist so, als würde binationalen Gruppen eine Art äußeres Gewand angelegt, in dem mancher sich frei und offen, mancher sich eher beengt fühlt«, beschreibt sie weiterhin das Problem des gemeinsam verlebten Alltags: »Der Bezug zum verfügbaren Raum, zur vorgesehenen Zeiteinteilung, zur Hausordnung, zum Personal, zu den Sicherheitsbestimmungen etc. ... wird unterschiedlich erlebt«. Das Ziel des Kennenlernens wird abstrakt vor der Aufgabe, einen »gemeinsamen ‹modus vivendi› zu finden, der den Vorstellungen und Wünschen der jeweils anwesenden Personen und Gruppen entspricht«.[346] Im folgenden soll dargestellt (und analysiert) werden, wie die verschiedenen Tagungshäuser durch ihre Lage, die herrschende Atmosphäre und die zur Verfügung stehenden Räumlichkeiten die Jugendbegegnungen beeinflussen. Haumersen / Liebe (die ja bekanntlich ein besonderes Augenmerk auf die **Konfliktfähigkeit** einer interkulturellen Lerngruppe richten) vergleichen die räumlichen Verhältnisse bei zwei deutsch-französischen Jugendtreffen, einem in Berlin-Heiligensee und einem in einem Ferienzentrum an der Côte-d´Azur. Ausschlaggebend ist dabei die **psychologische Wirkung der Raumstruktur**, was dazu führt, dem typisch touristischen Ferienzentrum in der Nähe von St. Tropez den Vorzug zu geben. Die Begründung dafür besteht darin, die binationale Gruppe[347] »in Form einer Metastruktur«[348] erlebt

---

345 Näheres s. Kap. 2.3.4.

346 J. Kraus: »Das Nahe und das Ferne in interkulturellen Begegnungen«. <u>In</u>: Colin / Müller, op. cit., S. 141-148 (145).

347 bestehend aus zwölf Deutschen und sechs Franzosen (Haumersen / Liebe, op. cit., S. 75).

348 Haumersen / Liebe, op. cit., S. 81

zu haben, da sie mit dem ihr äußerlich gegebenen Plenums-Raum kaum etwas anfangen konnte. »Ich will meine Verwunderung darüber nicht verhehlen, dass es ausgerechnet dieser Ort war, an dem es zu der intensivsten Begegnungen [sic.] kam, die ich während der Beobachtungsphase miterlebte«, heisst es im Text.[349] »Sicherlich kam es am Ende der Begegnung nicht zu dieser Art von organischer Einheit, die oft als Gruppe verstanden wird. Es herrschte die gesamte Zeit eine ausgesprochene Unlust vor, sich zu Plena zu treffen, und damit verbunden war eine Abstinenz dem Raum gegenüber, der als einziger eindeutig uns als Gruppe symbolisierte.[350] Die Autoren der Studie erklären dieses Phänomen mit der positiven Wirkung der strukturellen Offenheit (eines »unterhaltsamen« Urlaubs-Arrangements): die Arbeitsgruppen konnten sich verschieben und Konflikte konnten ausgetragen werden, weil die Gruppe nicht auf eine bestimmte Arbeits- und Lebensform angewiesen war.[351] Ganz im Gegensatz dazu war die Gruppe in Heiligensee zu außergewöhnlicher Nähe gezwungen, da sie räumlich beengt und fernab vom Berliner Stadtzentrum wohnte[352]. Hier schien die Gruppe förmlich (von »außen«) zum Zusammenhalt gezwungen zu sein: »Den Teilnehmern blieb eigentlich nur die Wahl zwischen den Alternativen, die Situation der Nähe so zu ertragen, wie sie war, oder aber, einen deutlichen Trennungsstrich zwischen sich und der Gruppe zu ziehen. Ein irgendwie geartetes zeitweiliges Aussteigen aus der Gruppe, ein beiläufiges oder temporär begrenztes ‹Abseilen› war unter den in Heiligensee herrschenden Bedingun-

---

349 Haumersen / Liebe, op. cit., S. 81.
350 ebd. (S. 81).
351 vgl. ebd. (Eine genauere Darstellung des psychoanalytischen Erklärungsmodus´ würde hier zu weit führen).
352 Die Tagungsstätte wirkte (bei der Nutzung zwei echter ausgedienter U-Bahn-Waggons) eher behelfsmäßig statt originell und gemütlich, da Platz, Eingänge und Schlüssel knapp waren und die gesamte Anlage eher abgeschottet wirkte (vgl. Haumersen / Liebe, op. cit., S. 69-75).

gen nicht möglich«[353]. Die Folge war eine harmonisch wirkende Gruppe, die immer zusammen war – die allerdings für die Experten ziemlich suspekt blieb, wie sie in ihrer Beschreibung andeuten: »Der Schluss, dass man sich gut verstanden hatte, lag (...) sogar der Gruppe selbst nahe, und daher naturgemäß auch der Institution[354]. Dass man gar nicht anders konnte als sich gut verstehen, weil die Situation sonst unerträglich gewesen wäre, das war nicht von außen zu erkennen«[355]. Eine etwas andere Erfahrung steuert Mester bei, wenn er erwähnt, dass in einer Gruppe, die in den Räumlichkeiten eines Veranstalters habe ‹unter sich› sein können, ein besonders gutes Gruppenklima geherrscht habe[356]. Auch ist in seinen Augen ein anerkannter Freizeit-Treffpunkt wichtig[357] Aus den kurzen Erwähnungen lassen sich allerdings keine Vergleiche ableiten.

Auch Treuheit / Janssen /Otten (op. cit.) beschäftigen sich (eher mittelbar und innerhalb ihrer Leitidee des Interkulturellen Lernens) mit dem Einfluss der Räumlichkeiten und der ausgewählten Örtlichkeit. Diese Thematik taucht in ihrem Konzept vor allem als Frage nach der (privaten oder unbeschwerten)[358] **Freizeit** der Teilnehmer auf. Außerdem untersuchen sie die wirklich stattfindende Nutzung der (hoffentlich mehr oder weniger) in jedem Tagungshaus und seiner

---

353 Haumersen / Liebe, op. cit., S. 74/75. Man muss zu der gegebenen Wohn-Situation noch anmerken, dass die Möglichkeiten, sich »privat« zu verhalten, bzw. sich zurückzuziehen, äußerst gering waren – abgesehen von der Schlafkoje (in der U-Bahn, deren Fenster nicht zu öffnen waren!).
354 In diesem Fall handelte es sich um ein Workcamp für Gartenarbeit, das von dem Diakonischen Werk als Projektträger **durchgeführt** (und von der IJGD Berlin und dem französischen Jugendherbergsverband FUAJ **organisiert** wurde). (Zum allgemeinen Organisationsmodus bei Jugendbegegnungen vgl. Kap. 2.3.7).
355 Haumersen / Liebe, op. cit., S. 75.
356 Vgl.: Mester, op. cit., S. 85.
357 Vgl.: Mester, op. cit., S. 88.
358 Zur Definition von »Freizeit« bei Jugendbegegnungen (und zu anderen **pädagogischen** Fragen) s. Kap. 3.1..

Umgebung vorhandenen Freizeitmöglichkeiten, um den Gewinn zu ermessen, den die Teilnehmer davon haben[359]. Die Autoren fragen sich zudem auch, ob ein Tagungshaus (in verschiedener Hinsicht) **gastfreundlich und jugendgemäß** gestaltet und organisiert ist.[360]

2.3.6 Kommunikation, Mehrsprachigkeit, Übersetzung und Verständigung

Wenn man von bi- oder multinationalen Begegnungen spricht, nimmt die ‹Sprachenfrage› trotz ihrer zentralen Bedeutung im Leben der Menschen normalerweise nur eine Randstellung ein. Das mag zunächst daran liegen, dass sie uns im Alltag als Verständigungsmittel selbstverständlich geworden ist, und dass sie eben nur als Mittel, als Vehikel zur inhaltlichen Übermittlung von Gedanken angesehen wird. Aus diesem Grunde verweist die theoretische Reflexion in diesem Zusammenhang meist schnell auf den eher praktisch-technischen Aspekt der nötigen Übersetzung. Sie wird als ‹notwendiges Übel› eigentlich nur widerstrebend toleriert und dient oftmals vorschnell als Ursache für Missverständnisse und Zeitverlust. »Der Akt des Übersetzens zeigt in aller Schärfe, was kaum zu kaschieren seine Schwäche ist: die Unmöglichkeit des einfachen Sich-Verstehens« – so deuten zwei Wissenschaftler die Situation bei Jugendbegegnungen.[361] Zu einem angemessenen Umgang mit der Mehrsprachigkeit merken die Autoren an: »Wenn die Teilnehmer das permanente Übersetzen ablehnen, haben sie

---

359 Zu dem **methodischen Vorgehen** der Wissenschaftler bei dieser Untersuchung s. Kap. 3.2.
360 Vgl. dazu den Teil der Veranstaltungs-Beispiele <u>in</u>: Treuheit / Janssen / Otten, op. cit., (u. a.) Abschnitt 2.
361 Haumersen / Liebe, op. cit., S. 101.

insofern recht, als damit die Übersetzung als einziger Weg erscheint, sich zu verständigen, diese dann kontraproduktiv wird und die Teilnehmer, die nicht zweisprachig sind, entmündigt.«[362] Diese Einschätzung ist als Plädoyer für unvollkommene und außersprachliche Kommunikationsformen zu verstehen.[363]

Wie das Beispiel zeigt, sind solche »Übersetzungen« (bzw. eigentlich gedolmetschte Erklärungen) weder ganz rational und technisch zu handhaben, noch (weitgehend) verzichtbar. Sie müssen vielmehr in ihrer Form dem jeweiligen situativen Kontext angepasst sein, sollen sie nicht unnötig ‹stören› d. h. die interkulturelle Kommunikation be- oder gar verhindern. Wenn innerhalb einer nationalen Gruppe eine lebhafte Diskussion stattfindet, ist es eher angezeigt, dem Ruf der anderen Gruppe nach Übersetzung nicht sofort stattzugeben, sondern eine Zusammenfassung am Ende der »heißen Phase« anzustreben, da sonst zumeist der ‹Faden› und der Schwung verlorengehen.[364]

Neben der praktischen Notwendigkeit der Übersetzung bei internationalen Begegnungen besteht in gewisser Weise auch eine innere, der menschlichen Sprach- und Ausdrucksvielfalt entsprechende Notwendigkeit zur sprachlichen Variation. Der grundlegenden sprachwissenschaftlichen Einsicht[365] zufolge, dass jegliche sprachliche Äußerung von der dahinterstehenden Vorstellung zu unterscheiden ist, ereignet die Äußerung eines Gedankens aufgrund der »willkürlichen« Zuordnung zu einem sprachlichen Zeichen. »Wir machen die Erfahrung, dass sich das eine in dieser Sprache, das andere in jener besser, schöner, eindrucksvoller sagen lässt«,

<hr>

362 Haumersen / Liebe, op. cit., S. 100.
363 vgl. ebd. und unten.
364 Haumersen / Liebe, op. cit., S. 105.
365 auf Ferdinand de Saussure (1857-1913) zurückgehend

schreibt der Romanist Mario Wandruszka.[366] Bei verstehenden und spontanen Denken sei zudem die Referenz auf eine andere Sprachform (oder auf die Muttersprache) unerlässlich. Daher sollte auch der Fremdsprachenunterricht weder die Muttersprache absolut ausblenden wollen, noch einem sprachlichen Perfektionismus anhängen, der den menschlichen Fähigkeiten zum sprachlichen Umdenken zuwiderlaufen würde.[367]

Vor diesem Hintergrund bleibt es unverständlich, bei deutsch-französischen Jugendbegegnungen eine der beiden Umgangssprachen einseitig zu favorisieren. Haumersen / Liebe beschreiben z. B. den merkwürdigen Zwiespalt, sich entweder auf den (kulturell) eigenen Bereich der Muttersprache zurückziehen zu wollen, oder quasi aufzugehen im Neuen und Anderen vermittels der Sprache.[368] In der psychologischen Deutung sind mit der Bevorzugung einer Sprache auch immer Fragen der Macht und Dominanz von Seiten der jeweiligen nationalen Gruppe verbunden.[369]

Die neuere Forschung zu dem Komplex Psychologie und Psychosoziologie könnte (bzw. sollte) die Übersetzung sogar als »Paradigma der interkulturellen Kommunikation« begreifen[370], denn sie

---

366 s. Mario Wandruszka, Die Mehrsprachigkeit des Menschen. München 1979, S. 334. Vgl. a.: Kap. 2.1.4.

367 Vgl. dazu bes. Wandruszka, op. cit., S.320/21 und S. 326/27. Wie bereits im Buchtitel ausgedrückt, versteht Wandruszka die Frage nach der sprachlichen Ausdrucksmöglichkeit des Menschen sehr umfassend und bezieht auch innersprachliche Variationen und individuelle Grenzen mit ein.

368 Haumersen / Liebe, op. cit., S. 106/07.

369 vgl. ebd. bis S. 111.

370 Ladmiral, Jean- René: »Übersetzung und interkulturelle Kommunikation«. In: Colin, Lucette / Müller, Burkhard: Europäische Nachbarn – vertraut und fremd. Pädagogik interkultureller Begegnungen. Frankfurt /M., New York 1998; S. 99-110 (110). Diese Forderung formulierte der Autor bereits in dem 1989 erschienenen Werk: »La communication interculturelle«, op. cit., S. 30.

hat einen erheblichen Einfluss auf die Verständigung bei Jugendveranstaltungen.

Auf der praktischen Ebene ist jedenfalls von einem zweifachen Inhaltsverlust auszugehen, der für die eine Nationalität durch den »Transfer in die Fremdsprache«, für die andere Nationalität durch die »Rezeption in der Fremdsprache« bewirkt wird.[371] (Die Tätigkeit des Übersetzens erfordert entsprechend dazu »eine Halbierung (...) (der) intellektuellen Subjektivität«[372] des Übersetzers in bezug auf die beiden vorhandenen Sprachen).[373] Besonders durch die mündlichen Übersetzungen auf internationalen Begegnungen sind Sprachwitz und viele kulturell bedingte Eigenheiten in Gefahr, verloren zu gehen.

Angesichts der vielschichtigen Verstehensprobleme können auch non-verbale Ausdrucksmöglichkeiten eine bedeutende und ausgleichende Funktion haben. Das bestärkt auch eine empirische Studie über die interkulturellen Lernerfolge bei Preisträgerverleihungstreffen an jugendliche EG-Bürger. Resümierend schreiben die Autoren, beim Rollenspiel und in der künstlerischen Projektarbeit gäbe es »keine Sprachprobleme«, dagegen seien diese Schwierigkeiten in Plenumssitzungen ohne Übersetzung und bei Vorträgen am größten.[374] Die Einschätzung, dass eine stärker »formalisiert(e) Lernsituation« auch die Sprachprobleme vergrößert[375], geht durchaus in die Richtung der Erfahrungswerte von Haumersen /Liebe, welche mehrfach auf die weitreichende Bereitschaft und Fähigkeit der Teilnehmer verweisen, im persönlichen Kontakt

---

371 vgl. O. Letze, op. cit., S. 150.
372 J.-R. Ladmiral in: Colin / Müller, op. cit., S. 102.
373 Zu allen weiterfürenden Fragen zum Themenkomplex »Übersetzung« vgl. bspw. den sehr fundierten Aufsatz von J.-R. Ladmiral in: Colin / Müller, op. cit. und das Literaturverzeichnis dieser Arbeit.
374 Treuheit / Janssen / Otten, op. cit., S. 219.
375 vgl. ebd.

und auf individueller Ebene sprachliche Schwierigkeiten eher bewältigen zu können (s. a. u.).

In einer Aufsatzsammlung über Formen und Möglichkeiten von lernpraktischem Fremdsprachenunterricht beschreiben zwei deutsche Schulpädagogen, wie sie bei Aufenthalten im Rahmen einer deutschfranzösischen Schulpartnerschaft ihren Schülern ‚lebendige‘ Kenntnisse von Land, Leuten und Sprache vermitteln konnten, indem sie mit neuen und anderen Medien arbeiteten, d. h. mit Fotos zum Kennenlernen, mit einer Videokamera und mit szenischer, zeichnerischer und akustischer Darstellung[376]. Mit diesen Methoden fällt die argumentative sprachliche Auseinandersetzung nicht weg, doch sie verliert etwas von ihrer dominanten Stellung. Kommunikation auf dieser und anderen **außersprachlichen Ebenen** ist auch bedeutsam bei internationalen Jugendtreffen (s. dazu auch Kap. 2.2).

Eine etwas andere Gewichtung erhält die ‹Sprachenfrage› im individuellen Kontakt unter den Teilnehmern. In diesem Bereich liegt es an den Sprachkenntnissen von einzelnen bzw. an deren Fähigkeiten und Geschick, Kommunikation herzustellen, zu verstehen und verstanden zu werden. Im Zuge der möglichen Verstehenserleichterung durch persönliche »Empathie« weisen Haumersen / Liebe allerdings auch auf die nachfolgende Unsicherheit und die vergrößerten Sprachschwierigkeiten hin, »wenn sich in einem unseligen Moment herausstellt, dass man gar nicht einer Meinung ist«.[377] Da derartige Erfahrungen unvermeidlich seien, sollten die Teilnehmer »auf den Begegnungen eine Haltung (einüben können),

---

376 vgl.: Sendzik, Joachim / Rahlwes, Sonja: »Lernort Frankreich: Schüleraustausch als praktisches Lernen«. <u>In</u>: Edelhoff, Christoph / Liebau, Eckart (Hrsg.): Über die Grenze. Praktisches Lernen im fremdsprachlichen Unterricht. Weinheim und Basel 1988; S. 79-109.
377 Haumersen / Liebe, op. cit., S. 99.

die diese Frustrationen erträglich werden lässt«[378]. Mit ihrem Engagement und mit Phantasie zur Bewältigung von Sprachschwierigkeiten sei jedenfalls zu rechnen.[379]

Mit einer kleinen Untersuchung zur tatsächlichen (d. h. der »natürlichen«, spontanen) Sprachkompetenz der Jugendlichen in Verbindung mit den pädagogischen Möglichkeiten der Teamer, die bi-nationale Kommunikation zu fördern, versuchte das DFJW / OFAJ 1991/92, Rückmeldung über die angewandten Methoden der Sprachanimation zu erhalten.[380] Die deutsche Mitwirkende Bettina Offermann schreibt als Fazit zu den beobachteten beiden Begegnungen: »Alle Jugendlichen hatten Kontakt, haben miteinander kommuniziert. Sie schufen sich ihre Kommunikationssituationen vielfach selbst. Je mehr Möglichkeiten ihnen dabei von den Teamern angeboten wurden, desto schneller vollzog sich der Kennenlernprozess. Wenn es sich dabei um Aktivitäten handelte, die ihnen ihre eigenen Kommunikationsstrategien bewusst machten oder ihnen Sprachlernmethoden an die Hand gaben, konnten die Teilnehmer zunehmend selbständig miteinander kommunizieren«[381]. Auch diese Erfahrung bestärkt einen grundsätzlichen Optimismus hinsichtlich der Überwindbarkeit vorhandener sprachlicher Hindernisse.

---

378 Haumersen / Liebe, op. cit., S. 100.

379 vgl. ebd.

380 Zu Einzelheiten s. a. Kap. 2.1.4.

381 B. Offermann, op. cit., S. 43. Auch wenn es in diesem »Pilotprojekt« (Offermann, op. cit., S. 8) um Teilnehmer mit sprachlich-linguistischem Interesse (Romanistik- und Germanistikstudenten) handelte (die in einem Fall auch gleichzeitig einen Sprachkurs absolvierten), gehen die Initiatoren davon aus, verallgemeinerbare Erfahrungen hinsichtlich des Kommunikationsverhaltens von Jugendlichen gesammelt zu haben. Im übrigen spielen Sprachanimationen (wie sie die zweite der beobachteten Gruppen erhielt) auch allgemein im Jugendaustausch eine Rolle. (Siehe dazu a.: Kap. 3.1).

2.3.7 Institutionelle Vorgaben und Rahmenbedingungen eines Seminars

Institutionell gesehen ist Jugendarbeit nach zwei Seiten hin ausgerichtet: zu der jeweiligen »Träger«-Organisation hin (durch den eine Veranstaltung praktisch durchgeführt wird) und zu einem Zuschussgeber, einer Behörde oder einem übergeordneten Träger. Die durchführenden Institutionen können Jugendverbände, Vereine, Kirchen, Bildungsinstitutionen sein, je nach Verfasstheit der Zielgruppe(n). Bei Städtepartnerschaften bspw. wird der Austausch oder die Begegnung vielfach über die entsprechenden Vereine (bzw. Verbände) organisiert. Nach deutschem wie französischem Recht haben die freien Träger Vorrang vor den öffentlichen, was die konkrete Durchführung der Maßnahmen anbelangt.

Grundsätzlich vergleichbar ist die Lage beim deutsch-französischen oder europäischen Jugendaustausch, bei dem das DFJW/ OFAJ und / oder eine europäische oder nationale Abteilung die bezuschussende, übergeordnete Behörde sind. Die Gruppenleiter dieser Veranstaltungstypen haben es zudem mit einer unterteilten Hierarchie zuständiger Organisatoren zu tun. Otto Letze beschreibt in seiner beispielhaften Einzeluntersuchung zur Praxis von Begegnungen, die vom französischen (»ambulanten«) »Centre d´Echanges Internationaux du Nord (C. D. E. I. N.) und dem deutschen (»stationären«) »Gustav-Stresemann-Institut für übernationale Bildung und europäische Zusammenarbeit« (GSI) die verschiedenen Organisationsebenen, indem er die Beteiligten an der inhaltlichen Planung[382] aufführt:

---

382 d.h. hier die Teilnehmer an den Vorbereitungsgesprächen

- »ein Vertreter des GSI

- ein Vertreter des C. D. E. I. N.

- ein Vertreter der französischen Institution

- ein Vertreter der deutschen Institution

- ein oder zwei deutsche Teilnehmer

- ein oder zwei französische Teilnehmer.«[383]

Aus dieser Auflistung wird ersichtlich, dass die beiden bereits genannten Institutionen, C. D. E. I. N. und GSI, wiederum als übergeordnete Organisatoren auftreten, welche die Gastgeber-Rolle an andere Einrichtungen weitergeben. Das bedeutet, dass die konkrete Einbettung in Zuständigkeiten und Verpflichtungen sehr vielfältig ist bzw. sein kann, und vom Gruppenleiter z. B. oftmals eine streng »hausordnungsgemäße«[384] Durchführung verlangt wird, wo er doch eigentlich so flexibel wie möglich auf die Bedürfnisse der Teilnehmer eingehen sollte. Erste Konfrontationsmöglichkeiten lassen sich (möglicherweise) aus den unterschiedlichen Zielvorstellungen der beiden beispielhaft ausgewählten Institutionen ableiten:

Dem C. D. E. I. N. geht es um europäische, deutsch-französische und internationale Jugendarbeit[385] (wobei grundsätzlich auch das Ziel, den Norden Frankreichs bekannt zu machen, in der Satzung verankert, und die Option für ein regionalisiertes Europa erkennbar

---

383 O. Letze, op. cit., S. 107.
384 O. Letze, op. cit., S. 110.
385 vgl. Letze, op. cit., S. 89-91.

ist).[386] Der gemeinnützige »Verein« (nach französischem Recht) ist in Frankreich eine der wichtigsten Organisationen auf dem Gebiet europapolitischer (und sozialpolitischer) Jugendseminare.[387] Das GSI ist eine Bildungsinstitution (»Akademie«) und will (im Sinne des persönlichen Engagements seines ideellen Namengebers und nicht etwa im Sinne seiner damaligen Partei)[388] »insbesondere junge Arbeitnehmer über gesellschaftspolitische Entwicklungen und Probleme der europäischen Einigung aufklären und sie zu einer Meinungsbildung in diesen Fragen anregen«.[389] Beide Organisationen nehmen aufgrund ihrer Tätigkeit jeweils einen Sitz im Verwaltungsrat des DFJW/OFAJ ein. Sie sind beide Mitglied der europäischen Organisation FIME (= Féderation Internationale des Maisons de l´Europe«)[390], einer übergeordneten Institution zur europapolitischen Bildung.[391]

Ein konkretes Beispiel soll die möglichen Unterschiede zwischen den Leitsätzen, den Gepflogenheiten (und u. U. auch der mangelnden Absprache unter den Pädagogen, wenn es sich um Austauschprogramme handelte –) verdeutlichen: Nach der empirischen Untersuchung von Otto Letze wurde bei den in Frankreich unter der Verantwortung des C. D. E. I. N. durchgeführten Seminaren nur ein

---

386 s. Letze, op. cit., S. 92.
387 Außer an (zukünftige) Berufstätige und arbeitslose Jugendliche wendet sich der Verein auch ausdrücklich an Jugendliche aus verschwisterten Städten und Gemeinden (vgl. Letze, op. cit., S. 93).
388 vgl. Letze, op. cit., S. 95.
389 Letze, op. cit., S. 95 / 96.
390 oder (seltener so genannt): »Internationale Föderation der Europahäuser«, ein Verband, der 1962 gegründet wurde. (Vgl. Letze, op. cit., S. 80).
391 Die hauptsächliche Zielvorstellung besteht wohl in einer Erziehung (und »korrektive(n) Sozialisation«, vgl. Letze, op. cit., S. 87) als Vorbereitung auf die europäische Integration. Nach der Einschätzung von Letze stellt die jeweilige nationale Sozialisation eines der größten Hindernisse dar (vgl. ebd. und auch Kap. 1.3 dieser Arbeit). Dazu kommen noch verstärkte institutionelle Reibungspunkte, da die Institutionen-Leiter ja noch ausgeprägter ist (vgl. Letze, op. cit., S. 87/88).

Referat durch einen bestellten Referenten gehalten, wohingegen bei
fünf in Deutschland unter der ‹Obhut› des GSI durchgeführten Seminaren neun Referate gehalten wurden.[392] (Genaue Vergleichszahlen
fehlen leider, doch vermerkt der Autor im Vorwort, er beziehe sich
bei seiner Untersuchung der Jugendseminare »weitgehend auf 20
zwischen dem Centre Départemental d´Echanges Internationaux
du Nord, Lille, und dem Gustav-Stresemann-Institut, Bergisch-Glad-
bach, durchgeführten deutsch-französischen Begegnungskursen für
junge Berufstätige der unterschiedlichsten Berufszweige«).[393]

In theoretischer Hinsicht lassen sich die ‹verschränkten› Verhältnisse und ihre Auswirkung auf die Teilnehmergruppe mithilfe der
folgenden Modellvorstellung zu den »Ebenen des Lernprozesses«
[394] abbilden:

Struktur	Bezugsebene	Prozess
Intrapersonelle Struktur	Individuum (Subsystem)	Intrapersonelle Dynamik
Intragruppenstruktur	Gruppe (System)	Intragruppale Struktur
Struktur der Umgebung	Umgebung (Suprasystem)	Intergruppale Dynamik
Institutionelle Struktur	Institution (Suprasystem)	Institutionelle Dynamik

---

392 vgl. Letze, op. cit., S. 109.

393 O. Letze, op. cit., S. 2/3 (Vorwort).

394 nach: Mc Grath, J. E. / Altman, J.: Small group research. A synthesis and critique of
    the field. New York 1966, S. 58; zitiert bei: Fatzer, Gerhard / Jansen, Hans-Hermann:
    Die Gruppe als Methode. Gruppendynamische und gruppentherapeutische
    Verfahren und ihre Wirksamkeit. Weinheim und Basel 1980; S. 163.

Diese schematische Darstellung nimmt die soziologischen und psychologischen Merkmale der strukturellen Vielschichtigkeit in den Blick. Mit dem auch von gruppendynamischen Prozessen beeinflussten Lernprozess bei Jugendbegegnungen werden wir uns im folgenden (Kap. 3) beschäftigen. Zunächst eine ganz allgemeine theoretische Einführung: Aus sozialwissenschaftlicher Perspektive gesehen bestimmen ‹Gruppen› ganz allgemein unser Lebens- und Weltbild, denn vom Staat bis hin zu Familie und Schule sind wir von ‹Gruppen›, d. h. von Menschen, die sich in irgendeiner Weise aufeinander beziehen, umgeben. Diese makrosoziologische Perspektive sieht (abstrahiert) folgendermaßen aus: »Eine Gruppe, die mit den gesellschaftlich höchsten Werten übereinstimmt, oder diese sogar setzt, steht als Elite an der Spitze der sozialen Hierarchie, Gruppen mit abweichenden Normen oder mit als wenig wichtig geltenden Funktionen stehen am Rande oder am unteren Ende des Sozialsystems, sie werden zu Minderheiten oder Unterschichten gezählt.«[395] Das theoretisch so erfasste Gruppen-System kann sowohl soziologisch als auch sozialpsychologisch gedeutet und erforscht werden: »In der soziologischen (Betrachtungsweise, M. B.) reproduziert sich das äußere System im inneren, in der sozialpsychologischen ist die Gruppe ein dynamisches System, in dem Individuen Realität erfahren und sich mit ihr auseinandersetzen«[396]. Die Übertragung mikrosoziologisch möglicher Entwicklungen auf makrosoziologische Gruppenkonstellationen ist nicht ohne weiteres möglich, doch geben Modelle, die die institutionelle Ebene eines interaktiven Vorgangs miteinbeziehen, schon einen Einblick

---

395 Hermann Müller: Sozialpsychologie. Zugänge – Brennpunkte – Aufgaben. München 1977; S. 46. Diese kategoriale soziologische Gesellschafts-Definition sei deshalb erwähnt, da Minderheiten und auch chancenlose Jugendliche in besonderer Weise Adressaten der (internationalen) Jugendarbeit sind bzw. sein könnten.

396 H. Müller, op. cit., S. 47.

in jene denkbare ‹größere Dimension›.[397] An diesem Schnittpunkt
ist auch ein wichtiges Anliegen dieser Arbeit anzusiedeln, das darin
besteht, ganz behutsam vielleicht mögliche Verbindungslinien zwischen pädagogischen Absichten, Bemühungen und gesellschaftlichen, politischen (und historisch entwickelten) Ereignissen oder
Gegebenheiten aufzuzeigen.

---

397 Dieser Ansatzpunkt entspricht in etwa dem von Ladmiral. Dieser versteht den
   »Mikrokosmos der Gruppe (...) (als) Paradigma des sozialen Makrokosmos (...)
   in dem die persönlichen Einsätze, die Konflikte und die Transversalitäten,
   die aus seinem makrosoziologischen Ökosystem herrühren, konkret wirksam
   (sind)« J.-R. Ladmiral, op. cit. In: Dibie / Wulf, op. cit.; S. 47.

3 Auswertung und Beurteilung:

3.1 Mögliche Konzepte der Gruppenleitung

Unter den methodischen Zugängen, Jugendbegegnungen pädagogisch zu gestalten, lassen sich interaktionistische, psychoanalytische und gestaltpädagogische Ausrichtungen unterscheiden. Dabei ist zu beachten, dass der psychoanalytische Ansatz eher auf einer theoretischen Reflexionsebene angesetzt ist, wohingegen die beiden anderen Methoden deutlicher eine praktische Aktionsebene ausgebildet haben.[398]

In einer Untersuchung zu den **Wirkungen der Methoden** im Rahmen eines Aktionsforschungs-Programms mit sozialwissenschaftlich und pädagogisch vorgebildeten Teilnehmern und Forschern (Deutschen und Franzosen) wird zwischen »Methoden mit pädagogischen, mit analytischen und mit entwicklungsfördernden Zielen« unterschieden[399], ohne dass diese Aufteilung absolut zu setzen sei.[400] Otten / Treuheit hingegen verfolgen (in ihrem pra-

---

398 Die von Rademacher vorgenommene Wirkungsanalyse von **Spielen** bei internationalen Jugendbegegnungen verbindet bspw. relevante theoretische Aspekte (kulturelle Unterschiede, Phantasie und Einfühlungsvermögen, kommunikative (Sprach-) Barrieren, interkulturelles Lernen ...) mit der praxisorientierten Darstellung jener Spiele, die sich um interkulturelles Lernen bemühen. (Vgl.: Helmolt Rademacher: Spielend interkulturell lernen? Wirkungsanalyse von Spielen zum interkulturellen Lernen bei internationalen Jugendbegegnungen. Berlin 1991). Der (sehr zurückgenommene) theoretische Hintergrund bezieht sowohl psychoanalytische wie interaktionistische Erklärungsweisen mit ein. Da die Spiele jedoch nur einen <u>methodischen Teilbereich</u> bilden, wird an dieser Stelle nicht näher darauf eingegangen. – einzige <u>NEUE ANM.:</u> siehe aber auch das NACHWORT der Neuauflage, wodurch dieser Titel als einziger **doppelt** vorkommt!
399 s. Giust-Desprairies / Müller, op. cit., S. 96.
400 vgl. ebd.

xisorientierten Handbuch) eher eine Unterscheidung zwischen einzelnen pädagogischen Aktivitäten und Initiativen und deren Zielrichtung innerhalb eines Gesamt-Konzeptes zum **(situations-bedingten) interkulturellen Lernen**. Der bei Haumersen / Liebe angewandte ethnopsychoanalytische Ansatz schließlich vertritt eine analytisch-reflektorische Perspektive, welche letztendlich zur Darstellung der **zugrundeliegenden Gefühlsebene** dient. (Und die bietet innerhalb des interkulturellen Zusammentreffens für sich genommen bereits genügend Konfliktstoff).

Außerdem ist bei jeglicher Methodenwahl ein **theoretischer (Wissens-) Kontext** mitzubedenken, der – oftmals auf praktischer Erfahrung fußend – zur Bevorzugung des einen oder anderen Mittels geführt hat, und durch den eine bestimmte **Zielvorstellung des Lernens** (besonders) favorisiert wird.[401] Natürlich wird die Methodenwahl auch durch äußere Gegebenheiten (Gruppenzusammensetzung, personelle Verfügbarkeit, situative Umstände ...) mitbestimmt.[402] Zudem ist zwischen der (übergeordneten) **Methode** und einer **konkreten Aktivität** (und ihrem Kontext) zu unterscheiden.[403]

Da bei einer interkulturellen Begegnung sehr verschiedenartige Sozialisationsfaktoren und ihre Auswirkungen aufeinandertreffen, wurden verschiedenartige methodische Konzepte entwickelt, um die einzelnen Aspekte herauszuarbeiten. Bei (und aus) der Begegnung soll schließlich »gelernt«, d. h.: **bewusst erlebt** werden. Daher sind neben den o. g. Ausrichtungen auch **bestimmte Zugangsformen** zu unterscheiden, etwa: der objektbezogene, der themenzent-

---

401 vgl. dazu die oben beschriebene **methodische Einteilung** nach Giust-Despairies / Müller.

402 Vgl. dazu die Beispiele in Kapitel 2.2.

403 Insgesamt gesehen besteht die Gefahr einer Über- oder Unter-Animation, also des zu starken oder zu schwachen Führens in der Gruppenarbeit. Auf diese übergeordnete Fragestellung wird in Kap. 3.3 eingegangen.

rierte, der künstlerisch-praktische, der biographische Zugang. (Mit dieser Aufzählung werden wiederum nur einzelne Aspekte erfasst, denn die Methoden können weitgehend miteinander verbunden werden: Biographie-Arbeit kann künstlerisch umgesetzt werden usw.). Im folgenden wird versucht, einige Vorgehensweisen[404] und die daraus resultierenden Möglichkeiten und Anknüpfungspunkte darzustellen. Die Verfasserin ist dabei auf die unsystematische Präsenz von Praxis-Erfahrungen in der wissenschaftlichen Begleitliteratur angewiesen. Der Rahmen dieser Arbeit schränkt die Betrachtung zudem auf »themenzentrierte«, d. h. auf theoretisch geprägte Erfahrungsbereiche der internationalen Jugendarbeit ein, was eine weitere Stärkung der psychologisch-pädagogischen Reflexionsebene mit sich bringt. Daher werden die theoretischen Vorüberlegungen der Gruppenleiter im Mittelpunkt der Ausführungen stehen.

Bei begegnungsorientierten internationalen Jugendseminaren dieser Art ist der thematische Rahmen immer weit gefasst. Es wird darauf geachtet, alle Nuancen der Erfahrung und der Begegnungssituation wahrzunehmen. Der Zugang mag zwischen der (kollektiven und individuellen) Vergangenheit und dem aktuellen Erleben hin- und her schwanken, wenn die bedeutenden Eckpunkte der interkulturellen Erfahrung erfasst werden sollen: »Unser Blick auf die Welt der Interkulturalität wird immer von der Geschichte unserer Familie in ihren Beziehungen zum Ande-

---

404 Von Otten / Treuheit abgesehen, begnügen sich die vorliegenden Studien mit einer Art analysierenden Überschau, bei der wenig auf methodische Elemente eingegangen wird. Es geht vorrangig um **methodische Ausrichtungen** und um **Situationen**, in denen auf die eine oder andere Art und Weise reagiert worden ist (vor dem einen oder anderen psychologisch deutbaren Hintergrund). Die folgenden Ausführungen spiegeln (notgedrungen) diesen Ansatz streiflichtartig wider, da die geschilderten situativen Zusammenhänge immer nur angedeutet werden können.

ren geprägt sein, und wir brauchen lange, um uns ein ganz klein wenig von diesem Einfluss zu befreien«, schreibt René Barbier über diesen biographisch-historischen Bezugspunkt des Erlebens.[405] Es ergibt sich ein weiteres Problem für die interkulturelle Gruppe: Soll man die Selbsterfahrung der Auseinandersetzung mit anderen vorziehen?[406] Mit dieser Frage wird ein grundsätzliches Begegnungs-Problem angesprochen, welches nicht so einfach zu entscheiden ist. Argumentativ auf die Spitze getrieben findet sich dieser Gegensatz in der folgenden ‹Ansichtssache› wieder: »In einer Perspektive des Kampfes für den Frieden erscheint der Konflikt als ‹Teufel›, während er für andere, u. a. für mich selbst (zusammen mit Florence und häufig auch mit Burkhard), eine Lichtquelle darstellt, die das Erlebte, insofern es analysiert wird, beleuchtet«, schreibt René Barbier in einem Forschungsbericht.[407] (Barbier ist ein französischer Teamer der psychoanalytischen Richtung). Die Anhänger der gestaltpsychologischen Richtung legen indessen das Augenmerk eher auf die (variable) Wahrnehmung als Aneignungsprozess. Darauf aufbauende Übungen ermöglichten den Begegnungsgruppen vielfach entspannende und entkrampfende Erlebnis-Phasen – die von analytischer Seite wiederum als Ausgangspunkte der Verdrängung gesehen werden (können), folgt man der Einschätzung nach Giust-Desprairies: »Für mich hat sich das Plenum in einem Ritual eingerichtet, das von der Gruppe sehr emotional als ein warmherziger Moment gelebt wird: die Zeit des Sich-Wiederfindens am Anfang jeder Begegnung [d. h. jeder neuen Sitzung, M. B.]. Indem dieser Augenblick, der von einer emotionalen Unmittel-

---

405 R. Barbier: »Einfluß und Grenzen der Vergangenheit in der existentiellen Selbstbildung.« <u>In</u>: Giust-Desprairies, op. cit.; S. 72-77 (75). (dt. Übers.).
406 Vgl.: Florence Giust-Desprairies: »Animation und gruppendynamische Konflikte.« <u>In</u>: Dies. / Müller, op. cit., S. 50-62 (58). (dt. Übers.).
407 R. Barbier, op. cit. (»Einfluß und Grenzen«), S.74.

barkeit ist, ritualisiert wird, versucht die Gruppe, das Gemeinschaftsgefühl andauern zu lassen, und macht deutlich, dass ihre Angst vor einer anderen Entwicklung zunimmt.« [408] (Nach Giust-Desprairies war diese Gepflogenheit im besonderen ein Ausgleich für die thematischen Auseinandersetzungen mit dem Nationalsozialismus und mit Deutschland [409]). Von dieser Situation abgesehen, begründet Heinrich Dauber (der hauptsächliche Vertreters der gestaltpsychologischen Richtung im o. g. Forscherteam), sein Engagement damit, dass »körperliche Empfindungen (...) in dem Maße (wie sie) bewusst wahrgenommen werden können, (...) im Hinblick auf gelebte Erfahrungen aussagekräftiger (seien) als persönliche Interpretationen«.[410] (Im thematischen Kontext hebt diese Äußerung vorrangig auf die **individuelle** Erfahrung ab im Gegensatz zu Überlegungen zum Gruppengeschehen und institutionellen Einfluss.[411] Die Hinwendung zum Einzelnen ist zugleich ein originäres Merkmal der Gestaltpsychologie bis zu ihrer Weiterentwicklung in Richtung auf Gruppenarbeit hin).

In jedem Fall gründet **interkulturelles Lernen** auf der bewusst entwickelten Bereitschaft, sich auf die Auseinandersetzung mit Unbekanntem einzulassen. Die damit verbundenen Zielvorstellungen lassen sich sowohl im Rahmen einer ethnopsychoanalytischen Theoriebildung[412] wie auch anhand sozialpsychologischer (Frage-) Kriterien[413] umsetzen.[414] Nach diesem Überblick zu den verschie-

---

408 F. Giust-Desprairies, op. cit., S. 61.

409 vgl. ebd. f.

410 F. Giust-Desprairies: »Animation und gruppendynamische Konflikte«. <u>In</u>: Dies. / Müller, op. cit.; S. 50-62 (55).

411 ebd.

412 wie bspw. b. Haumersen / Liebe

413 wie b. Treuheit / Otten / Janssen. Zu den Methoden der **interaktionistisch** geprägten Richtung vgl. Beispiel »D3« in Kap. 2.2.2.

414 Diese Thematik aus dem Bereich der Evaluation wird in Kap. 3.2 behandelt.

denen **theoretisch-praktischen Ansätzen** soll noch ein Blick auf
die Möglichkeiten der Realisierung in **konkreten Einzelschritten**
geworfen werden.

Allein unter dem Leitmotiv »*Verständigung*« lassen sich verschiedene Zugangsweisen aufzählen, um die sprachliche, die kommunikative und die inhaltliche Dimension dieses Zieles zu verwirk-
lichen. In einem Beitrag zur Medienarbeit bei interkulturellen
Begegnungen geben Andreas Krauß und Inge Schmittinger ein
Beispiel der (sprach-variablen) Metakommunikation, ein Rebus[415],
welches erfahrungsgemäß von den meisten multinationalen Teilnehmer eines Multiplikatoren-Fortbildungskurses zur Medienarbeit[416] entschlüsselt werden konnte[417]:

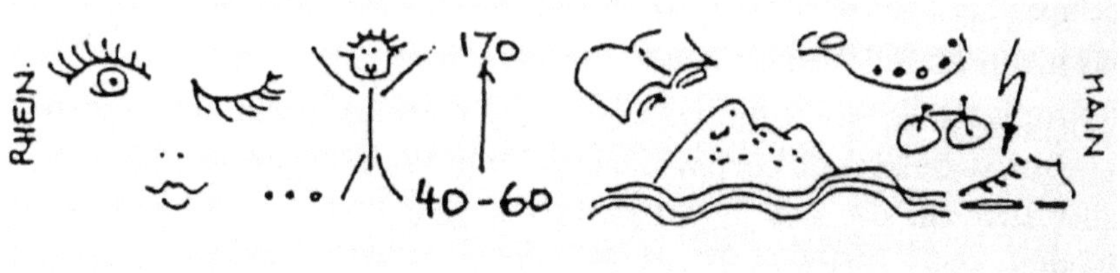

Auch im Rahmen der Sprachlichkeit, welche bei interkulturellen
Begegnungen bekanntlich ein praktisches Kommunikationshin-
dernis darstellt, gibt es psychologisch-experimentelle Möglichkeiten, vorhandene Sprachbarrieren ‹babylonischer Herkunft› auf

---

415 d. h. eine Aussage in einer Mischung von Zeichnungen und Schriftzeichen.

416 vgl. zu Einzelheiten: Andreas Krauß / Inge Schmittinger »Medienarbeit«. In:
Hendrik Otten / Werner Treuheit (Hrsg.): Interkulturelles Lernen in Theorie
und Praxis. Ein Handbuch für Jugendarbeit und Weiterbildung; S. 175-216
(198).

417 s.: Krauß / Schmittinger, op. cit., S. 205. (Es handelt sich nach Angaben der
Autoren um eine Kontaktanzeige aus der deutschen Wochenzeitung »Die
Zeit«).

spielerische Art und Weise zu überschreiten. Die Psychoanalytikerin und Hochschulehrerin Florence Giust-Desprairies stellt unter
dem Stichwort »sprachpsychologische Inszenierungen«[418] eine Methodik des schrittweisen Einstiegs dar: Mit der übersetzerischen
Unterstützung durch einen Animateur oder einer Animateurin
kommt dabei – anfänglich unter dem (Sicht-)Schutz von Dunkelheit
und Masken – ein dialogischer Austausch zwischen zwei anders-
sprachigen Teilnehmer zustande. Die verfügbaren Mittel sind: Ges-
tik / Mimik, Zuhören und Nachsprechen.

Die inhaltlicher Seite der Verständigung umgreift der sozialwissenschaftliche Hochschullehrer René Barbier mit einer interkulturell
und existentiell-bildnerischen Übung, die er selbst während der
dargestellten Forschungsseminare entwickelte.[419] Beim sog. »Spiel
des ‹Guru›« werden die Teilnehmer der Reihe nach für die anderen
zum ratgebenden indischen »Weisen« in spontan gestellten existentiellen Lebens-Fragen. Auf der Ebene dieser östlichen (Kultur-)
Tradition besitzt die Antwort (als solche) einen weit größeren Be-
deutungswert. Als Teil der Rollen-Simulation sollte sie und die erlebte Szene erst dann zur Diskussion gestellt werden, wenn alle
Teilnehmer Guru gewesen sind.[420]

Die genannten Aktivitäten sind als Gestaltungs-**Beispiele** gedacht
und lassen sich im Rahmen vieler Austausch-Aktivitäten einsetzen. Sie können somit auch Teil der themen-ungebundenen **Freizeit** sein.[421] Speziell für die Jugendbegegnung sei ein Wechsel der
Animationsmethoden »von Theorie und Praxis« wichtig, und umso
wichtiger, je »‹begegnungsungewohnter›« die teilnehmenden Ju-

---

418 s.: Giust-Desprairies / Müller, op. cit., S. 102 ff.
419 s.: Giust-Desprairies / Müller, op. cit., S. 107 ff.
420 vgl. R. Barbier: »Das Spiel des Guru«. In: Giust-Desprairies, op. cit., S. 107-110 (109).
421 Weitere methodische Details s. Otten / Treuheit, op. cit., Abschnitte B und C.

gendlichen seien, stellen die Evaluatoren der Europäischen Preisträgerbegegnungen fest.[422]

Zum Abschluss sei ein nicht-interkulturelles Gesamtkonzept aus Frankreich vorgestellt, welches auch bei binationalen Veranstaltungen eingesetzt wird. Es handelt sich um die sog. Sozio-kulturelle Animation[423] (animation socio-culturelle). Diese Methode der pädagogischen Gruppenführung hatte bis zu Beginn der achtziger Jahre für die französische Jugendarbeit quasi unumschränkt Gültigkeit und wurde dann – zumindest versuchsweise – durch weitere sozialpädagogische Elemente ergänzt, da die Problematik der (Vorstadt-) Kriminalität unter Jugendlichen bekanntermaßen immer mehr anwuchs. Zum besseren Verständnis sei hier ein kleines Porträt der pädagogischen Berufsrolle des **französischen Animateurs** gegeben[424], dessen Aufgabe ungefähr die eines deutschen Jugendbetreuers ist, der eine Gruppe Kinder oder Jugendliche zu selbständigen Tätigkeiten (oder Aktionen) hinführen soll. Im Unterschied zu sozialpädagogischen oder –therapeutischen Konzepten[425] »nutzt (der französische Animateur) seine Stellung in der Gruppe nicht aus, um seine Ansichten durchzusetzen oder um bestimmten Werten

---

422 H. Otten: »Konsequenzen für die Aus- und Weiterbildung von Mitarbeitern in der internationalen Jugendarbeit«. <u>In</u>: Treuheit / Janssen / Otten, op. cit., S. 237-46 (Kap. 4); S. 243.

423 Diesen weiträumigen, die soziokulturelle Eingebundenheit des Individuums berücksichtigenden Ansatz hat in Deutschland bspw. Wolfram Hellmer in theoretischer Grundlegung für die Erwachsenenbildung fruchtbar gemacht. (s. W. Hellmer: Soziokulturelle Animation und Volkshochschularbeit. Theoretische und praktische Ansätze zu einer Erweiterung von Bildungsarbeit an der Volkshochschule. Darmstadt (?) 1982 (Diss. der Univ. Frankfurt / M.). (Zur Orientierung sei das zusammenfassende Schaubild auf S. 121 empfohlen).

424 Informationsquelle ist dabei hauptsächlich die deutsche Fassung einer Publikation des DFJW / OFAJ (Hrsg.): Der Animateur in Frankreich. Textauszüge in der Übersetzung von Hildegard Herrmann. Mit einem Nachwort von Horst W. Opaschowski. Bad Honnef 1977.

425 mit der Einschränkung des oben gegebenen Hinweises

oder Zielen Gewicht zu verleihen«.[426] Die sozialtheoretische Ausgangsbasis sieht vor, dass der Animateur seinen andersartigen Status ebenso bewältigen muss, wie die anderen Gruppenmitglieder mit ihren mehr oder weniger herausragenden Eigenschaften fertig werden müssen (vgl. ebd.). In **praktischer Hinsicht** ist der französische Gruppenanimateur – wie sein Name schon andeutet – eine Art Künstler, Psychologe, ‹Demagoge› in einem. Limbos vergleicht ihn mit einem Wissenden, der «Licht« für die Gruppe anzündet, damit diese ihren hindernisfreien Weg findet.[427] Gleichzeitig spielt er irgendwie ‹Theater›, er übertreibt das, was er zeigen will, um von der »Objektivität« der (umgebenden) »Realitäten« (letztendlich) zu überzeugen.[428] Ziel ist eine dem französischen Lebensverständnis entsprechende[429], stark kognitiv-intellektualistisch ausgerichtete Persönlichkeitsbildung (mit deutlich strukturfunktionalistischen Elementen). Auf der psychologischen Ebene heisst das: »Der Jugendliche ist einmalig und einzigartig und im Begriff, zu »werden«; er bildet seine Persönlichkeit, fasst Dinge zusammen; er experimentiert und erfindet neue Lösungen zu alten und neuen Problemen.«[430] Hilfestellungen soll der Animateur gut abwägen, denn die Initiative, das Interesse und die persönliche Entfaltungsmöglichkeit der Teilnehmer werden (im Rahmen der hier dargestellten Einschränkungen) als oberstes pädagogisches Ziel angesehen. Auch die »pädagogische Beziehung« gestaltet sich dementsprechend »positiv«[431], indem sie solche ‹freiheitlichen› Umgangsformen und

---

426 DFJW/OFAJ (Hrsg.): Der Animateur in Frankreich. Bad Honnef 1977; S. 43 (eine übersetzte Kurzfassung aus: Edouard Limbos, Pratique et instruments de l´animation socio-culturelle, Editions Fleurus, Paris 1974; S. 108).

427 vgl. DFAJ / OFAJ (»Animateur«), S. 44.

428 s.: DFAJ / OFAJ (»Animateur«), op. cit., S. 45.

429 vgl. Kap. 2.1.3.

430 DFAJ / OFAJ (»Animateur«), op. cit., S. 47 (übersetzt im Rückgriff auf: Limbos, op. cit., S. 247- 48).

431 DFAJ / OFAJ (»Animateur«), op. cit., S. 55.

Verhaltensweisen bevorzugt, wie sie nur im außerschulischen Freizeitbereich zugelassen werden.[432]

Dieses (Grund-)Konzept fordert die »Persönlichkeit« des Animateurs <u>vor</u> seinem »Status« (d. h. seiner Rolle als Gruppenleiter), wenn
es darum geht, in konkreten Problemsituationen zu handeln.[433] Die
Bewältigung disziplinarischer Probleme sei demnach »eine Frage
der Reife und der demokratischen Gestaltung des Gemeinschafts-
lebens«, sagt die pädagogische Theorie.[434] Da erscheint immerhin
verständlich, dass in einem solchen fast ausschließlich (sozial-)
pädagogisch geprägten Begriffsbild eines Freizeitpädagogen der
Themenbereich Politische Bildung so gut wie völlig ausgeklammert
bleibt[435]. Dieses Beispiel mag stellvertretend für das Vorhandensein
von anderen national-kulturellen Traditionen und Schwerpunkten
in der Erziehung stehen. Es verdeutlicht zugleich die Notwendigkeit einer speziellen »inter-kulturellen« Pädagogik, die es versteht,
zwischen den kulturell bedingten Unterschieden und Erwartungen
zu vermitteln.

---

432 Es ist zu beachten, dass die schulische Erziehung in Frankreich deutlich
    straffer und disziplinarisch strenger organisiert ist.
433 vgl.: DFAJ / OFAJ (»Animateur«), op. cit., S. 58.
434 DFAJ / OFAJ (»Animateur«), op. cit., S. 60 (unter Bezugnahme auf: Limbos, op.
    cit., S. 266-68 (im Original)).
435 Zu Einzelheiten vgl. Kap. 2.1.3.

3.2 Über die Evaluation von Jugendbegegnungen

Betrachtet man die Probleme der **sozialwissenschaftlichen Evaluationsforschung** im allgemeinen, so scheint sich überall in diesem Bereich eine vergleichbare Sachlage zu finden, nämlich die auf weiterführende Interpretationen angewiesene Unbestimmbarkeit der Daten.[436] Dennoch sollte die Möglichkeit wahrgenommen werden, auch die internationale Jugendarbeit in ihren Zielen und Auswirkungen zu qualifizieren.

Grundsätzlich kann zwischen drei Evaluations-Ebenen (oder Zielrichtungen) unterschieden werden,

1. der Produkt- (oder Erfolgs-) Evaluation,
2. der Prozessevaluation,
3. (und) der Kontextevaluation.[437]

Der Vorstellungshorizont der Produktevaluation ist am verbreitetsten. Mit ihm verbinden sich summarisch Fragen nach dem »Erfolg« einer Maßnahme, nach dem, »was bleibt« (bzw. psycho-

---

436 Dazu eine Anmerkung aus dem Bereich der arbeitspsychologischen Evaluation, die mit ähnlichen situativen und kommunikativen Problemen zu kämpfen hat: « Ceux qui enfourchent le cheval de bataille de l´évaluation pou en faire le tribunal de la scientificité en psychologie du travail, ont en général pour eux de disposer d´outils rodés dans d´autres disciplines, notamment dans les sciences expérimentales, les sciences de l´ingénieur et les sciences de la gestion. En revanche, ils ne mesurent que des grandeurs abstraites qui n´offrent aucun prise à ce qui constitue la dimension essentielle de la psychologie du travail ; à savoir : l´action dans le monde humain » (Christophe Dejours : « Évaluation ou validation en psychologie du travail ? » In : Pratiques psychologiques (1/ 1995) : De l´intuition à l´évaluation. Paris 1995 ; S. 51-61 (60).

437 Diese Einteilung und ihre Beschreibung basieren auf: Fatzer / Jansen, op. cit., S. 155-187.

logisch »transferiert«, d. h. ins spätere Alltagsleben hinüber genommen wird). Voraussetzung für diese Erhebung ist die Benennung bestimmter (sog.) Erfolgskriterien (oder Lernzielen), wobei deren Operationalisierbarkeit vielfach Probleme aufwirft. Ähnliche Schwierigkeiten können bei der Evaluation selbst auftreten: Die Evaluationsinstrumente sind meist kaum generalisierbar, da sie für die jeweilige Studie (bzw. Situation) geschaffen wurden, oder sie sind im Gegenteil nicht übertragbar weil zu unspezifisch. Insgesamt folgt diese Art der Evaluation dem empirisch-analytischen Ansatz, wenngleich sie vielfach legitimatorisch missbraucht wird.[438]

Mit dem Begriff ‹Prozessevaluation› ist eine Form der Untersuchung gemeint, die – auf Jugendbegegnungen bezogen – mehrfach innerhalb der Veranstaltung eingesetzt wird, und somit auch auf den Verlauf zurückwirken kann (bzw. sollte). Dadurch ist die Nähe zu Aktions- oder Handlungsforschung gegeben, welche wissenschaftstheoretisch etwa in der Mitte zwischen erkenntnistheoretischer und praxisverändernder Forschungsabsicht[439] steht.

Die Kontextevaluation richtet sich auf die Einbettung und die mitwirkenden Bedingungen bei gruppenpädagogischen (oder –therapeutischen) Maßnahmen. Damit ist sowohl das verzweigte Umfeld der institutionellen Bedingungen gemeint, als auch das ideologische Umfeld von Einflüssen und Abgrenzungen einzelner Methoden und Richtungen. Den Zusammenhang mit internationalen Jugendbegegnungen könnten da Begriffe wie Politische Bildung (im allgemeinen)[440] und kulturspezifische Abwehrmechanismen

---

438 ebd.; Fatzer verweist auf die »Gefahr der Alibifunktion«, da alles nur am Ende der Veranstaltung stattfindet.
439 Vgl. dazu: Heinze, Thomas / Krambrock, Ursula: Artikel: »Erziehungswissenschaft: Methodologie« In: Taschenbuch der Pädagogik, op. cit., Bd. 2, S. 507- 521 (517).
440 Da die Gruppendynamik sich (ursprünglich) auch als im Dienste der Politischen Bildung stehend verstand, geriet sie in der öffentlichen Diskussion

(z. B. Eurozentrismus und Ethnozentrismus als Begriffe aus dem Bereich der Interkulturellen Pädagogik i. e. S.) herstellen. Die Thematik der institutionellen Abhängigkeit (bzw. Eingebundenheit) wird in Kapitel 2.4.7 behandelt.

Mit der **Evaluation von internationalen Jugendbegegnungen** haben sich folgende (bereits erwähnte) Wissenschaftler beschäftigt: Hans Nicklas, Jacques Demorgon und Burkhard Müller.[441] Angesichts einer komplexen Ausgangslage[442] empfiehlt Jacques Demorgon (von einem psychoanalytischen Standpunkt aus), mit einem ‹methoden-unbelasteten› Blick an die Evaluation von Jugendbegegnungen heranzugehen. Wenn nämlich die pädagogischen Ziele einer Jugendbegegnung – etwa der bewusste Umgang mit Vorurteilen – im Mittelpunkt aller weiteren Überlegungen stehen, so sind schließlich die Teilnehmer und ihr Verhalten entscheidend für den Erfolg einer Maßnahme. Es sind dann auch ihre Versuche,

---

gewissermaßen unter Beweiszwang (s. Fatzer / Jansen, op. cit., S. 186). Um die Diskussion verständlich zu machen, erinnert Fatzer daran, »dass neben grundlegender Kritik auch die spezifische – auf einzelne Methoden gerichtete – Kritik oder Evaluation wichtig ist« (ebd.), um der Abstraktion darin zu entgehen. – Mittlerweile ist die Erwartung an gruppenpädagogische Methoden realistischerweise deutlich reduziert worden, so dass eine Synthese der beiden Bereiche eher möglich erscheint. Noch einmal muss jedoch (für diese Arbeit) darauf hingewiesen werden, dass bei der Jugendbegegnung **anders**geartete Lern- und Erfahrungsprozesse im Vordergrund stehen, als im methodischen Konzept der Gruppendynamik.

441 Bei der Veröffentlichung übernimmt jeder einen bestimmten Bereich, Nicklas die einführende wissenschaftstheoretische Situierung, Demorgon die Methodendiskussion und Müller die konkrete Durchführung einer Evaluation (vgl.: B. Müller: Evaluation des rencontres internationales. Première mise en perspective du problème des méthodes d´évaluation dans le domaine des apprentissages interculturels. Französische Ausgabe der Arbeitstexte Nr. 12 ; herausgegeben vom DFJW / OFAJ; Neuauflage 1996).

442 vgl.: Jacques Demorgon: « Objectifs et méthodes d´évaluation de la communication dans la rencontre franco-allemande ». In : Müller, op. cit., S. 69-91 (90 / 91).

den neuen Situationen gerecht zu werden, welche bei den Gruppenleitern pädagogische Resonanz finden, und so verändert weiter gereicht werden.[443] Ähnlich beurteilt Hans Nicklas die Situation der Evaluation von Jugendbegegnungen. Sie hat zur Besonderheit, dass die Sache, die evaluiert werden soll, erst während der Begegnung entsteht. Der Bewusstwerdungs-Prozess interkultureller Begegnungsinhalte ist selbst Teil des angestrebten Lernvorgangs.[444] Außerdem sind die **Inhalte** des interkulturellen Lernens meist nicht gerade eindeutig, eindimensional, einfach zu handhaben. Demorgon nennt als Beispiel die Problematik des Vorurteils und beschreibt die verschiedenen psychologischen Facetten dieser Thematik: « La lutte contre les préjugés est une entreprise multiple, complexe, difficile. Elle met en jeu toute une série de plans sociaux : religieux, politique, économique. Mais aussi toute une série de plans individuels. Nous l'avons vu, on traite trop souvent les préjugés soit comme de simples erreurs de connaissance, soit comme de simples résistances affectives. Il faudrait au contraire insister sur l'interdépendance des plans cognitifs et affectifs, entre eux et avec le plan de l'imagination et des valeurs. On ne se rend pas assez compte du fait qu'enlever des préjugés, c'est en même temps enlever de la catégorisation, de la caractérisation. C'est bousculer l'organisation mentale et affective de quelqu'un » .[445] Diese umfassende Beschreibung eines einzigen Teilaspektes mag sowohl an die Tragweite pädagogischer Zielvorstellungen erinnern, wie auch das thematische Spannweite dieser Arbeit nochmals anschaulich zum Ausdruck bringen. Und ganz konkret hat man es hier mit der

---

443 vgl.: Demorgon, op. cit. In: Müller, op. cit., S. 52.

444 Vgl.: H. Nicklas: « Échouer et réussir. De la spécificité des processus d'apprentissage interculturels et de ses conséquences pour l'évaluation. Méthodologie et évaluation ». In : Müller, op. cit.; S. 29-33 (31).

445 Demorgon, op. cit.. In: Müller, op. cit., S. 51.

natürlichen « complexité caractéristique des besoins individuels et sociaux, dans ce domaine nouveau de l'interculturalité » [446] zu tun.

In Anlehnung an eine Theorie des Soziologen Thomas Ziehe (1991) schlägt der Sozialpädagoge Burkhard Müller vor, die Lern-Situation bei Jugendbegegnungen eher mit einer (ästhetischen) Theater-Produktion denn mit Schulunterricht zu vergleichen. Durch diese Metapher könnten die Freiheit, die Unsicherheit und die Lebensechtheit am ehesten wiedergegeben werden, die das Erfahrungsangebot begleiten.[447] Sein Fazit lautet: « (Le) rôle de l'évaluation dans les programmes de rencontres interculturelles est de fournir un moyen d'appréciation de la qualité des ‹mises en scènes›. Le but le plus large de ces dernières est de faire de la réalité objective de la société européenne interculturelle un événement pouvant être vécu et traité de manière subjective ».[448] Über den ‹theatralischen› Aspekt in der Animation von Jugendbegegnung ließe sich sicherlich noch viel sagen, nicht zuletzt auch über die Berechtigung eines solchen Blickwinkels. In einer späteren Veröffentlichung[449] greift Müller den Ansatz subjektiver und nicht messbarer Evaluation in erweiterter Form wieder auf. Ausgehend von dem bereits in Kap. 3.1 vorgestellten Aktionsforschungsprogramm skizziert er Fragestellungen, die es erlauben, Erfahrungen aus Jugendbegegnungen mit dem Alltagsleben und den Zukunftserwartungen der Jugendlichen in Verbindung zu bringen. Da die (bereits hinreichend besprochenen) ‹hehren› pädagogischen Ziele in der kurzen Zeit weder eine so bedeutende Rolle spielen, noch

---

446 Demorgon, op. cit. In: Müller, op. cit., S. 52.

447 B. Müller: « L'évaluation à l'école et dans les rencontres interculturelles : une comparaison ». In : Ders., op. cit., S. 53-6; (61) (in französ. Übers.).

448 ebd., im Original herv.

449 B. Müller: »Was bleibt hängen? Alltagserfahrung und internationale Begegnungsprogramme«. In: Colin / Müller, op. cit., S. 177-82. (In diesem Aufsatz werden die Ergebnisse des Aktionsforschungsprogramms verwertet, das in Giust-Desprairies / Müller dargestellt wurde).

überhaupt richtig ins Auge gefasst werden können, erhofft sich Müller, auf diese Weise der eigentlich wichtigen und nur individuell beschreibbaren »Langzeitwirkung« [450] auf die Spur zu kommen. »Ich denke, wenn wir mehr darüber wüssten, was für Teilnehmer an solchen Programmen vorher und was nachher oder dazwischen abläuft, und in welchem Verhältnis sie dazu die Begegnung erleben, dann wüssten wir auch mehr darüber, was diese Begegnungen ‹bedeuten›« [451], schreibt Müller zu diesem Ansatz allgemeinerer Evaluierung.

Eigentlich sind alle der Verfasserin vorliegenden Studien zu internationalen Jugendbegegnungen **Evaluationsstudien**, denn sie wurden alle mit dem Ziel umgesetzt und verfasst, die Spielräume, Möglichkeiten und Hindernisse des Lernens zu erkunden. Der Schwerpunkt liegt (begreiflicherweise) auf der bedeutendsten Dimension des (wie auch immer verstandenen) *Interkulturellen Lernens*; nur Giust-Desprairies / Müller haben als leitende Frage *»Sich bilden …«* gewählt, welche besonders auf die individuelle Erfahrung abzielt.[452] Nach der Lektüre dieser Werke dürfte (über-)deutlich werden, wie vielfältig und vielseitig nicht nur die Umstände und die pädagogischen Arrangements, sondern auch die theoretischen Zugangsweisen zu ihrer Betrachtung sind. Eine erste Orientierung ermöglichte bereits Kap. 2.3.2) (u. a.). Im folgenden kann leider nur ein skizzierter Überblick über die verschiedenen Evaluations-Ansätze gegeben werden, der die hauptsächlichsten (Unterscheidungs-)Merkmale berücksichtigt.

Auch Treuheit /Janssen / Otten beziehen bei ihrer Untersuchung von fünf Preisträger-Begegnungen (die jeweils in den Deutschland,

---

450 Müller, op. cit., <u>in</u>: Colin / Müller, op. cit., S. 182.
451 Müller, op. cit., <u>in</u>: Colin / Müller, op. cit., S. 178.
452 Letzes Untersuchung stellt ebenfalls in gewisser Weise einen Spezialfall dar, da er sich vorrangig mit den institutionellen Gegebenheiten (und mit dem Jugendaustausch innerhalb der Städtepartnerschaften) und der politischen Bildung auseinandersetzt.

den Niederlanden und in Österreich stattfanden) auf das bereits besprochenen Problem der komplex verschränkten multi-faktoriellen Ausgangslage. Ihr methodisches Hauptproblem ist zudem das (bisherige!) Fehlen der Lernziel-Operationalisierung im Bereich der Jugendbegegnung; daher verzichten sie auf einen »Vergleich von Anspruch und Realisierung«[453]. Mit den Instrumenten Interview, Fragebogen und »Systematische Situationsbeobachtungen im Hinblick auf interkulturelles Lernen« [454] werden verschiedene Aspekte der Lern-Erfahrungen evaluiert. Es entsteht eine gewisse Vergleichsmöglichkeit des Erfolges, da die Fragebögen jeweils vor und nach der Veranstaltung verteilt werden. Neben (sog.) ‹statistischen› Daten (wie Alter, Geschlecht, Herkunftsland und schulische Herkunft) werden im Hinblick auf interkulturelles Lernen folgende **Faktoren** analysiert:

- Zusammensetzung der Gruppe
- Art der beobachteten Situation (Plenum, Arbeitsgruppe, Exkursion)
- Sprachprobleme
- Quantitative Verteilung der Redebeiträge
- Verhalten des pädagogischen Mitarbeiters / Teamers (Führungsstil)
- Inhaltsbezüge (Themen)
- Initiator der interkulturellen Situation (Programm, Teamer, Teilnehmer)
- Bewertung der interkulturellen Situation mit Inhaltsbezug (Anreiz, Aufnahme durch die Teilnehmer, Metakommunikation).[455]

---

453 W. Treuheit: »Evaluation von fünf Preisträgerbegegnungen«. <u>In</u>: Treuheit / Janssen / Otten, op. cit., S. 51-220 (71).

454 Treuheit, op. cit. <u>In</u>: Treuheit / Janssen / Otten , op. cit., S, 70.

455 Aufzählung vollständig wiedergegeben nach: Treuheit / Janssen /Otten, op. cit., S. 95.

Aus diesen Leitfragen ergibt sich eine konzentrische Steigerung der Komplexität und Wichtigkeit; das entspricht einem **hermeneutischen** (Ausgangs-)Verfahren der Untersuchung. Die **Zielvorstellungen** der Autoren werden im letzten Bindeglied der zugrunde liegenden Fragestellungen formuliert. Demgegenüber geht die Analyse Mesters (die er auch allein durchführte; s. a. Kap. 1.2) großflächiger vor. Anhand eines Fragenkatalogs über 18 Fragen im Ausgangsfragebogen und 25 Fragen im Schlussfragebogen einer Jugendbegegnung[456], durch Einzelgespräche mit den jeweiligen Gruppenleitern und nach Möglichkeit durch eigene teilnehmende Beobachtungen wird versucht, fünf Themenbereiche[457] zu erhellen. Diese Metathemen lauten:

- BD 1: Programm – Gruppe – Team
- BD 2: Fremd- und Selbstbilder
- BD 3: Kulturelle Konflikte
- BD 4: Sprache
- BD 5: Europäisches Bewusstsein.[458]

Natürlich werden auch hier die sog. ‹statistischen Daten› und andere soziologische Kategorien (Ost- und Westeuropa) hinzugenommen.[459] Vor dem Hintergrund der bisherigen zitierten Arbeiten bieten BD 3 und BD 5 die größten ‹Neuigkeiten› in der wissenschaftlichen Forschung.

Haumersen / Liebe suchten nach eigener Aussage nach »einer Theorie, die sich damit auseinandersetzt, was passiert, wenn An-

---

456 genannt Vorher-und Nachher-Fragebogen (VFB, NFB)

457 = Beobachtungsdimensionen, abk. BD.

458 so aufgelistet bei: Mester, op. cit., S. 52.

459 In diesem Zusammenhang spricht sich Mester für eine <u>Verquickung</u> der angesprochenen (durch Variablen bestimmten) Analyseebenen aus, um das Ergebnis nicht von vornherein durch die Kategorisierung nach Osten vs. Westen zu **verfälschen** ...(!) (Näheres s.: Mester, op. cit., S. 53-55).

gehörige unterschiedlicher Kulturen sich begegnen. Die Theorie sollte darüber hinaus die Rolle des Unbewussten in einer solchen interkulturellen Begegnungssituation verstehen helfen, weil davon ausgegangen wurde, dass das Handeln der Protagonisten nicht ausschließlich von bewussten Gedanken und Gefühlen gesteuert wird.«[460] Über den Weg der (ethnologischen) Feldforschung und den Konzepten der Handlungs- und Aktionsforschung[461] kamen sie zum ethnopsychoanalytischen Konzept Mario Erdheims. Ausgehend von der sog. »Utopie (…) eine(s) veränderten Umgang(s) mit dem Fremden« [462] entwarfen sie ein gleichermaßen auf Selbst- wie auf Fremderkenntnis abzielendes Modell der (pädagogischen) **Zielvorstellungen**, das »analog«[463] zum Erdheim´schen Forschungsansatz verläuft. Von Dezember 1986 bis September 1987 wurden 7, meist bi-national deutsch-französische, aber auch 1 tri- und 1 quatronationale Begegnung wissenschaftlich begleitet. Ihre Untersuchungsmethode – als sog. »**Verstehende Methode**« gekennzeichnet – bestand aus teilnehmender Beobachtung, einem »offenen Gesprächsverfahren« und der beratenden Hinzuziehung von Experten und Informationen zur jeweiligen die Begegnung durchführenden Institution (als »ergänzende Methoden«). Die beiden Autoren meinen, der spezifischen Situation der Jugendbegegnung, d. h., sowohl der pädagogisch geplanten Alltagssituation wie dem interkulturellen Zusammentreffen, auf diese Weise am ehesten gerecht

---

460 Haumersen / Liebe, op. cit., S. 14.

461 s. dazu die Darlegungen S. 27/28 bei Haumersen / Liebe, op. cit.

462 Haumersen / Liebe, op. cit.; S. 15

463 ebd. Im Verständnis Erdheims bedeutet **Ethnopsychoanalyse**, sowohl die zu vergleichenden Kulturen als auch die betroffenen Personengruppen (Forscher und Beforschte) mit ihren unvermeidlichen, sich gegenseitig bedingenden Wandlungen im Blick zu behalten. Den damit verbundenen sog. »Sozialen Tod« bejahend, suchen er und seine Mitstreiter nach Wegen, mit den Antagonismen Empathie – Übertragung und Gegenübertragung – gesellschaftliche, institutionalisierte Erwartungen bewusst umzugehen und ihre unbewussten Berührungsängste zu überwinden.

geworden zu sein. Die Planung der hinzukommenden Gespräche erbrachte zudem zwei Auswertungsebenen, diejenige der (themengebundenen) Aussage und diejenige des individuellen Verhaltens des Gesprächspartners /der Gesprächspartnerin. Die Gespräche wurden einerseits »thematisch (vor-) strukturiert«[464], andererseits konnten die Befragten selbst in den Gesprächsverlauf eingreifen.

Es ist schwer, aus dieser Fülle von Anschauungsmaterial und methodischen Möglichkeiten der Untersuchung ein allgemein(er)es **Fazit** zu ziehen. In lockerer Analogie zur **allgemeinen Austauschforschung** wäre zu bedenken, dass auch »soziologische Modelle immer auf dem Handeln und Verhalten von Individuen und deren Haltungen, Erwartungen und Motivationen (beruhen), (und dass) diese (...) mit qualitativen wie mit quantitativen Daten ermittelt werden (können)«.[465] Angesichts der geschilderten komplexen Ausgangslage bleibt jedoch auch bei methodischer Variation die Schwierigkeit bestehen, zu einer übertragbaren Evaluierungsform zu kommen.

---

464 Haumersen / Liebe, op. cit., S. 32.
465 Christian Erzberger: Zahlen und Wörter. Die Verbindung quantitativer und qualitativer Daten und Methoden im Forschungsprozeß. Weinheim 1998; S. 202.

3.3 Das Spektrum der pädagogischen Anforderungen an internationale Jugendseminare

»Wir bewegen uns in einer Welt mit offenen Zukünften bei unübersehbar zunehmenden Gefährdungen. Gefragt ist also verantwortliche Zukunftsgestaltung, zunächst über die Bewusstmachung von Optionen und die Stärkung von kreativen Potentialen angesichts sprunghaft wachsender Interdependenzen.« [466] Mit diesen klaren Sätzen ist die allgemeine interkulturell geprägte Weltlage umrissen, zu deren erzieherischer Vorbereitung auch die themenzentrierten Jugendbegegnungen angeboten werden.

Aus einem geographischen Blickwinkel zeigen Friedlein / Grimm die vielfältigen historischen Einflüsse und die modernen wirtschaftlich-technischen Verflechtungen Europas am Beispiel Deutschlands auf.[467] Aus ihrer Darstellung wird deutlich, wie sehr die einzelnen Länder und Regionen seit Jahrhunderten aufeinander bezogen sind. Die Politik der letzten Jahrzehnte hat diese Verhältnisse beinahe systematisch zu bestärken versucht. Neben grenzüberschreitenden Verkehrswegen, detaillierten Handelsabsprachen und der zunehmenden geregelten Zusammenarbeit im Umwelt- und Gewässerschutz geraten die gegenseitigen Bereicherungen durch Baustile und Künstler-Tätigkeit, allzu leicht in Vergessenheit. (Nur der summarische Begriff »Abendland« erinnert noch daran.)[468]

---

466 Dieter Weiss: »Entwicklungstheorien, Entwicklungsstrategien und entwicklungspolitische Lernprozesse.« In: Zeitschrift für Kulturaustausch 4 / 1991, Stuttgart, S. 477-482 (481) [durchnummeriert].
467 Günter Friedlein / Frank-Dieter Grimm: Deutschland und seine Nachbarn. Spuren räumlicher Beziehungen. Leipzig 1995 (Institut für Länderkunde).
468 Zur **historischen Dimension Europas** (im allgemeinen) s. weiter unten!

Die oben skizzierte gesellschaftlich-soziale Vielschichtigkeit von Interkulturalität führt Jacques Demorgon zu dem Schluss, dass auch die Jugendaustausch-Programme möglichst vielseitig zu gestalten seien. Die dabei üblichen alters- und bildungshomogenen Gruppen[469] und die zeitlich kurzen und nicht wieder aufgenommenen Begegnungen laufen dieser obersten Zielvorstellung zuwider. Daher sollte die Arbeit einer festen Gruppe nach Möglichkeit in regelmäßigen Abständen wiederaufgenommen werden (können), um »auf den bereits erarbeiteten Grundlagen intensivere und vielschichtigere Lernprozesse«[470] zu erlauben. Auch der Auftrag, möglichst viele Jugendliche zu erreichen, steht solchen Vorhaben entgegen, doch sieht Demorgon als Ausweg eine vielschichtigen Vernetzung von Aktivitäten. Nach seinem Ansatz sollten »zwischen den verschiedenen Begegnungsformen, seien sie nun kürzer oder länger, homogener oder heterogener, einmalig oder fortlaufend, kontinuierliche Übergänge und Vermittlungen möglich«[471] sein.

Es stellt sich die Frage nach den geeignetsten **Umsetzungsstrategien** bei der konkreten pädagogischen Maßnahme. »Wir glauben, dass interkulturelles Lernen in Gruppen dann am besten gelingt, wenn (...) (das, M. B.) aktive und passive Moment in einem gewissen Gleichgewicht sind, d. h. wenn sowohl bei Teilnehmern als auch bei Animateuren ebensoviel Bereitschaft da ist, die Situation in die Hand zu nehmen, (...) *wie* die Bereitschaft, sich überraschen zu lassen, sich mitziehen zu lassen, sich ‚befremden‘ zu lassen. Auf jeden Fall sind wir nicht der Meinung, dass im interkulturellen Kontext

---

469 Eine andere Ansicht dazu erwarb sich im deutsch-französischen Jugendaustausch W. Praml, vgl. 1. Bsp. in Kap. 2.2.1.

470 J. Demorgon: »Interkulturalität und Europäisierung«. In: Dibie / Wulf, op. cit., S. 163-172 (168). (dt. Übers.).

471 (Demorgon, op. cit. In: Dibie / Wulf, op. cit.,) ebd.

Aktivität und Animation von Aktivität das einzig Wichtige sind«.[472]
Diese Überlegungen führen zu folgenden konkreten Fragen: Was /
Wie viel soll den Teilnehmern vorgegeben werden? Ufern die Ideen
von Teilnehmer-Seite dann aus? Das andere Extrem bestünde im
‹schulischen Duktus / Modell› (dessen Anwendung Müller hier ablehnt): Die Teilnehmer hätten den Vorschlägen des Teams zu folgen und wären so immer beschäftigt. Nach Müller produziert diese
Vorgehensweise bei Jugendbegegnungen jedoch laufend »Widersprüche«[473], da sie sich nicht mit den unkalkulierbaren Lernvor-
gängen und –möglichkeiten im interkulturellen (Freizeit-Lern-)-
Modus vereinbaren lässt. Daher verfolgen die Aktionsforscher bei
ihren Veranstaltungen das Ziel, einen ausgewogenen Mittelweg zu
finden, der einerseits die Gruppe und ihre Interessen fördert, der
aber andererseits auch die Umsetzung einzelner Ideen unterstützt,
damit nicht alles im Überangebot der Pläne versickert. Dazu würde
eine Unter-Animation führen, wohingegen eine Über-Animation
eine schulische Atmosphäre hervorbrächte. Die gruppeneigene Dynamik als solche bedeutet auch erweiterte Diskussionsfreudigkeit.

Aus einer speziell analytisch geprägten Sicht ist das Ergebnis einer
empirischen Studie[474] in praktischer Hinsicht, das (an)erkannte »
Nicht-Verstehen«[475] zu verarbeiten, die Animateure darauf vorzubereiten und es dann umzuwandeln, zu bessern. Wichtig dabei
sind bereits interkulturelle Lernsituationen, dazugehörige persönliche Reflexionen, die weitreichende Bereitschaft zu neugefasster
Auseinandersetzung (innerhalb einer kaum darauf eingestellten,
weil soziometrischen, Gesellschaft) und »die Beschäftigung mit

---

472 B. Müller: »Leitung und Selbststeuerung«. <u>In</u>: Giust- Desprairies / Müller, op.
cit., S. 33-44 (39 / 40).
473 Zitat und Argumentation bei: B. Müller, op. cit., <u>in</u>: Giust-Desprairies / Müller,
op. cit., S. 36.
474 Haumersen / Liebe, op. cit.
475 Haumersen / Liebe, op. cit., S. 158.

der Kränkung, die das Nicht-Verstehen mit sich bringt«.[476] Zuletzt besprechen die Autoren die im Institutionen-Verhältnis liegende Problematik (und plädieren natürlich auch hier für eine Art großherzigen Weitblick, besonders im Hinblick auf die europäische und globale Kontaktförderung). Zusätzlich forderten Geld- und Zeitmangel der Animateure (und Institutionen) sowie die große Fluktuation in dieser Berufssparte ihre Tribute hinsichtlich der pädagogischen Qualität, stellen sie fest.[477]

In dem Beitrag »Drei Perspektiven einer Pädagogik des Austauschs« beleuchtet B. Müller die Problematik von Legitimation, Subvention und Praxis der Veranstaltungen. Eng mit dieser Thematik verbunden sind Fragen nach dem Erleben des Einzelnen und der Gruppe. Müller spricht von einem bestimmten Antagonismus, der sich auf verschiedenen Ebenen wiederholt. Und zwar sowohl zwischen dem individuell Erlebten und dem persönlich Bedeutsamen als auch zwischen den offiziellen Forderungen der Organisatoren und Träger und dem in der erlebten Realität Durchsetzbaren und Gestaltbaren. Vielfach gelingen die pädagogischen Ziele in jenen Gruppen am besten, die kein starres Schema zu ihrer Verwirklichung anbieten, sondern vor allem das persönliche Engagement und den persönlichen Zusammenhalt. Leider sind diese (Gruppen-) Erfahrungen nicht grundsätzlich übertragbar, da es sich dabei nicht um ein »pädagogisch konstruiertes Modell«[478] handelt. Wichtig zum Verständnis der Argumentation ist die Unterscheidung zwischen ›persönlich‹ und ‹individuell›: ‹Persönlich› sind nach Müller Themen und Angelegenheiten des allgemeinen Interesses, welche

---

476 Haumersen / Liebe, op. cit., S. 159. (Damit ist jener, für die Interkulturelle
    Pädagogik bedeutende psychoanalytische Erklärungsansatz gemeint, der
    Nichtverstehen mit Herrschaftsverzicht gleichsetzt.)
477 s. Haumersen / Liebe, op. cit., S. 162-66.
478 Müller, op. cit., (»Austausch«), S. 118.

vielfach aus der Gruppen- und Seminararbeit kommen (oder dort wieder aufgegriffen werden); ‹individuell› ist das Ureigen-Persönliche, das unverwechselbare Erleben des / der Einzelnen. (Bei letzterem bleibt immerhin zu bedenken, dass »(…) Begegnung, die zu wirklichen Änderungen, zu einer Bearbeitung von Vorurteilen und ethnozentristischen Einstellungen führt, (…) letztlich nur (…) als privates subjektives Erlebnis des einzelnen« (fassbar sein kann).[479]) Die skizzierte Problematik der pädagogischen Gestaltung und ihrer Zusammenhänge wird in dem Sinne diskutiert, dass **nicht** das Persönliche (und erst recht nicht das rein Individuelle) zum **absoluten** und bei **jedem** Veranstaltungstyp vorherrschenden Maßstab und Kernpunkt des Gelingens werden kann (und sollte). Ähnlach wie Letze und (in allgemeiner Form: Demorgon) will auch Müller die (legitimatorischen) Ansprüche der Institutionen auf ein realistisches und (graduell) variables Maß zurückführen, bei dem Gruppen und einzelne Jugendliche der verschiedensten Art eine Chance hätten. Das führt Müller auf der allgemein-pädagogischen Ebene zu dem folgenden Schluss: »Die pädagogische Provinz hat ihr Recht, und die Anstrengung, intensive Erfahrungen interkulturellen Lernens zu vermitteln, hat sicher auch ihre Ausstrahlung auf andere Aktivitäten. Ich glaube aber, dass es ein vergeblicher Versuch sein muss, die Gesamtheit der Programme des DFJW in Stätten des interkulturellen Lernens zu verwandeln, d. h. zu pädagogisieren. Befreiung von diesem Anspruch, Modell zu sein für andere Programme, könnte für die Experimental- oder Ausbildungsprogramme *vielleicht* die Experimentierfreude stärken.[480]

Einem sachlichen Unterscheidungsvermögen folgend, spricht sich Letze durchaus für gut vorbereitete ‹touristisch› geprägte Veranstaltungstypen aus, durch die zunächst überhaupt eine Beziehung zum

---

479 Müller, op. cit., (»Austausch«), S. 116.
480 Müller, op. cit., (»Austausch«), S. 120; Herv v. Autor.

154

jeweiligen Ausland hergestellt werden könnte: »Diese Programme könnten dem Teilnehmer die Möglichkeit bieten, sich während seines ersten Aufenthalts in Frankreich in Zusammenarbeit mit den ‹Spezialisten› der französischen Kultur sich über landeskundliche und alltagskulturelle Probleme zu informieren. Erst wenn sich dieser Teilnehmer dann wieder (und wieder) zu einer deutsch-französischen Begegnung anmeldet, müsste ihm mithilfe des pädagogischen Experiments die persönliche Erfahrung ermöglicht werden, die ihn das Fremde der anderen Kultur anhand der unterschiedlichen Sozialisation, des unterschiedlichen Alltags und der unterschiedlichen Geschichte besser verstehen lassen«.[481] (Mit »pädagogischem Experiment« sind Strukturen gruppendynamischer Erfahrungsmöglichkeit gemeint, wie sie bspw. bei dem von Giust-Desprairies / Müller op. cit. beschriebenen Forschungsprojekt bereitgestellt wurden – s. dazu a.: Letze, op. cit., S. 182). Das **Fazit** dieser Studie lautet: »Die Zukunft des deutsch-französischen Jugendaustauschs wird (...) nicht nur davon abhängig sein, wie sich die institutionalisierten Träger in ihren politischen Entscheidungen bzgl. der binationalen Jugendarbeit entwickeln, sondern sicherlich auch davon, inwieweit sich die nicht-institutionalisierte Jugendbewegung innerhalb oder außerhalb der bestehenden Institutionen festigen und entwickeln kann und somit als innovatorisches Potential für oder gegen die institutionalisierte Jugendarbeit relevant wird«.[482]

Letze, Demorgon und Müller sind erfahrene Mitarbeiter des deutsch-französischen Jugendaustausches in Zusammenarbeit

---

481 Letze, op. cit., S. 186. Speziell zum Bereich der Erfahrungen des Zweiten Weltkriegs äußert sich die Psychoanalytikerin Susan Heenen-Wolff. Nach ihren praktischen Erfahrungen scheuen (zumindest in der Theorie) weder Deutsche noch Franzosen das Gespräch darüber, selbst wenn sie die Modalitäten unterschiedlich akzentuierten. (vgl.: S. Heenen-Wolff: »Gegen eine ahistorische Europäisierung«. <u>In</u>: Dibie / Wulf, op. cit., S. 101-105).
482 Letze, op. cit., S. 187.

mit dem DFJW /OFAJ. Daher kann ihre Beurteilung der Gesamtlage sicherlich eine Art Schlusswort darstellen. Im nachfolgenden »Ausblick« werden noch weiterführende und übergreifende Aspekte angesprochen, die auf unterschiedliche Weise mit den Möglichkeiten des Jugendaustausches zusammenhängen, zur internationalen Verständigung beizutragen Wie dargestellt, liegen die Unsicherheiten bei der Verwirklichung dieses pädagogischen und gesellschaftspolitischen Zieles vor allem im Bereich der **praktischen Umsetzung**. Neben den individuellen Grenzen der Wahrnehmung gilt es, den verbreiteten Gruppen-Interessen der Jugendlichen gerecht zu werden. Der Sozialpädagoge Müller hat dafür einen besonders scharfen, realistischen Blick. Demorgon und Letze beziehen die grundsätzliche Wandelbarkeit der Interessen, Ausrichtungen und Forderungen der Jugendlichen mit ein, denen (auch im Sinne einer individuellen Förderung!) Rechnung getragen werden muss, wenn die Begegnungs-Initiativen lebendige und lebensnahe Anziehungspunkte sein sollen. Die analytische Untersuchung interkultureller Lernvorgänge ermöglicht im besonderen die Verallgemeinerung auf andere Lebensbereiche, indem sie das Nicht-Offensichtliche erläutert.

Die interkulturelle Jugendbegegnung bleibt – so gesehen – immer ein Wagnis ... Die Ausgangssituation und das Ergebnis sind variabel und vielfach gleichermaßen unbestimmt. In jedem Fall sollte (nach Heenen-Wolff) die sog ‹interkulturelle Kompetenz› nicht **einseitig** gefördert werden (im Sinne von schulisch-didaktischen »‹Zielvorstellungen›«)[483]: »(...) die interkulturelle Arbeit erfordert eine spezielle Methodik, die noch wenig entwickelt scheint«, heißt es weiter. »Sie müsste vor allem Rahmenbedingungen bereitstellen, die Bewusstseinsprozesse politischer und individueller Art

---

483 vgl.: Heenen-Wolff, op. cit., S. 105; Herv. M. B.

ermöglichen.«[484] (Hier wird von den zwei Seiten einer jeden historischen Erfahrung gesprochen, welche auch im Rahmen der in Kap. 4.1.2) abgehandelten Biographieforschung existentiell unvereinbar bleiben.)[485]

Geht man die Zielsetzungen des Jugendaustausches von der Seite der **politischen Bildung**[486] her an, so lässt sich bspw. mit Mesters Ergebnissen sagen, dass die Beschäftigung mit Europa die Einstellung der Jugendlichen zum (politischen) Europagedanken und seiner Verwirklichung durchaus deutlich verbessern kann.[487] Ansonsten ist in allgemeiner Hinsicht empirisch erwiesen, dass die Europäische Union bei europäischen Jugendlichen nicht besonders beliebt ist. Für die Soziologin Sibylle Hübner-Funk ist das nicht allzu verwunderlich, denn (zumindest in ihren Augen) ist die EU »eine auf wirtschaftliche Integration orientierte Großbürokratie, zu der selbst normale erwachsene Bürger keinen emotionalen Zugang haben«.[488] Sie verweist auf die Bemühungen der EU, bei der Jugend Anklang und Bekanntheit zu finden[489]; der ebenso umgekehrt gedachte Ansatz, zu überlegen, »wie sich zwischenstaatliche

---

484 ebd.

485 Vgl. zu diesem Aspekt: Werner Fuchs-Heinritz: »Soziologische Biographieforschung: Überblick und Verhältnis zur Allgemeinen Soziologie«. In: Gerd Jüttemann / Hans Thomae: Biographische Methoden in den Humanwissenschaften. Weinheim 1998; S. 5-23.

486 An dieser Stelle sei wiederum die thematische Beschränkung auf »Europa« erlaubt.

487 Vgl.: Mester, op. cit., S. 147-50; zur kulturell-geographischen Dimension S. 152-56 und die Erläuterungen in Kap. 2.2.

488 Sibylle Hübner-Funk: »Reiz und Risiko der Studie«. In: Borris, Bodo v. / Wegner, Dirk: Jugend – Politik – Geschichte. Ergebnisse des europäischen Kulturvergleichs ‹Youth and History›. Dokumentation einer Tagung der Deutschen Welle am 17. Oktober 1996 in Köln. Hamburg (Körber Stiftung) 1997; S. 108-115 (112). Die Frage nach den menschlichen Gehalten in der Europapolitik wird in Kap. 1.3 dieser Arbeit thematisiert.

489 ebd. (vgl. a.: die Kap. 1.2 und 1.3 dieser Arbeit).

zu zwischenmenschlichen Beziehungen transformieren lassen«[490], führt sie zu der folgenden Einschätzung: »Im Grunde geht es um die heikle friedenspädagogische Frage: Wie lassen sich zwischenmenschliche Beziehungen von Jugendlichen fördern, um zwischenstaatliche Beziehungen zu stabilisieren?«[491] Diese Deutung trifft genau Thema und Ansatzpunkt der vorliegenden Arbeit. An dieser Stelle schließt sich ein argumentative Kreisbogen, der zurück zu Kapitel 1.1 führt. Zu dessen Abschluss sei nochmals Hübner-Funk zitiert, die allerdings für derartige pädagogische Fragen (auch) keine Lösungs(ansätze) anbietet. Sie stellt lediglich fest, es handle sich dabei um ein »schwieriges klassisches Problem, das in dem Deutsch-französischen Jugendwerk jahrelang erörtert worden (...) (sei)«, und das »neuerdings im Deutsch-polnischen Jugendwerk seinen Ausdruck gefunden« (habe).[492]

Auf eine weiterführende Diskussion des aktuellen deutsch-französischen Verhältnisses (etwa aus der Sicht von Jugendlichen) soll hier verzichtet werden. Zur allgemeinen Orientierung sei nochmals auf J.-P. Chevènement (op. cit.) verwiesen, der sich in einem (in dieser Arbeit teilweise nachvollzogenen) politikgeschichtlichen Rahmen mit der unterschiedlichen Identität von Franzosen und Deutschen auseinandersetzt.

Fest steht allerdings auch, dass die oben angesprochene allgemeine und wirtschaftliche Internationalisierung und Globalisierung voranschreitet. Die Bemühungen im interkulturellen Management nehmen zu, so auch der allgemeine Konkurrenzdruck. Daneben prägen Kriegsflüchtlinge und andere Einwanderer das Bild in vielen Ländern – möglicherweise prägen sie die Gesellschaft gerade

---

490 ebd.
491 ebd.
492 Alle Zitate: ebd.

besonders deutlich in Deutschland und Frankreich. Vor diesem Hintergrund werden Überlegungen zu einer interkulturell vorbereitenden Erziehung wohl geradezu (heraus)gefordert.[493]

493 Die von Birgit Steckelberg 1996 begonnene Dissertation mit dem geplanten Titel: »Gleichheit und Differenz« verspricht die Begründung einer spezifisch **interkulturellen Bildungstheorie**. Die Autorin möchte dazu u. a. die sog. »Cultural Studies« und die sog. »Critical Pedagogy« zusammenbringen. (Nach Informationen aus dem Internet unter: http://www.sozialwiss.uni-osnabrueck.de/forschg/hbs-promo/birgit.htm .

4 Zusammenfassende Überlegungen

4.1 Ausblick

4.1.1 Geschichte – Entwicklung – Verständigung (Stichworte zu einer umgreifenden Betrachtung)

Zum Abschluss dieser Arbeit sollen noch einmal die übergeordneten Zusammenhänge zwischen politischer Bildung, Friedenserziehung und den Zielen der internationalen Jugendarbeit ins Blickfeld rücken. Ein **Ausblick** in die Gegenwart und Zukunft dieser Anliegen sollte vielleicht mit einer Rückschau beginnen.[494]

Wie in Kapitel 2.1 skizzenhaft dargestellt, hat sich das Verhältnis von Deutschland und Frankreich in den Jahrzehnten nach dem

---

494 Zur Erklärung: Der Historiker Golo Mann erinnerte 1974 gegenüber George Urban daran, dass die mit der Gegenwart und Aktualität befassten Politiker doch nicht ohne den Blick auf die Geschichte auskommen können bzw. sollen: »Geschichte vermag uns zwar keine präzisen Anweisungen für das Verhalten in bestimmten Situationen zu geben, aber sie gibt uns einen Sinn für die Zeit, ein Verständnis für die Kette von Ereignissen, für Zusammenhänge, für Transformationen, für das absolut Neue wie auch für das Fortbestehen des Alten im Neuen« (Golo Mann: »Junge Menschen und alte Geschichte«. In: George Urban, Gespräche mit Zeitgenossen. Acht Dispute über Geschichte und Politik. Weinheim und Basel 1982; S. 43-58 (48). Was im makrosoziologisch-historischen Bereich gilt, kommt auch im Rahmen der pädagogischen Jugendbegegnung zum Tragen: Mit den Stichworten: Zeitbewusstsein – Wirklichkeitsbewusstsein – Historizitätsbewusstsein – Identitätsbewusstsein – politisches Bewusstsein – sozialökonomisches Bewusstsein – moralisches Bewusstsein lassen sich nicht nur das individuelle Geschichtsbewusstsein bzw. das Lernfeld des Geschichtsunterrichts (nach: Hans-Jürgen Pandel: »Geschichtlichkeit und Gesellschaftsgeschichte im Geschichtsbewusstsein«. In: Bodo von Borries / Hans-Jürgen Pandel / Jörn Rüsen (Hrsg.): Geschichtsbewusstsein empirisch. Pfaffenweiler 1991; S. 1-23) umschreiben, sondern auch die gedanklichen Dispositionen der jugendlichen Teilnehmer.

Ende des Zweiten Weltkriegs sehr grundlegend gewandelt: »Eine Gesamtschau des deutsch-französischen mehr Gegen- als Miteinander führt zu dem Schluss, dass ‹nur› vierzig Jahre geordneter beiderseitiger Beziehungen mehr an Annäherung und Aufgeschlossenheit – und zwar auf französischer Seite – erbracht haben, als die vorangegangenen Jahrhunderte. Dieses Ergebnis wirkt, gemessen an der Geschichte, unwirklich, vorübergehend, man könnte sagen zu leicht, zu schnell, um beständig zu sein. Mit Sicherheit werden immer dann, wenn Missverständnisse dies angezeigt erscheinen lassen, die ‹alten Dämonen› in aktualisierter Lesart präsentiert werden. Entscheidend wird es darauf ankommen, dass durch den Generationenwechsel auch psychologisch der Schlussstrich dort gezogen wird, wo die veränderten politischen Gegebenheiten dies bereits getan haben«, beurteilte in den neunziger Jahren ein saarländischer ehemaliger Diplomat (der ab 1983 in Paris tätig war) die Situation.[495] Demgegenüber betont Karl-Heinz Bender, François Mitterand habe »die deutsch-französische Versöhnung unumkehrbar gemacht«.[496] Die Spannungen und Missverständnisse des politischen Alltags behandelt hingegen der Romanist und Historiker Gilbert Ziebura in einem (mittlerweile aktualisierten) ‹Klassiker› zur deutsch-französischen (und europäischen) Nachkriegsgeschichte.[497] (Die unterschiedlichen Perspektiven und thematischen

495 W. Rouget, op. cit., S. 15/16. Einen kurzen Überblick über die französischen Positionen der Deutschlandpolitik zu Zeiten der Wiedervereinigung gibt der Leiter der Auslandsabteilung der bedeutenden französischen Tageszeitung »Le Monde« (und u. a. gewesener Deutschlandkorrespondent) Daniel Vernet im Vorwort zu: Henri Ménudier (Hrsg.): Le couple franco-allemand en Europe. Asnières (Schrift des Institut d´Allemand d´Asnières) 1993; S. 5-9.
496 K.-H. Bender: »Von der Erbfeindschaft zum Eurocorps (!) 1938-1995«. In: Brigitte Sauzay / Rudolf v. Thadden (Hrsg.): Mitterand und die Deutschen. Göttingen 1998; S. 62-77 (79).
497 Siehe: Gilbert Ziebura: Die deutsch-französischen Beziehungen seit 1945. Mythen und Realitäten. Überarb. und aktualisierte Neuausgabe. Stuttgart 1997. (Ersterscheinen 1970).

Zielsetzungen dieser nur beispielhaft herangezogenen Veröffentlichungen könnten dabei auch als Indiz für die (unterschwellige) Vielgesichtigkeit von binationalen Beziehungen gelten.)

Aus der vorangegangenen Darstellung (Arbeit) mag die komplexe Realität einer jeden internationalen Verständigung ansatzweise und in sehr allgemeiner, theoretischer Form deutlich geworden sein. Für die **Politische Bildung** bedeuten (große) Veränderungen in den internationalen Beziehungen einmal mehr eine Vergegenwärtigung der Einsicht, dass sich politische Realitäten nicht durch Theorien vereinfachen lassen. Raymond Aron erinnert mit Beispielen an diesen Aspekt politischer Theoriebildung: «La volonté de justification n'est pas moins intrinsèque à l'ordre politique que l'appétit de puissance ou de prébendes. Selon les sociétés ou les époques, acteurs et penseurs sont obsédés par un aspect de politique ou par un autre.»[498] Die Relativität jeglicher Sichtweise ist auch ein wichtiges Thema bei Arnold Toynbee, der seinerseits – und trotz dieser wahrgenommenen Einschränkung – einen Überblick über die Geschichte zu gewinnen suchte. In einem Gespräch mit G. Urban begründete er dieses (theoriegeschichtlich umstrittene) Bestreben folgendermaßen: »Der Mensch erwacht zum Bewusstsein und sieht, dass er sich in einem Chaos befindet. Dann versucht er, Ordnung in das Chaos zu bringen, damit das Leben erträglich sei. „(...) Wir können nicht nachprüfen, ob die Karte, die wir von dem geheimnisvollen Universum zeichnen, der schwer erfaßbaren Wirklichkeit entspricht. Doch um zu leben, müssen wir diese Karte zeichnen und uns klar sein, dass es ein Akt des Glaubens und zugleich ein Akt der Selbstbehauptung ist.«[499] (Toynbee bezieht sich mit diesen Aussagen vorrangig a) auf die Altertumsgeschichte und b) auf kulturelle Errungenschaften und Abgrenzungen. Dennoch

---

498 R. Aron, Études politiques. Paris 1972; S. 167.
499 A. Toynbee: »Geschichte ist, was die Historiker schreiben«. <u>In</u>: G. Urban, op. cit.; S. 97-133 (133).

kann das Zitat sicherlich auch einige allgemeine Eigenschaften des geschichtlichen Wissens, seines Auffindens und des damit immer verbundenen interpretativen Spielraums verdeutlichen). So findet sich denn auch bei Mester eine knappe Charakterisierung des wechselseitig **politisch** bedingten Verhältnisses von Absicht und Realisierung im Jugendaustausch. Es heißt dort: »Der Jugendaustausch beeinflusst die (internationale) Politik, indem er Aussöhnungsprozesse und engere Zusammenarbeit beschleunigt und Konfliktpotential vermindert, ist aber umgekehrt sehr empfindlich für politische Entwicklungen. Politische Prioritäten bestimmen sowohl den rechtlichen Status und regionale Schwerpunktsetzungen als auch das Ausmaß an öffentlicher finanzieller Förderung.«[500] Derartige Wechselwirkungen zwischen den verschiedenen Ansatzebenen zur Verbesserung der internationalen Kontakte sollen nun unter den Aspekten Pädagogik, Beziehungstheorie und Friedensforschung kurz erläutert werden:

Bekanntlich bietet bereits die europäische Nachkriegsgeschichte Anlass zu verschiedenen Interpretationen oder Missverständnissen. Für ein kleines Experiment des DFJW / OFAJ wurden bspw. drei verschiedene Nationalitäten (Deutsche, Italiener, Franzosen / Französinnen) in einem ungelenkten Gespräch sich selbst überlassen. Das Ergebnis war eine heftige und unversöhnliche Auseinandersetzung mit den Motiven der jeweils gängigen nationalen Stereotypen, die erst durch die Vermittlung der Gruppenleiter beruhigt werden konnte.[501] Unter den Nationalitäten der aktuelleren politischen Auseinandersetzungen findet sich noch weitaus leichter (Zünd-)Stoff zu Kontroversen und Diskussionen (vgl. zu diesen Themenbereichen bes. die Kap. 1.2, 2.2 und 2.1.3).

---

500 Mester, op. cit., S. 158.
501 s.: Karl-Heinz Hetzel, »Typisch französisch – typisch deutsch? Bemerkungen zu den internationalen Stereotypen«. In: Müller / Colin (Hg.), op. cit., S. 29-33; (31).

Spätestens an dieser Stelle hat die Internationale Jugendarbeit also ihr bedeutsames Aufgabenfeld. Über die Schwierigkeiten der pädagogischen Einflussnahme innerhalb solcher Kurzzeit-Pädagogik wurde ausführlich gesprochen (Kap. 2.2-3.3). Wie Robert Axelrod bei interdisziplinären Vergleichen festgestellt hat, entsteht »Kooperation« als solche notfalls auch ohne Freundschaft[502], wird durch »Voraussicht«[503] in ihrer Entwicklung vorangebracht und benötigt grundsätzlich **dauerhafte Beziehungen** als unabdingbare Entstehungsbedingung.[504]

Vielleicht bleibt berechtigterweise zu wünschen und zu hoffen, dass auch die pädagogischen Bemühungen ähnlich gute Früchte tragen, wie die mancherorts vorangebrachte ethnisch-kulturelle **Versöhnung** oder **Annäherung** auf politischem Gebiet (z. B. in Südafrika). In früheren Jahrzehnten standen sich gerade in diesem Bereich potentiell zwei unversöhnliche und doch aufeinanderzuarbeitende Ansichten gegenüber: »Während von Majoritäten häufig Absonderung unter dem Vorzeichen negativ-evaluierender Kategorisierung als Mittel zur Erhaltung des Status quo praktiziert wird, plädieren manche Vertreter von Minoritäten für eine separatistische Strategie als Mittel der Entwicklung einer eigenen Identität vor

---

502 Beispiel: Stellungskrieg im 1. Weltkrieg, s. Axelrod, op. cit., Kap. 3, Abschn. 4.

503 Dies als besonderes (und vorteilhaftes) Merkmal bei Kooperation unter Menschen.

504 Die abschließende Einschätzung b. Axelrod lautet: »(...) Für die internationalen Beziehungen ist es eine gute Sache, dass die Großmächte recht sicher gehen können, miteinander Jahr für Jahr zu interagieren. Ihre Beziehung mag nicht immer wechselseitig vorteilhaft sein, aber sie _ist_ nun einmal dauerhaft. Daher sollten die Interaktionen des nächsten Jahres einen großen Schatten auf die Entscheidungen in diesem Jahr werfen, und es besteht eine große Chance, dass sich schließlich Kooperation entwickelt« (R. Axelrod, op. cit., S. 169; Herv. im Orig.; in Übers.). Auffallend ist die **rückwärtsgewandte Perspektive**, die der Ermittlung von Kooperationsfortschritten dienen mag.

einer Integration.«[505] Für manche (philosophisch-soziologisch ausgerichtete) Theoretiker äußert sich diese Haltung auch weiterhin
auf verborgene Art und Weise im Konzept einer ‹multikulturellen
Gesellschaft›[506], doch hat sich bekanntlich im Bereich des friedli-
chen Zusammenlebens einiges gewandelt. Grundlage dafür mögen
auch jene **sozialwissenschaftlichen Erkenntnisse** gewesen sein,
die besagen, dass für gute Beziehungen zwischen Völkern mitsamt
den Wirkungen des Umlernens und der Freundschaft »eine Reihe
weiterer Bedingungen berücksichtigt werden müssen (...): das Ergebnis des kooperativen Kontakts, Statuseffekt der Beziehungen,
Normen der Gemeinschaft und Persönlichkeit sowie demographi-
sche Variablen.«[507] Es bleibt immerhin anzumerken, dass die o. g.
Einflussfaktoren vielfach auch auf das Verhalten von Kleingruppen
übertragbar sind.[508]

Die in dieser Arbeit vorgebrachten Begriffsbestimmungen und er-
zieherischen Zielvorstellungen finden sich vielfach in einer Definition von »**Frieden**« wieder: »Friede lässt sich nicht einfach als Ruhe

---

505 Darstellung bei: Schäfer / Six, op. cit., , S. 276.

506 Vgl. etwa die philosophisch-soziologische Rezeption bei: Armin Nassehi,
»Das stahlharte Gehäuse der Zugehörigkeit: Unschärfen im Diskurs um die
‹multikulturelle Gesellschaft›«. <u>In</u>: Lepp, Claudia / Danckwortt, Barbara
(Hrsg.): Von Grenzen und Ausgrenzung. Interdisziplinäre Beiträge zu den
Themen Migration, Minderheiten und Fremdenfeindlichkeit. Marburg 1997;
S. 191- 218 und die Einschätzung des Psychoanalytikers Mario Erdheim
von einem ganz anderen Ausgangspunkt aus (s.: M. Erdheim: »Ethnische
und universalistische Identität«. <u>In</u>: Zeitschrift für Pädagogik, 32. Beiheft:
Bildung und Erziehung in Europa. Beiträge zum 14. Kongreß der Deutschen
Gesellschaft für Erziehungswissenschaft vom 14.-16. März 1994, hrsg. im
Auftrag des Vorstandes von Dietrich Benner und Dieter Lenzen, Weinheim
und Basel 1994; S. 461-64).

507 Schäfer / Six, op. cit., S. 294 unter Berufung auf: R. D. Ashmore: »Solving the
problem of prejudice«. <u>In</u>: Collins, B. E.: Social psychology. Reading. Mass.
1970, Chap. 10, S. 297-339.

508 Vgl. dazu bes. Kap. 2.3.4.

oder Ausgleich aller Gegensätze definieren. Er ist vielmehr Einheit und Versöhnung angesichts von Verschiedenheiten, Andersartigkeiten und Gegensätzen.«[509] Bei aller weiteren Diskussionswürdigkeit der Begriffe mag an dieser Beschreibung deutlich werden, wie stark (gerade in der heutigen internationalisierten Welt) die interkulturelle Erfahrung mit den Friedensbemühungen der internationalen Verständigung zusammenhängen. Unterschiedliche Akzentuierungen lassen sich nicht nur bei den pädagogischen Zielsetzungen des Jugendaustausches feststellen, sondern auch bei den Vorstellungen vom Frieden. Standen in den sechziger Jahren zunächst national-internationale Konzepte zur Friedenssicherung (und die daran beteiligten Institutionen) im Vordergrund, so verschob sich der Blickwinkel in den siebziger Jahren hin zu (transnationaler) Globalität und zur Betrachtung der psychologischen Implikationen (in Gruppen und beim Individuum). Weitere Abstraktionen des Friedensbegriffs führten in den achtziger Jahren zu allgemeinen Konzepten der Interaktionstheorie und Konfliktforschung.[510] In Verbindung mit Daten und Prognosen zur allgemeinen Weltlage – das **Überleben der Menschheit** ist auch Rahmenbedingung jeglicher Friedens-Philosophie[511] – wird nicht erst von dem britischen[512] Historiker Paul Kennedy eine »reeducation of humankind«[513] gefordert. Kennedy führt aus: » It (= education in the larger sense[514], M. B.) also implies a deep understanding of why our world is changing, of how other people and

---

509 H. Zöpfl / T. Goppel: »Frieden, Friedenserziehung«. <u>In</u>: Helmut Zöpfl / Gerhard Bittner / Reinhold Mühlbauer / Herbert Tschamler: Kleines Lexikon der Pädagogik und Didaktik. Mit Einführung in das wissenschaftliche Arbeiten. Donauwörth [6] 1975 (6. erg. Aufl.;[1] 1970); S. 88-89 (88).

510 Zu Einzelheiten s. bspw. das Schaubild »Entwicklungsphasen des Friedensbegriffs«. <u>In</u>: R. Meyers, op. cit., S. 67.

511 Vgl.: Argumentation b.: R. Meyers, op. cit., S. 69/70.

512 Kennedy lebt in Connecticut und lehrt seit längerem an der US-amerikanischen Yale-Universität.

513 Paul Kennedy: <u>In</u>: Preparing for the twenty-first century. London 1993; S. 339.

514 S. Ausführungen bei: Kennedy, op. cit., S. 340.

cultures feel about those changes, of what we all have in common –
as well as of what divides cultures, classes and nations.«[515] Damit
wird eine wichtige **Grundlage zur internationalen Verständigung**
beschrieben und angemahnt.

4.1.2 Grenzen und Möglichkeiten der kurzfristigen internationalen Jugendarbeit

Nach allen bisherigen Bemerkungen zum makrosoziologischen
Politikbereich fällt die Forderung mancher Sachverständiger ins
Gewicht, den altersgemäßen Sozialisationserfahrungen der Jugendlichen Vorrang vor (friedens)politischen Thematisierungen zu
geben.[516] Wie dargestellt, ist diese etwas befremdliche Feststellung
unbedingt im Zusammenhang mit den Umständen des **Auftretens**
und der **didaktischen Vermittlung** zu sehen.[517] Wie könnten also
derartig schwerwiegende Zwiespälte zwischen den weitgesteckten
Zielen und der Gestaltung von Jugendarbeit überwunden bzw. ab-
gemildert werden?

Außer der unumgänglichen Grenze der Pädagogik gegenüber der
zunehmenden Mündigkeit von Jugendlichen und jungen Erwachsenen[518] trifft die internationale Jugendarbeit auf Grenzen und

---

515 Kennedy, op. cit., S. 341.

516 vgl.: Treuheit / Janssen / Otten op. cit., S. 223 (unter Berufung auf die sog.
Breitenbach-Studie; s. Kap. 1.2 dieser Arbeit), Letze, op. cit., S. 186 und – sehr
pragmatisch – : Müller: »Drei Perspektiven einer Pädagogik des Austauschs«. In:
Colin / Müller, op. cit., S. 113-120 (118) Und: Müller, op. cit. (»Alltagserfahrung«)
In: Colin / Müller, op. cit., S. 177/78.

517 vgl. dazu bes. die Argumentation bei Letze, op. cit., S. 186/87.

518 vgl. dazu Dieter Baacke, der im Schlusskapitel seiner hervorragenden
Jugendpsychologie anmerkt, keine denkbare Pädagogik dürfe vergessen, »dass
die ‹großen› Erlebnisse, die einschneidenden Erfahrungen nicht in ihrem

Gegebenheiten, die spezielle Vorgehensweisen erfordern. Nachdem diese Thematik in dieser Arbeit ausführlich behandelt wurde, soll abschließend noch einmal darauf hingewiesen werden, dass ernstzunehmende kulturelle Unterschiede auch zwischen Nachbarvölkern des gleichen Kulturkreises bestehen. In diesem Sinne ist auch die vorsichtig warnende Einschätzung Rudolf Herrmanns, eines Koordinators im DFJW, zu verstehen, der die selbstgestellte rhetorische Frage, ob »(...) Jugend ein Begriff (sei), der Verständnis zwischen Deutschen und Franzosen erleichter(e)«, dahingehend beantwortete, dass einerseits die Sozialisationsbedingungen aufgrund unterschiedlicher Bildungssysteme (noch) »sehr verschieden« seien[519], dass im Gegenzug jedoch von Seiten der Jugendlichen und ihrer selbständigen Reflexion »zu der eigenen und der gesellschaftlichen Zukunft« mit »Solidaritätsbereitschaft« zu rechnen sei.[520]

An diesem Punkt wird deutlich, dass die Auswirkungen von internationalen Jugendbegegnungen von **zwei Richtungen** her geprägt sind, nämlich durch das historisch und gesellschaftlich geprägte Umfeld und subjektiv durch das individuelle Erleben des / der Einzelnen und der Jugendlichen als ‹homogene Gruppe› (im Sinne einer sozialpsychologischer Kategorisierung). Durch den **biographischen Ansatz** können die scheinbar widersprüchlichen Ansprüche, Friedenserziehung zu praktizieren und gleichzeitig jugendspezifische Freizeitpädagogik zu betreiben, zusammengebracht werden, da es

---

Schutz gemacht werden: Liebe, Sexualität, Abenteuer, Freundschaft, Abschied, Freiheitserfahrungen, Hoffnungen, Entscheidungen: eine Pädagogik kann sie allenfalls begleiten, nie bestimmen (...)«. (D. Baacke, Die 13-18jährigen. Einführung in Probleme des Jugendalters. Weinheim und Basel ⁴1985; S. 268).

519 Zu einem skizzierten deutsch-französischen Vergleich s. Kap. 2.1.

520 Rudolf Herrmann: »Jugend«. <u>In</u>: Picht, Robert / Hoffmann-Martinot, Vincent / Lasserre, René / Theiner, Peter, Fremde Freunde. Deutsche und Franzosen vor dem 21. Jahrhundert. München 1997; S. 97-101 (101).

ja letztlich darum geht, nachhaltige Lernerfahrungen zu ermöglichen.[521] Dieser Gedankengang spiegelt bis hierhin nur eine **theoretische Konstruktion** wider, da es auf Jugendbegegnungen natürlich
nicht ernsthaft darum gehen kann, Autobiographien schreiben zu
lassen (– etwa nach Art der soziologischen Forschungen zu bestimmten Bevölkerungsgruppen). Es geht zunächst einmal darum, eine andere, (sprich: neue) Perspektive zu entwickeln. In diesem Sinne sind
auch die weiteren Ausführungen zu verstehen. Der Blickwinkel des
Forschers / der Forscherin von der Seite einer jeglichen **persönlichen
Erfahrung** aus erinnert in psychologischer Lesart an die ursprüng-
liche Subjektivität des Erlebens und an das ständige Wechselspiel
zwischen dem Ich und der Außenwelt, d. h. der notwendigen *Objek-
tivierung* von Erfahrung. Diesen ungebundenen Objektivierungs-
prozess »in der ganzen Vielfalt seiner individuellen oder universel-
len, differenziellen oder sozialen Erscheinungsformen (zu erfassen)
(...) ist kein Akt der Modellierung, sondern geschieht in Form einer
gegenstandsangemessenen Thematisierung«, fasst der Psychologe
G. Jüttemann den nur erahnbaren biologisch-psychischen Wahr-
nehmungs- und Erkennungsvorgang zusammen.[522]

Es wäre vielleicht denkbar, die Forschung zur Internationalen Jugendarbeit in diese Richtung hin auszudehnen, um den Zusammenhängen des individuellen und kollektiven Erlebens einer konkreten Jugendbegegnung auf die Spur zu kommen. Davon ausgehend
könnten dann auch entsprechende **pädagogische Konzepte** für
die Gestaltung dieser besonderen Art der Jugendfreizeit entwickelt
werden.[523] Die bei Jüttemann (op. cit.) angesprochene sachbezogene

---

521 Zu diesem Aspekt siehe auch Kap. 2.3.1 (Zitat nach Gottschalch).
522 Gerd Jüttemann, Psyche und Subjekt. Für eine Psychologie jenseits von Dogma
und Mythos. Reinbek b. Hamburg 1992; S. 192.
523 Es ginge wohl darum, einen Weg zu finden, die Situation der »doppelten
Geschichtlichkeit« und der »Unhintergehbarkeit der Individuen« (Wulf, op. cit.,
S. 69) im interkulturellen Bildungsprozeß besser auszunutzen. Diese beiden, von

Thematisierung hätte sich dabei an den einzelnen Aspekten der Jugendbegegnung zu orientieren, etwa der Vorurteils-Problematik, der (psychischen) Rezeption des Interkulturellen in konkreten Situationen[524] oder dem Verhältnis von Lernstoff (Thematik) und didaktischer Darbietung.[525] Dabei sollte auch – im Unterschied zu oben angesprochenem psychologischen Ansatz – die gesellschaftliche Dimension mit beachtet werden[526]. Die oben skizzierte Vorgehensweise müsste natürlich noch aufgespalten und damit der Blickpunkt verengt werden, was ohne Zweifel ein schwieriges und kompliziertes Unterfangen darstellt, da die einzelnen Versatzstücke und Forschungsergebnisse ja auch wieder sinnvoll zusammengefügt werden müssen. Aus heutiger Sicht der Wissenschaft hat man sich zudem

---

Wulf als besonders wichtig erachteten Konstituenten einer (interkulturellen) Lern-Situation ermöglichen gleichzeitig den (ebenso unabdingbaren) **Brückenschlag** zwischen der individuellen, subjektiven und der allgemeinen, gesellschaftlichen Erfahrungsebene. Mit der »doppelten Geschichtlichkeit« ist zum einen der zeitlich begrenzte, konkrete und in einen Kontext eingebettete Erfahrungsprozess selbst gemeint, zum anderen jene historische Geschichtlichkeit, auf die möglicherweise in einer thematischen Seminar-Sitzung zurückgegriffen wird. Analog dazu konstituiert sich die menschliche Individualität auf zwei Ebenen, auf derjenigen der eigenen Identität und auf derjenigen der von außen gekommenen Einflüsse und Übernahmen. Die bereits gebildete und gegenwärtige Individualität ist der »**spezifische** Ausgangspunkt interkultureller Bildung« (ebd.; Herv. M. B.), den es in jedem Fall zu beachten gilt.

524 vgl. dazu auch: Remi Hess: Pédagogues sans frontières. Écrire l´intérité. Paris 1998. (Dies ist ein subjektiv-autobiographisch geprägtes Werk, das allerdings von den interkulturellen Erfahrungen eines **Erwachsenen** – und eines **Wissenschaftlers** – ausgeht).

525 vgl. vielleicht bes.: Beispiel »D3« in Kap. 2.2.2.

526 Dabei ist wiederum von der in dieser Arbeit vielfach thematisierten Beziehung zwischen Individualität, Gruppe und Gesellschaft auszugehen: »Die Ursache eines sozialen und individuellen Phänomens ist niemals ein anderes soziales oder individuelles Phänomen für sich allein genommen, sondern immer die **Verbindung** einer sozialen und einer individuellen Äußerung« (Thomas, William I. / Znaniecki, Florian: The Polish Peasant in Europe and America, zuerst 1919-21; neue Ausg., 2 Bde., New York 1958 (ohne Seitenangabe); zitiert nach: König, René, op. cit., S. 239 / 40; (Herv. M. B.).

davor zu hüten, aus derartigen Einzel(fall)-analysen irgendein anthropologisches Gesamtbild abzuleiten. ...[527]

Bei aller methodischen und theoretischen Präzision mag (und sollte wohl auch) das letzte Wort die oben angesprochene unkalkulierbare Subjektivität und Relativität menschlicher Anschauung oder Wahrnehmung haben, welche die Sozialwissenschaften im allgemeinen mitbestimmen.[528] Und da Erlebnisse, Erfahrungen und auch die spätere Erinnerung so vielschichtig beeinflusst und geprägt werden, ist es ohnehin unmöglich, es allen »recht zu machen«. Auch die nachfolgende reflektierte Vermittlung von Erfahrungen ist für sich genommen bereits der perspektivischen Wandelbarkeit anheimgegeben[529]. Differenzierte Forschungsergebnisse, die schwer übertragbar sind, Unzulänglichkeiten und unbestreitbare Grenzen der Möglichkeiten dürfen jedoch kein Grund sein, denkbare Zielvorstellungen von ‹wirklicher interkultureller Begegnung› (in verschiedenen Ausdrucksformen) aufzugeben.[530]

---

527 Zu diesem Irrweg in der psychologischen Grundlagenforschung vgl.: G. Jüttemann, op. cit., S. 116 / 17.

528 Hier sei nochmals auf Jüttemann (op. cit.) verwiesen, der zu dieser Problemlage in differenzierter Art und Weise Stellung bezieht: »Es gilt (...) zu begreifen, dass im Spannungsfeld zwischen Natur und Kultur, zwischen Subjekt und Gesellschaft sowie schlechthin zwischen dem Menschlich-Einzigartigen und dem Menschlich-Allgemeinen eine völlige Durchdringung der Zusammenhänge weder möglich noch wünschenswert sein dürfte, so dass der perspektivische Charakter des erreichbar erscheinenden Aufklärungswissens von daher als absolut gegenstandsangemessen zu beurteilen ist« (Jüttemann, op. cit., S. 116).

529 Zu Beginn seines selbstreflexiv-autobiographischen und zugleich aus persönlicher Sicht ideengeschichtlichen Erfahrungsberichtes schreibt bspw. der französische Soziologe Edgar Morin: « Je sais que toute connaissance d´une société, d´une histoire, d´une vie, y compris de la sienne, est à la fois une traduction et une reconstruction mentales (...)» (Edgar Morin : Mes démons. Paris 1994 ; S. 12).

530 Vgl. dazu (nochmals) die Diskussion der **verschiedenen Argumentationsebenen** bei: Müller, op. cit. (»Austausch«). <u>In</u>: Colin / Müller, op. cit.; wahrscheinlich eine gute (sachliche und engagierte) Darstellung. Zur theoretischen Begründung

Ein letztes Beispiel soll andeuten, was durch den biographischen Ansatz des Argumentierens beim Hörer / Leser bewirkt werden kann. Der ostdeutsche Schriftsteller Günter de Bruyn (Jg. 1926) beschreibt sein Leben unter der DDR-Diktatur (und der Diktatur der Hitlerzeit) weitgehend als Erfahrung innerer Fremdheit und äußerer Isolation. Um den überschwänglichen Vorurteilen (z. B. den »Generalisierungen«[531]) der Westdeutschen zu entgehen und den Sichtweisen anderer Mitbürger Raum zu geben, wählt er ausdrücklich den Weg der persönlichen und subjektiven Darstellung: »(....) (ich will) konkret bleiben, das subjektive Sich-fremd-Fühlen auch subjektiv abhandeln, also von dem einzelnen reden, der lebenslange Erfahrung mit Fremdheit hat. Ein abgerundetes Bild wird das nicht ergeben, und nur wenige werden sich darin wiedererkennen, aber den anderen hilft es vielleicht beim Nachdenken darüber, was bei ihnen ganz anders ist.«[532]

Auch diese Perspektive eröffnet Möglichkeiten und Grenzen zu weiterführender Verständigung.

wird sicherlich die von Birgit Steckelberg 1996 begonnene Dissertation sein: Der Autorin geht es darum, gegenüber der »Illusion (...), dass die interkulturelle Pädagogik die Aufgaben, die sich vor dem Hintergrund der Internationalisierung der Gesellschaft stellen bewältigen kann, ohne dass das pädagogische Fundament überarbeitet werden muss«, eine speziell **interkulturelle Bildungstheorie** zu entwerfen. (Informationen aus dem Internet: http://www. sozialwiss.uni-osnabrueck.de/forschg /hbs-promo/birgit.htm .

531 Günter de Bruyn: »Fremd im eigenen Land«. <u>In</u>: Thomas Rietzschel (Hrsg.): Über Deutschland. Schriftsteller geben Auskunft. Leipzig 1993; S. 154-173 (157). [Ursprünglich eine Kirchentagsansprache].

532 Günter de Bruyn, op. cit., S. 159 / 160.

Literaturverzeichnis:

Albert, Marie-Theres / Essinger, Helmut: »Interkulturelles Lernen.«
In: Sander, Wolfgang, op. cit., S. 391-402

Allport, Gordon W.: The nature of prejudice. Cambridge, Mass. 1954
(dt. Ausg.: 1971)

Aron, Raymond: Études politiques. Paris 1972

Aron, Raymond: Le spectateur engagé. Entretiens avec Jean-Louis
Missika et Dominique Wolton. Paris 1981

Ashmore, R. D.: »Solving the problem of prejudice.« In: Collins, B.
E.: Social psychology. Reading. Mass. 1970

Außenministerien D und F: Wege zur Freundschaft / Chemins de
l´Amitié, **Adreßbuch** der deutsch-französischen Zusammenarbeit / **Répertoire** de la coopération franco-allemande

Axelrod, Robert: Die Evolution der Kooperation. München, Wien
[4]1997. (Originalausg.: New York 1984; übers.)

Baacke, Dieter: Die 13-18jährigen. Einführung in Probleme des Jugendalters. Weinheim und Basel [4]1985

Baacke, Dieter: Einführung in die außerschulische Pädagogik. 2.,
veränd. Aufl., Weinheim und München 1985 (1. Aufl. München
1976)

Bachmann, Ingeborg: Giuseppe Ungaretti, Gedichte italienisch und deutsch, Frankfurt /M. 1961

Bailly, Fabienne: Le Projet Bielefeld. La communication naturelle dans les rencontres franco-allemandes / Offermann, Bettina: Projekt Bielefeld. Natürliche Kommunikationssituationen in deutsch-französischen Jugendbegegnungen. Reihe: Dokuments de travail / Arbeitsmaterialien. Bad Honnef / Paris (o. J.); herausgegeben vom DFJW / OFAJ

Barbier, René: »Das Spiel des Guru.« In: Giust-Desprairies / Müller, op. cit., S. 107-110.

Barbier, René: »Einfluß und Grenzen der Vergangenheit in der existentiellen Selbstbildung.« In: Giust-Desprairies Müller, op. cit.; S. 72-77

Becker, Gerold / Bilstein, Johannes / Liebau, Eckart (Hrsg.): Räume bilden. Studien zur pädagogischen Topologie und Topographie. Seelze-Velber 1997

Ben-Ari, R. / Amir, Y.: Intergroup contact, cultural information and change in ethnic attitudes. In: Stroebe, W. / Kruglanski, A. W. / Bar-Tal, D. / Hewstone, M. (Hrsg. /eds.): The social psychology of intergroup conflict. Theory, research and applications. Berlin 1988

Bender, Karl-Heinz: »Von der Erbfeindschaft zum Eurocorps. 1938-1995.« In: Sauzay, Brigitte / v. Thadden, Rudolf (Hrsg.): Mitterand und die Deutschen. Göttingen 1998; S. 62-77

Benecke, Dieter W.: »Kulturpolitik.« In: Europa von A-Z. Taschenbuch der europäischen Integration. Bonn [6] 1997; S. 253-56 (Lexikonartikel)

Bettelheim, Bruno: Erziehung zum Überleben. Zur Psychologie der Extremsituation. Stuttgart 1982

Beyme, Klaus v.: Kulturpolitik und nationale Identität. Studien zur Kulturpolitik zwischen staatlicher Steuerung und gesellschaftlicher Autonomie. Opladen und Wiesbaden 1998

Böhnisch, Lothar / Münchmeier, Richard: Pädagogik des Jugendraums. Zur Begründung und Praxis einer sozialräumlichen Jugendpädagogik. Weinheim und München 1990

Böhnisch, Lothar: Sozialpädagogik des Kindes- und Jugendalters. Eine Einführung. Weinheim und München 1992

Bouvet, Laurent / Delors, Jacques (Hrsg.) : France – Allemagne: Le bond en avant. (Paris 1998)

Breitenbach, Diether: »Ergebnisse und Empfehlungen.« In: Ders. (Hrsg.): Kommunikationsbarrieren in der internationalen Jugendarbeit. Bd. 1-5, Saarbrücken 1979 (zitiert nach: Treuheit / Janssen / Otten, op. cit.)

Chevènement, Jean-Pierre: France – Allemagne: Parlons franc. St. Armand-Montrand 1996

Christadler, Marieluise: »Résistance – Kollaboration.« In: Picht, Robert / Hoffmann-Martinot, Vincent / Lasserre, René / Theiner, Peter: Fremde Freunde. Deutsche und Franzosen vor dem 21. Jahrhundert. München 1997; S. 45-49

Claußen, Bernhard »Politische Bildung.« In: Hierdeis / Hug, op. cit., Bd. 4; S. 1194-1204. (Lexikonartikel)

Colin, Lucette / Müller, Burkhard: Europäische Nachbarn – vertraut und fremd. Pädagogik interkultureller Begegnungen. Frankfurt /M. u. a. 1998 (dt. Ausg.)

Colin, Lucette: »Schulaustausch von Grundschulklassen: Spracherwerb und interkulturelle Bildung.« In: Colin / Müller, op. cit., S. 69-87

Curtius, Ernst Robert: Die französische Kultur. Eine Einführung. Bern ² 1975 (¹ 1930)

Danckwortt, Dieter: Erziehung zur internationalen Verständigung. München 1965

de Bruyn, Günter: »Fremd im eigenen Land.« In: Rietzschel, Thomas (Hrsg.): Über Deutschland. Schriftsteller geben Auskunft. Leipzig 1993; S. 154-173

Dejours, Christophe: « Évaluation ou validation en psychologie du travail ? » In : Pratiques psychologiques (1/ 1995) : De l´intuition à l´évaluation. Paris 1995 ; S. 51-61

Demorgon, Jacques: »Interkulturalität und Europäisierung.« In: Dibie / Wulf, op. cit., S. 163-172

Demorgon, Jacques: « Objectifs et méthodes d´évaluation de la communication dans la rencontre franco-allemande ». In : B. Müller, op. cit., S. 69-91

Demorgon, Jacques: L'exploration interculturelle. Pour une pédagogie internationale. Paris 1989

Deutsch-Französisches Institut Ludwigsburg (DFI) / Zeitschriften / Revues »Dokumente / Documents« (Hrsg.): 1948 – 1963 – 1993: Deutschland – Frankreich: Ein neues Kapitel ihrer Geschichte / France – Allemagne: Un nouveau chapitre de leur histoire. Chronologie / Documentation. Bonn 1993

DFJW (Hrsg.): Arbeitstext 11: Die pädagogische Beziehung in interkulturellen Begegnungen. Internationale Situationen entschlüsseln: eine Reflexion am Beispiel des schulischen Modells. (Neuauflage 1996) – und entsprechend: Textes de travail: La relation pédagogique dans les rencontres interculturelles. La lecture des situations internationales: une réflexion à partir du modèle de l'école. No. 11; réedition 1996.

DFJW / OFAJ (Hrsg.): Der Animateur in Frankreich. Textauszüge in der Übersetzung von Hildegard Herrmann. Mit einem Nachwort von Horst W. Opaschowski. Bad Honnef 1977

DFJW / OFAJ: »Le Projet Bielefeld« / »Projekt Bielefeld«, Reihe: Dokuments de travail / Arbeitsmaterialien. Bad Honnef / Paris (o. J.)

Dibie, Pascal / Wulf, Christoph: Vom Verstehen des Nichtverstehens. Ethnosoziologie interkultureller Begegnungen. Frankfurt / M. u. a. 1999 (dt. Ausg.)

Dietz, H.: unveröffentlichte wissenschaftliche Hausarbeit (s. Höhn / Seidel, op. cit.)

Druwe, Ulrich / Hahlboom, Dörte / Singer, Alex: Internationale Politik. Neuried 1995[533]

---

533 überarb. Neuaufl. erschienen.

Eder, Klaus: »Prolemogene und irenogene Folgen interkultureller Kommunikation – Überlegungen zu einer Politik der Begegnung in Europa.« <u>In</u>: Dibie / Wulf, op. cit., S. 76-84

Eder, Klaus: »Zwei politische Kulturen oder eine?« <u>In</u>: Dibie / Wulf, op. cit., S. 106-113

Elias, Norbert: Studien über die Deutschen. Frankfurt / M. 1989

Erdheim, M.: »Ethnische und universalistische Identität.« <u>In</u>: Zeitschrift für Pädagogik, 32 Beiheft: Bildung und Erziehung in Europa. Beiträge zum 14. Kongreß der Deutschen Gesellschaft für Erziehungswissenschaft vom 14.-16. März 1994, hrsg. im Auftrag des Vorstandes von Dietrich Benner und Dieter Lenzen, Weinheim und Basel 1994

Erdheim, Mario: Psychoanalyse und das Unbewußte in der Kultur. Frankfurt / M. 1988

Erdheim, Mario: »Wie familiär ist der Psychoanalyse das Unbewußte? Über homogene und heterogene Psychoanalyse.« <u>In</u>: Rohde-Dachser, Christa (Hrsg.): Zerstörter Spiegel. Psychoanalytische Zeitdiagnosen. Göttingen 1990; S. 17-31

Erdheim, Mario: Die gesellschaftliche Produktion von Unbewußtheit. Eine Einführung in den ethnopsychoanalytischen Prozeß. Frankfurt/M. 1982

Erzberger, Christian: Zahlen und Wörter. Die Verbindung quantitativer und qualitativer Daten und Methoden im Forschungsprozeß. Weinheim 1998

Fatzer, Gerhard / Jansen, Hans-Hermann: Die Gruppe als Methode. Gruppendynamische und gruppentherapeutische Verfahren und ihre Wirksamkeit. Weinheim und Basel 1980

Fernis, Hans-Georg / Haverkamp, Heinrich: Grundzüge der Geschichte von der Urzeit bis zur Gegenwart. Berlin u. a. [11] 1964

Firges, Jean / Melenk, Hartmut, »Landeskunde: Stereotypen – schädlich – unvermeidlich – nützlich?« In: Donnerstag, Jürgen / Knapp-Potthoff, Annelie (Hrsg.): Kongreßdokumentation der 10. Arbeitstagung der Fremdsprachendidaktiker. Tübingen 1985; S. 97-114

Frei, Daniel: »Feindbilder und Abrüstung. Die gegenseitige Einschätzung der UdSSR und der USA.« München 1985

Frei, Daniel: Theorien der internationalen Beziehungen. München [2] 1977 ([1] 1973)

Freudenfeld, Burghard: Einleitung zu: Reinhold Bergler, Vorurteile – erkennen, verstehen, korrigieren. Köln 1976; S. 7-11

Friedlein, Günter / Grimm, Frank-Dieter: Deutschland und seine Nachbarn. Spuren räumlicher Beziehungen. Leipzig 1995 (Institut für Länderkunde)

Fuchs-Heinritz, Werner: »Soziologische Biographieforschung: Überblick und Verhältnis zur Allgemeinen Soziologie.« In: Jüttemann, Gerd / Thomae, Hans: Biographische Methoden in den Humanwissenschaften. Weinheim 1998; S. 5-23

Gantzel, Klaus Jürgen: System und Akteur. Beiträge zur vergleichenden Kriegsursachenforschung. Düsseldorf 1972

Gerstenmaier, Jochen: »Symbolischer Interaktionismus.« In: Rexilius, Günter / Grubitzsch, Siegfried (Hrsg.): Handbuch psychologischer Grundbegriffe. Mensch und Gesellschaft in der Psychologie. Ein Handbuch. Reinbek b. Hamburg [2] 1987 (aktualisierte Neuauflage von 1981[534]; S. 1076-1078. (Lexikonartikel)

Giesecke, Hermann: Einführung in die Pädagogik. Weinheim und München [4] 1994 (1. Aufl. der Neuausg. 1990)

Giesecke, Hermann: Politische Bildung. Didaktik und Methodik für Schule und Jugendarbeit. Weinheim und München 1993

Giust-Desprairies, Florence / Müller, Burkhard: Im Spiegel der Anderen. Sich bilden in der internationalen Begegnung. Opladen 1997 (dt. Ausg.)

Giust-Desprairies, Florence: »Animation und gruppendynamische Konflikte.« In: Dies. / Müller, op. cit., S. 50-62

Glaubitz, Gerald: »Stereotypenproblematik und Reisedidaktik: Methodische Überlegungen und historische Beispiele.« In: Hahn, Hans Henning (Hrsg.): Historische Stereotypenforschung. Methodische Überlegungen und empirische Befunde. Oldenburg 1995; S. 75-103

---

534 Eine grundlegend bearbeitete (und verkürzte) Neufassung liegt vor: Grubitzsch, Siegfried / Weber, Klaus: Psychologische Grundbegriffe. Ein Handbuch. Reinbek b. Hamburg 1998.

Gottschalch, Wilfried: Soziologie des Selbst. Einführung in die Sozialisationsforschung. Heidelberg ²1991 (2. Auflage eines etwas anderen Titels, 1990)

Grieswelle, Detlef: Jugend und Freizeit. Bedingungen außerschulischer Jugendarbeit. München 1978

Gruner, Wolf D. / Müller, Klaus-Jürgen: Über Frankreich nach Europa. Heidelberg 1996

Güttler, Peter O.: Sozialpsychologie. Soziale Einstellungen, Vorurteile, Einstellungsänderungen. München ² 1996. (überarb. und erw. Aufl.)

Haumersen, Petra / Liebe, Frank: Eine schwierige Utopie. Der Prozeß interkulturellen Lernens in deutsch-französischen Begegnungen. Berlin 1990

Heenen-Wolff, Susann: »Gegen eine ahistorische Europäisierung.« In: Dibie / Wulf, op. cit., S. 101-105

Heinze, Thomas / Krambrock, Ursula: »Erziehungswissenschaft: Methodologie.« In: Hierdeis / Hug, op. cit., Bd. 2 (Lexikonartikel)

Hellmer, Wolfram: Sozio-kulturelle Animation und Volkshochschularbeit. Theoretische und praktische Ansätze zu einer Erweiterung von Bildungsarbeit an der Volkshochschule. Darmstadt (?) 1982 (Diss. der Univ. Frankfurt / M.)

Herrmann, Rudolf: »Jugend.« In: Picht / Hoffmann-Martinot / Lasserre / Theiner, op. cit., S. 97-101

Hess, Remi: Pédagoges sans frontières. Écrire l´intérité. Paris 1998

Hetzel, Karl-Heinz »Typisch französisch – typisch deutsch? Bemerkungen zu den internationalen Stereotypen.« In: Colin / Müller, op. cit., S. 29-33

Hierdeis, Helmwart / Hug, Theo (Hrsg.): Taschenbuch der Pädagogik. Bd. 1-4, Baltmannsweiler [4] 1996 (erw. und veränd. Ausg.) (Nachschlagewerk)

Hofstätter, Peter R.: Die Psychologie der öffentlichen Meinung. 2. Aufl., Wien o. J. (im Vorwort: 1949)

Höhn, Elfriede / Seidel, Gerhard: Das Soziogramm. Die Erfassung von Gruppenstrukturen. Göttingen [4]1976

Hornstein, Walter / Mutz, Gerd: Die europäische Einigung als gesellschaftlicher Prozeß. Soziale Problemlagen, Partizipation und kulturelle Transformationen. Bonn 1993

Hübner-Funk, Sibylle: »Reiz und Risiko der Studie.« In: Borris, Bodo v. / Wegner, Dirk: Jugend – Politik – Geschichte. Ergebnisse des europäischen Kulturvergleichs ‹Youth and History›. Dokumentation einer Tagung der Deutschen Welle am 17. Oktober 1996 in Köln. Hamburg 1997

Jaccottet, Philippe: Giuseppe Ungaretti. Vie d´un homme. Paris 1973

Jäckel, Eberhard: Aufsatz in: Frankfurter Rundschau, 6. Juni 1987 (zitiert nach: Trautmann, op. cit.)

Janssen, Bernd: »Bildungs- und Jugendpolitik.« In: Weidenfeld / Wessels, op. cit. (1991); S. 77-82 (Lexikonartikel)

Janssen, Bernd: Europa in der Erwachsenenbildung. Bonn / 1980 / 1982 (?)

Japars, J. M. F. / van de Geer, J. P. / Tajfel, H. / Johnson, N.: »On the development of national attitudes in children.« In: European Journal of Social Psychology, 2 (1972); S. 347-369

Jouchy, E.: »Ethnozentrismus und Weltgesellschaft.« In: Ders.: Bleiche Herrschaft – Dunkle Kulturen. Frankfurt 1985

Jürgensen, Kurt: »Der Beitrag der Geschichtswissenschaft zur Friedensforschung.« In: Eberhard Jäckel / Ernst Weymar: Die Funktion der Geschichte in unserer Zeit. Stuttgart 1975

Jüttemann, Gerd: Psyche und Subjekt. Für eine Psychologie jenseits von Dogma und Mythos. Reinbek b. Hamburg 1992

Kennedy, Paul: Preparing for the twenty-first century. London 1993

Kleszcz-Wagner, Anette: »Interkulturelle Bedingungen landeswissenschaftlicher Erkenntnisprozesse. Ein Beispiel aus der Lehrpraxis.« In: Lüsebrink, Hans-Jürgen / Röseberg, Dorothee (Hrsg.): Landeskunde und Kulturwissenschaft in der Romanistik. Theorieansätze, Unterrichtsmodelle, Forschungsperspektiven. Tübingen 1995; S. 67-76

Kraus, Jeanne: »Das Nahe und das Ferne in interkulturellen Begegnungen.« In: Colin / Müller, op. cit., S. 141-148

Krauß, Andreas / Schmittinger, Inge: »Medienarbeit.« <u>In</u>: Otten / Treuheit, op. cit., S. 175-216

Kristeva, Julia: Étrangers à nous-mêmes. o. O. (Frankreich) 1988

Krüger, Hans-Peter: Erlebte Interaktionshäufigkeiten als soziometrische Maße. Erlangen-Nürnberg 1973 (Diss.)

Krysmanski, Hans Jürgen: Soziologie und Frieden. Grundsätzliche Einführung in ein aktuelles Thema. Opladen 1993

Kümmel, Gerhard: »Internationale Politik.« <u>In</u>: Dirk Berg-Schlosser / Sven Quenter (Hrsg.): Literaturführer Politikwissenschaft. Eine kritische Einführung in die Standardwerke und ‹Klassiker› der Gegenwart. Stuttgart 1999; S. 157-92

Ladmiral, Jean- René: »Übersetzung und interkulturelle Kommunikation.« <u>In</u>: Colin / Müller, op. cit., S. 99-110

Ladmiral, Jean-René / Lipiansky, Edmond Marc: La communication interculturelle. Paris 1989

Lasserre, René / Schild, Joachim / Uterwedde, Henrik (Hrsg.): Frankreich. Politik, Wirtschaft, Gesellschaft. Opladen 1997

Lehner, Horst: Vorwort zu: Ders.: Auf der Suche nach Frankreich. Der Nachbar im Westen und die deutsche Kultur. Herrenalb / Schwarzwald 1963; S. 9-10

Letze, Otto: Deutsch-Französischer Jugendaustausch. Organisation und Interaktion. Tübingen 1986 (Diss.)

Lippert, Barbara: »Die KSZE.« In: Weidenfeld / Wessels, op. cit. (1991); S. 237-42 (Lexikonartikel)

Lißmann, Hans-Joachim: »Bilder vom anderen: Über alte Mythen und neue Legenden in Schulbüchern.« In: Colin / Müller, op. cit., S. 89-96

Lösch, Hellmut: Zweisprachigkeit in Elsaß und Lothringen – gestern, heute und auch morgen? Versuch einer Bilanz. Wien 1997

Mann, Golo: »Junge Menschen und alte Geschichte.« In: George Urban, Gespräche mit Zeitgenossen. Acht Dispute über Geschichte und Politik. Weinheim und Basel 1982; S. 43-58

Markus C. Kerber: Europa ohne Frankreich. Deutsche Anmerkungen zur französischen Frage. Frankfurt / M. 1999 (im Erscheinen)

Mc Grath, J. E. / Altman, J.: Small group research. A synthesis and critique of the field. New York 1966

Meier, Christian : »Was ist nationale Identität?« In: Gauly, Thomas M. (Hrsg.): Die Last der Geschichte. Köln 1988; S. 55-67

Meier, Christian: Vierzig Jahre nach Auschwitz. Deutsche Geschichtserinnerung heute. München 1987 (bzw. erw. Fassung München 1990)

Mendel, Gérard: »Bemerkungen zur deutschen und französischen Kultur.« In: Dibie / Wulf, op. cit., S. 93-100

Ménudier, Henri: Das Deutsch-Französische Jugendwerk. Ein exemplarischer Beitrag zur Einheit Europas. (dt. Ausg.) Bonn 1991 (frz. Originalausg. 1988)

Mester, Jens: Europa wächst zusammen. Interkulturelles und politisches Lernen in europäischen Jugendbegegnungen. Bonn 1998

Meyers, Reinhard: Begriff und Probleme des Friedens. Opladen 1994

Mickel, Wolfgang W.: »Europäische Dimension (im Unterricht).« In: Ders. (Hrsg.): Handlexikon der Europäischen Union. Köln 1994; S. 88-91 (Lexikonartikel)

Mickel, Wolfgang W.: Lernfeld Europa. Didaktik zur europäischen Erziehung. Opladen ²1993 (o. J.)

Mitscherlich, Alexander: »Auf dem Weg zur vaterlosen Gesellschaft. Ideen zur Sozialpsychologie.« In: Gesammelte Schriften, Bd. 3, Frankfurt / M. 1983

Morin, Edgar: Mes démons. Paris 1994

Morin, Edgar: Penser l´Europe. St. Amand 1987

Müller, Burkhard: »Drei Perspektiven einer Pädagogik des Austauschs.« In: Colin / Müller, op. cit., S. 113-120

Müller, Burkhard: »Leitung und Selbststeuerung.« In: Giust- Desprairies / Müller, op. cit., S. 33-44

Müller, Burkhard: »Was bleibt hängen? Alltagserfahrung und internationale Begegnungsprogramme.« In: Colin / Müller, op. cit., S. 177-82

Müller, Hermann: Sozialpsychologie. Zugänge – Brennpunkte – Aufgaben. München 1977

Müller, Werner: Von der ‚Völkerverständigung' zum ‚interkulturellen Lernen': die Entwicklung des internationalen Jugendaustauschs in der Bundesrepublik Deutschland. Starnberg 1987 (zugl. Diss)

Müller, Burkhard: Evaluation des rencontres internationales. Première mise en perspective du problème des méthodes d´évaluation dans le domaine des apprentissages interculturels. Französische Ausgabe der Arbeitstexte Nr. 12 ; herausgegeben vom DFJW / OFAJ; Neuauflage 1996

Müller-Solger, Hermann / Czyssz, Armin / Leonhard, Petra / Pfaff, Ulrich, Bildung und Europa. Die EG-Fördermaßnahmen. Bonn 1993

Mussen, Paul: Einführung in die Entwicklungspsychologie. Weinheim und München [9] 1991 (US-am. Original 1973)

Nassehi, Armin: »Das stahlharte Gehäuse der Zugehörigkeit: Unschärfen im Diskurs um die ‹multikulturelle Gesellschaft›.« In: Lepp, Claudia / Danckwortt, Barbara (Hrsg.): Von Grenzen und Ausgrenzung. Interdisziplinäre Beiträge zu den Themen Migration, Minderheiten und Fremdenfeindlichkeit. Marburg 1997; S. 191- 218

Nicklas, Hans.: « Échouer et réussir. De la spécificité des processus d´apprentissage interculturels et de ses conséquences pour l´évaluation. Méthodologie et évaluation ». In : Müller, op. cit., S. 29-33

Nicklas, Hans: »Friedenserziehung – Erziehung zur Friedensfähigkeit im Umbruch.« In: Sander, op. cit., S. 361-372

Noelle-Neumann, Elisabeth: Öffentliche Meinung. Die Entdeckung der Schweige-Spirale. Frankfurt/M. und Berlin 1989. (Erweiterte Ausgabe eines ähnlichen Buches von 1982)

Ott, Hanns: Handbuch der internationalen Jugendarbeit. Köln 1968

Otten, Hendrik / Treuheit, Werner: Interkulturelles Lernen in Theorie und Praxis. Ein Handbuch für Jugendarbeit und Weiterbildung. Opladen 1994

Otten, Hendrik: »Konsequenzen für die Aus- und Weiterbildung von Mitarbeitern in der internationalen Jugendarbeit.« In: Treuheit / Janssen / Otten, op. cit., S. 237-46

Ottomeyer, Klaus / Wedekind, Erhard: »Alltag.« In: Hierdeis / Hug, op. cit., Bd. 1; S. 11-24 (Lexikonartikel)

Pandel, Hans-Jürgen: »Geschichtlichkeit und Gesellschaftsgeschichte im Geschichtsbewußtsein.« In: von Borries, Bodo / Pandel, Hans-Jürgen / Rüsen, Jörn (Hrsg.): Geschichtsbewußtsein empirisch. Pfaffenweiler 1991; S. 1-23

Parfait, Daniel: Diskussionsbeitrag. In: DFJ W / OFAJ (Hrsg.): Fremdsprache – Partnersprache / Langue étrangère – langue du partenaire. Baden-Baden 1995 (zweisprachig); S. 75-76

Parin, Paul / Morgenthaler, Fritz / Parin-Mathèy, Goldy: Fürchte deinen Nächsten wie dich selbst. Psychoanalyse und Gesellschaft am Modell der Agni in Westafrika. Frankfurt / M. 1971

Perls, Frederic S. / Hefferline, Ralph F. / Goodman, Paul: Gestalttherapie. Grundlagen. München 1991 (amerikan. Original: New York 1951; dt. 1979)

Philipps, Eugène: Zeitgenosse Elsässer. Die Herausforderung der Geschichte. (dt. Übersetzung) Karlsruhe 1987

Picht, Robert (Hrsg.): Das Bündnis im Bündnis: Deutsch-französische Beziehungen im internationalen Spannungsfeld. Berlin 1982

Picht, Robert / Hoffmann-Martinot, Vincent / Lasserre, René / Theiner, Peter: Fremde Freunde. Deutsche und Franzosen vor dem 21. Jahrhundert. München 1997

Ploeger, Andreas[535] / Greven, Klaus / Gührs, Lilo / Schmidt, Burkhard / Schmitz-Gielsdorf, Rosemarie: Tiefenpsychologisch fundierte Psychodramatherapie. Stuttgart, Berlin, Köln, Mainz 1983

Praml, Willy: »Interkulturelles Theater: Austauschprogramme mit Berufstätigen und Arbeitslosen« In: Colin / Müller, op. cit.; S. 161-173

Rademacher, Helmolt: Spielend interkulturell lernen? Wirkungsanalyse von Spielen zum interkulturellen Lernen bei internationalen Jugendbegegnungen. Berlin 1991

Rouget, Werner: Schwierige Nachbarschaft am Rhein. Frankreich – Deutschland. Herausgegeben von Joachim Bitterlich und Ernst Weisenfeld. Bonn 1998

Rovan, Joseph: Zwei Völker – eine Zukunft. Deutsche und Franzosen an der Schwelle des 21. Jahrhunderts. München 1986

---

535 als Hauptverfasser

Sander, Wolfgang (Hrsg.): Handbuch politische Bildung. Schwalbach /Ts. 1997

Sauzay, Brigitte / v.Thadden, Rudolf (Hrsg.): Europäische Integration – deutsche Desintegration? Göttingen 1997 (dt. Ausg.)

Schäfer, Bernd / Six, Bernd: Sozialpsychologie des Vorurteils. Stuttgart 1978

Schild, Joachim: »Politik« <u>in</u>: Lasserre, René / Schild, Joachim / Uterwedde, Henrik: Frankreich – Politik, Wirtschaft, Gesellschaft. Opladen 1997; S. 17-113

Schindler, Raoul: »Grundprinzipien der Psychodynamik in der Gruppe.« <u>In</u>: Psyche 11 (1957/58); S. 308 – 314

Schmitz-Scherzer, Reinhard / Tokarski, Walter: Freizeit. Stuttgart 1985

Schramm, Wilhelm v.: Hitler und die Franzosen. Die psychologische Vorbereitung des Westkriegs, 1933-1939. Mainz [2] 1980 (1. Aufl. unter anderem Titel 1973); S. 163-174

Semmler, Josef: »Eine Herrschaftsmaxime im Wandel: Pax und concordia im karolingischen Frankenreich.« <u>In</u>: Historisches Seminar der Universität Düsseldorf (Hrsg.): Frieden in Geschichte und Gegenwart. Düsseldorf 1985

Sendzik, Joachim / Rahlwes, Sonja: »Lernort Frankreich: Schüleraustausch als praktisches Lernen.« <u>In</u>: Edelhoff, Christoph / Liebau, Eckart (Hrsg.): Über die Grenze. Praktisches Lernen im fremdsprachlichen Unterricht. Weinheim und Basel 1988

Senghaas, Dieter: Friedensforschung und der Prozeß der Zivilisation. <u>In</u>: Bernhard Moltmann: Perspektiven der Friedensforschung, Baden-Baden 1988 (zitiert nach: Krysmanski, op. cit.)

Sherif, Muzafer / Sherif, Carolyn W.: An outline of social psychology, revised edition New York 1956 bzw. 1959 (erschienen 1948)

Simmel, Georg: »Soziologie des Raumes.« <u>In</u>: Jahrbuch für Gesetzgebung, Verwaltung und Volkswirtschaft im Deutschen Reich, 1. Jg., Heft 1, 27-71, o. O. 1903

Stephan, Rüdiger: »Deutschland – Frankreich – Polen.« <u>In</u>: Koyblinska, Ewa / Lawaty, Andreas / Stephan, Rüdiger (Hrsg.): Deutsche und Polen. 100 Schlüsselbegriffe. München 1992; S. 534-540

Sternecker, Petra / Treuheit, Werner: »Ansätze interkulturellen Lernens« (Abschnitt A2 des Einführungskapitels). <u>In</u>: Otten / Treuheit, op. cit., S. 31-56

Szczepanski, Jan: »Die biographische Methode«. <u>In</u>: König, René, Handbuch der empirischen Sozialforschung, Bd. 4: Komplexe Forschungsansätze. Stuttgart 3. (umgearb. und erw. Aufl.) 1974 (^{1} 1962); S. 226-252

Thoma, Heinz: »Macht und Ohnmacht von Deutungsmustern, Civilisation / Kultur – Culture / Zivilisation.« <u>In</u>: Lüsebrink / Röseberg, op. cit.; S. 13-22

Thomas, Alexander / Abdallah-Pretceille, Martine: Interkultureller Austausch. Deutsche und Französische Forschungen zum interkulturellen Lernen. Baden-Baden 1995 (Hintergrundwissen)

Thomas, William I. / Znaniecki, Florian: The Polish Peasant in Europe and America, zuerst 1919-21; neue Ausg., 2 Bde., New York 1958 (zitiert nach: Szczepanski, op. cit.)

Tiemann, Dieter: Frankreich- und Deutschlandbilder im Widerstreit. Urteile französischer und deutscher Schüler über die Nachbarn am Rhein. Bonn 1979 und 1982

Tourette-Turgis, Catherine: »Identität und Unterschiede: Zu einer psychologischen Pädagogik der Identität« In: Colin / Müller, op. cit.; S. 35-38

Trautmann, Günter: Einleitung zu: Ders. (Hrsg.): Die häßlichen Deutschen? Deutschland im Spiegel der westlichen und östlichen Nachbarn. Darmstadt 1991; S. 1-27

Treffer, Gerd A.: Kommunale Partnerschaften und Jugendaustausch. Stuttgart, München, Hannover 1984

Treuheit, Werner / Janssen, Bernd / Otten, Hendrik: Bildung für Europa. Interkulturelles Lernen in Jugendbegegnungen. Bonn 1990

Treuheit, Werner: »Evaluation von fünf Preisträgerbegegnungen.« In: Janssen / Otten / Treuheit, op. cit.; S. 51-220

Trouillet, Bernard: Das deutsch-französische Verhältnis im Spiegel von Kultur und Sprache. Frankfurt/Main 1981

Ullrich, Günter: Das Ende einer Rivalität? Perspektiven zur deutsch-französischen Verständigung. Lindhorst 1986

Umbach, Margot: «‹Deutsch-französische Freundschaft› – oder: Wie wir auf dem Vulkan tanzen lernten.« <u>In</u>: Müller / Colin, op. cit.; S. 121-27

Vernet, Daniel: Vorwort zu: Henri Ménudier (Hrsg.): Le couple franco-allemand en Europe. Asnières (Schrift des Institut d´Allemand d´Asnières) 1993; S. 5-9

Viale, Bernard : »Das DFJW und die Drittländerprogramme mit ost- und mitteleuropäischen Ländern.« <u>In</u>: Internationaler Jugend- und Austauschdienst (IJAB) (Hrsg.): Partner für die Zukunft – Kooperationsformen in der Jugendarbeit zwischen Ost und West (deutsch—englisch). Bonn 1994; S. 112-16

Wandruszka, Mario: Die Mehrsprachigkeit des Menschen. München 1979

Weidenfeld, Werner / Wessels, Wolfgang (Hrsg.): »Europa von A-Z. Taschenbuch der europäischen Integration«, Bonn 1991[536]

Weiss, Dieter: »Entwicklungstheorien, Entwicklungsstrategien und entwicklungspolitische Lernprozesse.« <u>In</u>: Zeitschrift für Kulturaustausch 4 /1991, Stuttgart. (S. 477-482)

Werlen, Benno: Gesellschaft, Handlung und Raum. Grundlagen handlungstheoretischer Sozialgeographie. 2., durchges. Aufl., Stuttgart 1988 ([1]1987))

Whitman, Sidney : Das kaiserliche Deutschland. Hamburg [4] 1898; S. 38; zitiert nach: Drewek, Peter: »Bildung in Europa und in

---

536 s. auch: die veränd. Neuauflage von 1997 (vgl. Benecke, op. cit.)

Deutschland: Affinitäten und Differenzen.« <u>In</u>: Hettlage, Robert (Hrsg.): Bildung in Europa: Bildung für Europa? Die europäische Dimension in Schule und Beruf. Regensburg 1994; S. 21-48

Wit, Jan de / Veer, Guus van der: Psychologie des Jugendalters. Donauwörth 1982 (niederl. Original: Nijkerk 1979)

Wulf, Christoph: »Der Andere. Perspektiven zur interkulturellen Bildung.« <u>In</u>: Dibie / Wulf, op. cit.; S. 61-75

Zeutschel, Uli: »Einführung in die Austauschforschung für PraktikerInnen der interkulturellen Begegnung.« <u>In</u>: Müller, Werner / Kosmale, Jens-D. (Hrsg.): Materialbox international. Bausteine zum interkulturellen Lernen bei Freizeiten und Begegnungen. Frankfurt M. ^{2}1991; S. 54-58

Ziebura, Gilbert: Die deutsch-französischen Beziehungen seit 1945. Mythen und Realitäten. Überarb. und aktualisierte Neuausgabe. Stuttgart 1997. (Ersterscheinen 1970)

Zöpfl, H./ Goppel, T.: »Frieden, Friedenserziehung.« (Lexikonartikel). <u>In</u>: Zöpfl, Helmut / Bittner, Gerhard / Mühlbauer, Reinhold / Tschamler, Herbert: Kleines Lexikon der Pädagogik und Didaktik. Mit Einführung in das wissenschaftliche Arbeiten. Donauwörth ^{6}1975 (6. erg. Aufl.; ^{1}1970); S. 88-89

Nach fast 20 Jahren: Ein abschließendes Kapitel / Nachwort zu meiner Magisterarbeit :

Zum Gedenken an Prof. Dr. Michel Cullin,1944-2020, Stellv. Generalsekretär des DFJW / OFAJ von 1999-2003

Lauter »STIPPVISITEN« um die Verbindung zu der Gegenwart zu finden

Sprache ist nicht gleich Sprache – und Kommunikation ist nicht gleich gelungene Kommunikation! Vor diesem Hintergrund ist klar, dass die Unterscheidung zwischen »Muttersprache« / »Fremdsprache« / »andere Sprachen« nur einen gewissen Ausschnitt der Sprachen-Vielfalt und der sprachlichen Wirklichkeit betrifft. Die interkulturelle Begegnung in der Jugendarbeit ist geprägt von vielen verschiedenartigen Konnotationen, so wie es in meiner Magisterarbeit bereits besprochen wurde.

Zu Beginn dieses »letzten Kapitels« soll es zunächst gezielt darum gehen, wie diese verschiedenen Wahrnehmungen und sprachlichen Denkfiguren das alltägliche Sprechen und das gegenseitige Sprachenlernen betreffen und beeinflussen. Das kann auch heißen, die »internationale Verständigung« einmal auf der ganz »kleinen«, unteren Ebene der Bildersprache zu beobachten, nämlich an ausgesuchten Tiersprichwörtern. Das Zusammenleben von Mensch und Tier betrifft ja wohl alle Kulturen und Nationen, ist aber gleichwohl auch sehr unterschiedlich. Redewendungen und Sprichwörter legen davon Zeugnis ab und beflügeln gleichzeitig unsere Fantasie. Betrachten wir als erstes den Löwen, ein stark symbolträchtiges und sehr bekanntes Tier.

Es ist interessant, dass auch die europäischen Länder Löwen-Sprichwörter gebildet haben, ohne dieses Tier eigentlich zu beherbergen. K.F.W. Wander hält für das einfache Stichwort allein 141 bereit.[1] Doch man sieht, dass beinahe alle Tiere mehrfach vorkommen, bzw. einzelne unter ihnen austauschbar sind um dasselbe mit anderen Worten zu sagen. Lustig klingt darunter in unseren Ohren die Nr. 113: »Wer einen Löwen in der Ferne weiß, den schreckt schon eine Maus in der Nähe.« mit der schön gereimten italienischen Entsprechung: »Qui piglia leone in assenza, teme la talpa in presenza.«[2], die allerdings mit folgendem Wortlaut daherkommt: »Wer den Löwen in Abwesenheit ergreift, fürchtet den Maulwurf in Gegenwärtigkeit«[3]. Doch beide Formen variieren die Größe oder Kleinheit einer Gefahr mit der unangemessenen Reaktion oder der Prahlsucht eines Menschen. Wir vergleichen uns also gern mit bestimmten Eigenschaften von Tieren, sofern sie diese schon bildlich durch ihre Gestalt mitteilen oder zum Ausdruck bringen! »Gut gebrüllt, Löwe!« – Diesen sprichwörtlichen Satz zitiere ich nach: R.

---

1   Aus einem großen Standardwerk: Karl Friedrich Wilhelm Wander: Deutsches Sprichwörter-Lexikon, 5 Bde. Ersterscheinen: Leipzig 1867-80, Nachdruck Augsburg 1987; Bd. 3; S. 238-44.
2   Wander, op. cit., Bd. 3; S. 243.
3   Übers. M. B., es ist damit wohl die selbstsichere Fantasie eines Menschen gegenüber dem gefährlichen Löwen gemeint, die allerdings in der Realität bereits vor dem ungefährlichen Maulwurf in Furcht übergeht.

Leonhardt[4], i. S. v.: Etwas Passendes, Zutreffendes ganz unüberhörbar zu einer Situation äußern. Das Zitat stammt aus Shakespeares »Sommernachtstraum« – Es ist also kein richtiges Sprichwort. ...[5] Aber es hat Bedeutung erlangt und Allgemeingültigkeit gewonnen als eine Art Lob. Diese Art Überlieferungen nennt man gemeinhin »Geflügelte Worte«, denn Schöpfer oder Entstehungszusammenhang sind bekannt, im Unterschied zu den vielen oft sehr allgemeingültigen Aussagen in Redewendungen und Sprichwörtern[6]. Bleiben wir noch beim Löwen, dem stattlichen Raubtier, dem man traditionell Bewunderung zollt und / oder dem man Respekt (und Angst) gegenüber empfindet.

Im Französischen existiert das folgende SPRICHWORT: »A l´ongle on connaît le lion.« (An den Nägeln erkennt man den Löwen.) P.-M. Quitard gibt als Ausgangssprache das Griechische an, nennt eine lateinische Ausgangsform (»ex ungue leonem.«, das Gesagte) und erklärt den Inhalt so: »Ein einziges Merkmal genügt, um ein großes Talent oder einen großen Charakter eines Menschen zu erkennen.«[7] An diesem Beispiel erkennt man also, wie der Löwe als Sinnbild für GROSSARTIGKEIT gilt. Daneben drücken sich RESPEKT und FURCHT vor der gefährlichen Großkatze durch die Blume gesagt folgendermaßen aus: »Habillé comme un gardeur de lions« (Gekleidet wie ein Löwenwärter) meint einen Menschen, der immer dasselbe oder gleichartige Kleidung trägt – denn wenn die Löwen

---

4   Leonhardt, Roland: Des Pudels Kern. Sprichwörter erklärt. Planegg / München 2006, S. 150.
5   ... sondern ein literarisches ZITAT, das zu einem sog. »Geflügelten Wort« wurde.
6   Redewendungen sind Formulierungen als Satzbestandteile. Im Unterschied dazu sind Sprichwörter vollständige Sätze.
7   Ein Standardwerk aus Frankreich: Pierre-Marie Quitard: Dictionnaire etymologique, historique et anecdotique des proverbes et des locutions proverbiales de la langue française. Genève 1968; S. 499; Übersetzungen M. B.).

ihren Wärter gut wiedererkennen, tun sie ihm weniger leicht etwas zuleide.[8] – Dadurch wird die GEFÄHRLICHKEIT des Raubtieres ins Blickfeld gerückt und auch die Besonderheit, mit diesem Tier fast täglich umzugehen. Doch wo ist da die deutsche oder andersprachige Entsprechung?? – Die Gedankengänge der Sprichwörter sind eben nicht immer wortgleich zu übersetzen! Und gerade deshalb fehlt an diese Stelle einmal die erwartete sinngemäße Entsprechung. –

Bemerkenswert ist auch, welche Tiere für die Charaktereigenschaft »Schläue« stehen: Es können dabei in den Sprachen Europas durchaus mal verschiedene Tiere vorkommen. Siehe das folgende Beispiel von REDEWENDUNGEN in verschiedenen Sprachen mit bildlichtierischer Anspielungen, die zweideutig, aber leider meistens eher unsympathisch geprägt sind – Sie können das gerne selber recherchieren.

Engl.: As tricky as a monkey.
Dt.: Raffiniert (schlau) wie ein Affe.
Frz.: Très astucieux. – Malin comme un renard.
Sp.: Astuto como una zorra.
It.: Molto astuto. – Furbo come una volpe.[9]

Manchmal kommt es zu einer Synthese, bei der die einzelnen Zuschreibungen inhaltlich zu einer Gesamtaussage zusammengesetzt werden, wie hier durch den griechischen Dichter Pindar, der so einen neuen sprichwörtlichen Ratschlag formuliert: »Celui qui veut triompher d'un obstacle doit s'armer de la force du lion et de la

---

8   vgl.: Quitard, op. cit., S. ebd., Übers. M. B. Ersterscheinen: 1842.
9   Alles zitiert nach: Peter Panton: Get the Hang of it – 3000 Redewendungen in fünf Sprachen: Englisch, Deutsch, Französisch, Spanisch, Italienisch. Gütersloh / München 2010; S. 664 u.

prudence du serpent.«[10] Und bei Karl Simrock bspw. findet sich ein Sprichwort, das den ‹großen Löwen› und den ‹schlauen Fuchs› in Beziehung setzt: »Was der Löwe nicht kann, das kann der Fuchs.«[11] Und damit hätten wir zweimal drei Tiere zusammengebracht, die sehr weitläufig (über Länder- und Kulturgrenzen hinweg) als SINNBILD für bestimmte und im Alltag wichtige Eigenschaften gelten. Merke daher z. B. auch dieses (ziemlich drastische) arabische Sprichwort: »Laß dich lieber von einem Löwen fressen, als daß du unter der Oberhoheit des Fuchses lebst.«[12] Oder: »Was de Fuchs nicht kann erschleichen, / Da muß des Löwen Klau´ hinreichen.«[13] Oder hier, in einer neuen Kombination, wo in einem albanischen Sprichwort ebenfalls Gerissenheit und Körperkraft verglichen werden: »Füchse fängt man mit List, Wölfe mit Tapferkeit.«[14]. – – –

Man kann sicherlich sagen, dass die Phraseologie – so der übergeordnete Fachterminus für alle ihre linguistischen Inhalte[15] – die Tiere nicht mehr beschreiben, als sie das Leben beschreiben – und eben, dass sie Eigenschaften nur skizzieren, Gedanken nur anreißen, übertreiben oder manchmal auch nur andeuten. Doch was sagen sie Wahres, Gültiges? Etwas, das über eine Beschreibung hinausgeht? Und warum steht andererseits manchmal eine Beschrei-

---

10   Quitard, op.cit., ebd. zu Deutsch: »Wer über ein Hindernis triumphieren will / es überwinden will, muss die Kraft des Löwen und die Vorsicht der Schlange als Waffen haben.« (Übers. M. B.). Der Satz ist natürlich ein ZITAT.

11   Die deutschen Sprichwörter. Gesammelt von Karl Simrock. Stuttgart 1988, S. 337, Sprichwort Nr. 6609. Ersterscheinen: 1846. In Deutschland wurden die jeweiligen »Klassiker« von Karl Simrock (Sprichwörter) und von Georg Büchmann (Geflügelte Worte; Ersterscheinen: 1864) verfasst.

12   Zitiert nach: Serowy, Helmut: Wenn´s dem Esel zu wohl wird.... Tiersprichwörter aus aller Welt. Hannover 1984; S. 94 oben.

13   Simrock, Karl, op.cit., S. 160, Sprichwort Nr. 2893.

14   zitiert nach: Bartsch, Emil (Hrsg.): Wie das Land, so das Sprichwort. Sprichwörter aus aller Welt. Leipzig 1989, S. 168 oben.

15   auch diejenigen ohne Tiermotiv!

bung so da, wie sie steht?? Manche Begriffe entstanden auf ganz
konkrete Art und Weise: »Pauken« / der »Pauker« kommt davon,
eine Tracht Prügel zu bekommen – später wurde alles dann aufs
Lernen bezogen. ... Ebenso ging es mit »ochsen« = wie ein Ochse
arbeiten.[16]

Ich denke, man muss sich auf Sprichwörter einlassen wollen und
sie in ihrem Stil und der (absichtlich) begrenzten Aussagekraft
akzeptieren. Sie sind eine Art Kunstform, so oder so gestaltet und
auf Einprägsamkeit hin ausgerichtet. Nicht umsonst sagen wir:
»In der Kürze liegt die Würze«! Und manchmal ist es regelrecht
merkwürdig und lustig, wie wir gewohnheitsmäßig unsere Gedanken mithilfe fest gefügter Formulierungen zum Ausdruck
bringen. Sie haben sich, z. T. vom Mittelalter herstammend, bis
in unsere Tage erhalten und fußen oftmals auf völlig anderen
Ausdrücken bzw. Etymologien. So bereichern sie zweifellos unser
Leben und unsere Sprechweisen, sind aber oft in einer Fremdsprache schwer zu lernen und manchmal schwer zu deuten oder
anzuwenden.

Doch man kann auch auf andere Art spielerisch mit Sprache umgehen und über sie lernen, und das wird auch bei Jugendbegegnungen oftmals praktiziert. Ein schönes Beispiel aus dem Bereich
der sog. »Konkreten Poesie« findet sich bei: Rademacher: Bei der
sog. »‹Spiele-Werkstatt›«, die 1989 während eines deutsch-französischen Spieleseminars in einem Ort namens Kirtorf stattfand,
entstand das folgende Gedicht:

---

16 Vgl.: Dangel, Joachim: Warum haben wir Schwein, wenn wir Glück haben?
    Fragen des Alltags. München 2007, S. 60. (Diese beiden Beispiele im Text
    gehören wohl in die Rubrik der sog. EINWORTMETAPHERN unter den
    sprachlichen Bildern.)

»Souvent
L´
Autre
N´est
Guère plus qu´
Un
Etranger«[17]

Dieses waagerecht plus senkrecht lesbare GEDICHT erinnert mich
meinerseits an das wohl weit verbreitete, mahnende PLAKAT, das
auch in unserem Bonner Studentenwohnheim hing (im Eingangs-
bereich) und dessen Aufschrift sinngemäß ungefähr lautete: »Jeder
Mensch ist ein Ausländer – fast überall«. Hier ließe sich nun ganz
trefflich eine lebendige Diskussion über das Ausländer-Sein an-
schließen, zumal die beiden Aussagen vom Plakat und vom Gedicht
ja nicht deckungsgleich sind![18] ...

Darüber hinaus ist es schön zu merken, wie solche »Schreibspiele«
auch das (Fremd-)Sprachenlernen weiterbringen können, und dass
die vorgeschlagenen »Spiele« interkulturelles Denken fördern können (wie ich es selbst in meiner Jugend erlebt habe) und wie auch
Helmolt Rademacher es vor 30 Jahren schon favorisierte, damit

---

17 zitiert nach: Helmolt Rademacher: Spielend interkulturell lernen?
Wirkungsanalyse von Spielen zum interkulturellen Lernen bei internationalen
Jugendbegegnungen. Verlag für Wissenschaft und Bildung, Berlin 1991, S.
132 (mit S. 131). Man beachte auch die dazugehörige »Spielregel«: »Bei einer
dritten Übung waren alle Wörter des ‹brainstormings› (...) auf kleine Karten
geschrieben. Jeder zog ein Wort; aus den Buchstaben dieses Wortes sollte jeder
eine Geschichte schreiben, die möglichst einen Bezug zum Gesamtthema,
bzw. zu dem Wort haben sollte.« Rademacher, op cit., S. 132).
18 Das Gedicht lautete übersetzt: »Oft ist der Andere nicht viel mehr als ein
Fremder« und das Plakat sagt: »Tout le monde est étranger – presque partout»/
«Nous sommes tous étrangers – presque partout».

das »Spiel« nicht nur die »Freizeit« der Teilnehmer/innen erobern sollte ...[19] -

Ein NACHWORT ist immer eine gute Gelegenheit zur RÜCK-SCHAU – und nach meinem Verständnis auch Anlass, um zu einer gewissen spannungsreichen, neugierigen Vorausschau der Dinge kommen zu können. Das alles bietet ein guter Sammelband zur Vergangenheit und Zukunft der deutsch-französischen Beziehungen, der sich mit den letzten 100 Jahren befasst und 2020 im Hatje-Cantz-Verlag erschienen ist[20]. Vom Ende des 1. Weltkriegs an geht das Spektrum auf viele deutsch-französische Beziehungsebenen im Alltag, der Politik, der (Jugend-)Mobilität, dem Jugendaustausch und der gelebten Gemeinschaftlichkeit zu besonderen Anlässen ein. Und diesmal wird nicht die deutsche (nordrhein-westfälische) Stadt Aachen – die ich mitsamt ihrem berühmten Dom auch kenne – geschichtlich herausgehoben, sondern die Stadt Reims im Nord-Osten Frankreichs. Auch hier geht es um eine Kirche, nämlich die Kathedrale – die ich um 2000 herum auch mit einem französischen Gastvater besucht habe -, welche 2015 drei neue Glasfenster des nordrhein-westfälischen Künstlers Imi Knoebel als Geschenk erhielt. Diese ebenfalls sehr bedeutsame Kathedrale in Reims war 1962 der Ort einer feierlichen Messe im Zeichen der Versöhnung, an der Konrad Adenauer und Charles de Gaulle teilnahmen – und die damals begonnene symbolische Zielrichtung wurde nun erneut bekräftigt und am Gebäude sichtbar gemacht[21]. – Dies alles soll als ein

---

19 zur Differenzierung des »Spiels« s. Rademacher, op. cit., Punkt 2.3, S. 10-11.

20 Kunststiftung NRW / Sinnreich, Ursula (Hrsg./Ed.): Auf dem Weg in die Zukunft / En route vers l'avenir. Die deutsch-französischen Beziehungen 100 Jahre nach dem Ersten Weltkrieg / Les relations franco-allemandes, 100 ans après la Première Guerre mondiale. Berlin 2020.

21 vgl. Sinnreich, Ursula: »Das Reims-Projekt. En künstlerischer Beitrag zu den deutsch-französischen Beziehungen / Le projet Reims. Une oeuvre d'art qui contribue aux relations franco-allemandes.« In: Kunststiftung NRW / Sinnreich,

Beispiel dafür stehen, dass es mit der gesellschaftlichen und politischen Kommunikation schon auch gut geht zwischen Deutschland und Frankreich. ...

Nicht nur zwischen Deutschland und Frankreich, auch innerhalb Deutschlands ging es nach der Wiedervereinigung um Annäherungen und neuartige Wege der Verständigung. Hamburg und Dresden waren z. B. Pioniere und organisierten bereits für den Sommer 1990 gegenseitige Besuchswochen. Das Hamburger Organisationsteam schreibt über den Ausgangspunkt seiner Überlegungen: »(...)wer wissen will, wie es werden soll, der muß zunächst studieren, wie es ist.[22] Sie wollten einfach mal (als erste in diesem schicksalsträchtigen Jahr?) sehen, wie eine Freizeit mit Kindern aus diesen beiden sich bis dato grundsätzlich ziemlich unbekannten Städten abläuft und haben das in diesem Band auch umfänglich dokumentiert – mit allen Licht- und Schattenseiten! ... Und irgendwo und irgendwann findet sich in diesem Spannungsfeld auch die Tätigkeit von Michel Cullin wieder, der sich intensiv um die sehr unterschiedlichen deutsch/deutsch-französischen Beziehungen verdient gemacht hat und sicherlich viel dabei erlebte.... – In der o. g. Dokumentation »Grenzenlos« heißt es zum Abschluss: »Es wäre toll, wenn dieser Ferienlageraustausch ein kleiner Beitrag sein könnte, die Trennung von Ost und West weiter überwinden zu helfen und gleichzeitig sensibilisieren könnte, füreinander mehr Verständnis und mehr Achtung aufzubringen, aus dem Besten der zwei Welten wirklich etwas Neues entstehen zu lassen.«[23]

Ursula Hrsg./ Ed., op. cit., S.50-67. Durch die Beteiligung der Kunststiftung NRW an der Schenkung ist dieses Kapitel zum Kernstück des Sammelbandes geworden und die Fenster und ihre Kirche werden in Farbfotos gezeigt.

22 Kazamel, Inge / Lauff, Werner: Grenzenlos. Deutsch-deutsche Jugendbegegnung zwischen Mauerfall und Einheitsstaat. Hamburg 1992, S. 18.

23 vgl. Kazamel / Lauff, op. cit., S. 173 und S. 23 im Anhang.

Nun, im 31. Jahr der »Deutschen Einheit« wissen wir alle, dass dieser Prozess nicht immer einfach war und ist. Vieles ist höchst virulent und entspricht BEIDERSEITIG obendrein so gar nicht der bekannten französische Redensart: »Je me mets sur mon trente-et-un«, was heißen soll: »Ich putze mich heraus« oder ähnliches. Leider sind manche Unterschiede bzw. »Gräben« dafür wohl viel zu tief. ... Darum gilt eher: »Ärmel hoch und anpacken!«, um die bestehenden Probleme besser zu verstehen und anzugehen?! Doch da wird bestimmt noch mancherlei Untersuchung und Forschung nötig sein.[24] Eine größere Bi- und Multilateralität der Begegnungen wurde ja bereits durch die Schaffung vieler verschiedener neuer Jugendwerke hinzugewonnen. ... [25] – In der neu erschienenen 100jährigen Rückschau über die deutsch-französischen Beziehungen heißt es über den politischen Sektor, dass man hier kompromissbereit bleiben müsse, um viel zu erreichen. ...[26] Und gerade das DFJW / OFAJ sieht die Jugend besonders herausgefordert, um soz. als »avantgardistisches Werkzeug / outil d´avant-garde« neue Wege für Europa zu fin-

---

24 In einem Zeit-online-Artikel vom 7.6.21 heißt es bspw., dass das DFJW/OFAJ eben auch JETZT mehr jugend- und schulbezogene Austauschaktivitäten mit den ostdeutschen Bundesländern anstrebt, da diese gegenüber dem Westen stark unterrepräsentiert seien, ebenso wie auch bei der Anzahl der Städtepartnerschaften. So soll auch der Französischunterricht in Sachsen gefördert werden. © dpa-infocom, dpa:210607-99-897481/2. Quelle: https://www.zeit.de/news/2021-06-07/dfjw-will-mehr-austausch-mit-dem-osten?utm_referrer=https%3A%2F%2Fwww.google.com%2F

25 Sehr interessant ist in diesem Zusammenhang auch die Abschlussarbeit von Adrian Gmelch: Jugendwerke in internationalen Versöhnungsprozessen. Der Modellcharakter des Deutsch-Französischen und des Deutsch-Polnischen Jugendwerks. Hamburg 2017, wo zwischen allen jemals angedachten und (bereits) existierenden Jugendwerken und ihren Auswirkungen gründlich differenziert wird.

26 Stark, Hans: »Deutsche und französische Europapolitik – Spaltpilz oder Bindemittel für die deutsch-französischen Beziehungen? / La politique européenne: source de discorde ou ciment des relations franco-allemandes?« In: Kunststiftung NRW / Sinnreich, Ursula (Hrsg. / Ed.), op. cit., S. 192-211; S. 210 und 211 (dt. und frz.)

den.[27] … Und dass ein Bewusstsein für Europa durch internationale Jugendbegegnungen gefördert werden kann, bestätigt vorab auch eine neuere Masterarbeit, die 2020 als Buch erschien[28]. (Ich erinnere mich noch an die Gespräche über die Europäische Union bei einer Jugendbegegnung zu der Zeit, als der Euro näher rückte. …).

Daneben erweist sich der notwendige sog. ‹Forscher-Praktiker-Dialog›, wie er von verschiedenen Seiten gefördert und gepflegt wird, als wichtiges Evaluationsinstrument und ganz grundsätzlich als ein Mittel, immer neue Ideen und Erkenntnisse zu gewinnen. Man lernt ja bekanntlich nie aus und darf auch für die Zukunftsplanung viel Neues erwarten, wenn man sich durch Statistiken und andere Erhebungsdaten gearbeitet hat, die aus verschiedenen, groß angelegten Studien stammen[29].

Globaler geworden sind auch Eßgewohnheiten und Essensrituale im weitesten Sinne, und das Bewusstsein für gesunde und / oder nachhaltige Ernährungsweisen wächst ebenso. Auch hier hilft interkulturelles Wissen weiter bei der Verständigung[30]. Und dieser Bereich ist ja teilweise auch relevant für (inter)nationale

---

27 Defrance, Corine / Pfeil, Ulrich: »Die deutsch-französischen Jugendbeziehungen nach dem Zweiten Weltkrieg / Les jeunes dans les relations franco-allemandes après la Seconde Guerre mondiale.« In: Kunststiftung NRW / Sinnreich, Ursula (Hrsg. / Ed.), op. cit., S. 148-169; S. 168 und 169 (dt. und frz.)

28 Vgl.: Funk, David: Jugend und Europa. Auswirkungen internationaler Begegnungen auf die Identifikation Jugendlicher mit Europa. Baden-Baden 2020; S.74.

29 z.B. aus der sog. ‹Zugangs-Studie›, bei der die Motive und die gegebenen Möglichkeiten oder Barrieren untersucht wurden, die zu einer Teilnahme führen oder eben nicht. (Eine ausführliche Darstellung erschien 2019 in Frankfurt /M.).

30 Einen Einblick bietet bspw. dieser Sammelband: Schulz, Marc / Schmidt, Friederike / Rose, Lotte (Hrsg.): Pädagogisierungen des Essens. Kinderernährung in Institutionen der Bildung und Erziehung, Familien und Medien. Weinheim, Basel 2021.

Jugendbegegnungen. Die Fragestellung dazu wäre etwa: Worin unterscheiden sich die Eßgewohnheiten im Alltag der Kinder und Jugendlichen (Gruppenverpflegung) und in der Verköstigung bei (inter)nationalen Jugendtreffen? Oder anders gesagt: Wie steht es um die Regeln und Gepflogenheiten in der alltäglichen kurzzeitigen Gruppenverpflegung? Dieses ganz allgemeine menschliche Thema wird bis heute oft kaum wahrgenommen bzw. banalisiert, da man sich normalerweise auf die länderspezifischen Unterschiede im normalen Alltagsleben konzentriert. So wird die Ausnahmesituation Jugendbegegnung (oder Jugendfreizeit) dabei ausgeblendet. Darf man also auch hier gespannt sein auf neue Erkenntnisse? ... Für Liebhaber/Innen guter (Länder-)Küchen und des Kochens (wie ich es auch gerne mal bin) ist das in jedem Fall ein interessantes Betätigungsfeld für die nähere Zukunft. Man darf sich dann nur nicht verlieren in der Vergangenheit, weil alle diese Aktivitäten ja zurzeit ausfallen müssen! Allerdings: Manche industriell hergestellte Lebensmittel sind sehr weit verbreitet in der Welt (»Tomatenmark ist das am weitesten verbreitete Industrieprodukt der Welt«, schreibt Jean-Baptiste Malet in »Le Monde diplomatique«)[31]. Mit diesem Gedanken schließen wir an den Aspekt der Globalisierung[32] an und fragen uns vielleicht am Ende: Wie viel Tomatenmark oder -ketchup steckt eigentlich wöchentlich so in der Verpflegung von Jugendgruppen?? Und: Ist das eine

---

31 Malet, Jean-Baptiste: »Der rote Einheitsbrei. Tomatenmark ist das am weitesten verbreitete Industrieprodukt.« In: Edition Le Monde diplomatique / Kriener, Manfred (Hrsg.) Die Essenmacher. Was die Lebensmittelindustrie anrichtet. Berlin 2018/2019, S. 16-17; S. 16. (Übersetzung dieses Textes aus d. Frz.: Markus Greiß).

32 Das Tomatenmark-Rezept entstand übrigens Ende des 19. Jhds. in der Emilia Romagna und wurde durch heimatverbundene italienische Auswanderer ausgestaltet und weitergetragen (vgl. ebd., S. 17). Und auch die Teigtaschen Cappelletti stammen ursprünglich aus dieser italienischen Landschaft. ....

bedeutsame Frage oder eine Nebensächlichkeit?[33] Oder: Welchen
Einfluss haben die verschiedenen Eßgewohnheiten auf unsere
Gastgeber-Kultur??

Apropos Globalisierung und Allgemeingültigkeit: Michel Cullin
war Mitglied im Weltmenschverein, von dem er mir erzählte; er
war sogar dessen Vize-Präsident. In diesem Verein darf einfach JE-
DER MENSCH Mitglied sein. Der Gedanke an die Universalität des
Mensch-Seins sollte und könnte uns auch bei der (inter)nationalen
Jugendarbeit weiterbringen, die sich nach ihren Anfängen in den
1950iger Jahren immer weiter ausdifferenzierte.

Diese unterschiedlichen Ausrichtungen und Strukturierungen
nimmt ein weiterer, sehr empfehlenswerter Sammelband dadurch
in Augenschein, dass darin denkwürdige Texte zum Thema ‹Internationale Jugendarbeit› mit neu(er)en Gedanken der Autoren
verbunden werden, die diese im Jahre 2003 aus der RÜCKSCHAU
selber dazu formulierten[34]. Das ist wohl ein durchaus nachah-
menswerter Ansatz, der sicher auch für die nähere Gegenwart
geeignet wäre. Heutzutage setzt man in der Forschung z. T. andere Schwerpunkte, z. B. die Teilnahme von allgemein sozial
benachteiligten Jugendlichen an den Jugendtreffen. Außerdem
veränderte die Migration die Ausgangslage, ebenso wie die zunehmend ermöglichten ausländischen Partnerschaften in der Ju-

---

33 Die allgemeine weltweite Verbreitung von Rezepten und Eßgewohnheiten
   wird wissenschaftlich beschrieben in: Trenk, Marin: Döner Hawaii. Unser
   globalisiertes Essen. Stuttgart 2015. Um die ersten (oftmals auch ‹Fusionsküche›)
   genannten Bestrebungen italienischer Traditionen in Amerika und deren
   späteren Nationalisierung in Italien geht es in etwa auf den Seiten 76-81.
34 Friesenhahn, Günter J. / Thimmel, Andreas (Hrsg.): Schlüsseltexte – Engagement
   und Kompetenz in der internationalen Jugendarbeit. Schwalbach / Ts. 2005.
   Manche Autor/Innen der »Schlüsseltexte« kommen natürlich auch in der
   vorliegenden Arbeit vor.

gendarbeit[35]. Doch das bedeutet ja nicht gleich, dass alle anderen früheren Forschungsfragen nicht mehr interessant oder dass alle nicht mehr zeitgemäß wären. Wie man öfters merken kann – auch bei den o. g. »Schlüsseltexten« – setzt jede Zeitspanne gern ihre eigenen Zielvorgaben und Kritikpunkte. Und so haben sich auch die Richtlinien in der Internationalen Jugendarbeit ja bekanntlich bereits mehrfach geändert.

Dem Umstand, dass sich auch das historische Gedenken im Laufe der Jahrzehnte (und Jahrhunderte) ändert und der Art und Weise, wie es besonders für die Jugend möglich und wichtig ist, widmet sich ein jüngst erschienener, großer Forschungsband aus dem Hause DFJW/OFAJ[36]. Auch hier geht es um jene 100 Jahre vom 1. Weltkrieg bis heute, um praktikable Annäherungen an Themen wie »Verdun-Schlacht«, »Krieg«, »Erinnerungskultur« für multinationale Jugendgruppen von heute. 100 Gedenk-Projekte mit Jugendlichen wurden von interdisziplinären Forscherteams seit 2015 wissenschaftlich begleitet und sollen so auch beispielhaft für die ZUKUNFT ausgewertet werden können. Und wer das Thema an einem sonst unbeachteten Einzelschicksal und ebenfalls aus heutiger Rückschau vertiefen möchte, könnte auch an Erich Rüppels kurzgefasster Aufarbeitung Interesse haben.[37]

Ja, so ein Nachwort bietet Raum für NACHTRÄGE, schon rein zeitlich gesehen! Ein weiterer, heutzutage sehr wichtiger könnte der

---

35 Antworten finden sich z.B. in den Artikel des Sammelbandes: Böttger, Gottfried / Frech, Siegfried / Thimmel, Andreas (Hrsg.): Politische Dimensionen internationaler Begegnungen. Schwalbach /Ts. 2016.

36 König, Diemut, Odierna, Simone et al.: Dynamiken des Erinnerns in der internationalen Jugendarbeit. Geschichte , Gedenken und Pädagogik zum Ersten Weltkrieg. Münster & New York 2020.

37 Rüppel, Erich: Der Erste Weltkrieg, 1914 -1918. Suche nach Spuren des Großvaters 100 Jahre danach. Norderstedt 2016.

Hinweis sein, dass sich bereits in einem Werk von vor 2001 über interkulturelles Lernen bei internationalen Jugendbegegnungen einige Abschnitte zu Rassismus und dem pädagogische Entgegenwirken desselben befinden. Das Buch (eine Diplomarbeit) sucht dabei ebenfalls den Ausgleich zwischen Theorie und Praxis. Es geht in diesen Passagen um gewisse Vorstellungen, die biologisch nicht begründet sind, aber Vorurteile beinhalten. ... »Für die internationale Jugendarbeit sehe ich hier den Ansatz, daß TeamerInnen in Fortbildungs-veranstaltungen bezüglich des Thema Rassismus sensibilisiert werden sollten, um auf den «alltäglichen Rassismus»« in internationalen Jugendbegegnungen reagieren zu können«, meinte Armin Desch bereits schon vor über 20 Jahren.[38] Das sind wohl Bereiche, an die heutzutage sicherlich viel mehr gedacht wird und werden sollte, denn unser Leben ist ja viel »globalisierter« geworden! In diesem Zusammenhang ist auch die (aktueller gewordene) Notwendigkeit zu nennen, Flüchtlinge und Migrant/innen für die Teilnahme an Jugendbegegnungen zu gewinnen, sei es im Team oder auf der Teilnehmerseite, sowie Menschen mit Behinderungen (was nach meiner eigenen Erfahrung ja schon länger zumindest teilweise geschehen ist). Das alles ist ein wichtiger Teil der gesellschaftlich-politischen Bildung. Ein Zitat nur mal so zur Erinnerung an die Zielvorstellungen: »Pädagogisch und durch das Programm intendierte politische Lernprozesse, sowie ein politisches Lernen, dass (sic!) die Alltagsäußerungen von jungen Menschen zum Ausgangspunkt entsprechender Prozesse nimmt, setzen auf Seiten der Vermittlungs- und Begleitpersonen ein hohes Maß an fachlich-pädagogischer Kompetenz in Bezug auf Wissen und Können voraus. Vor allem dort, wo entsprechende Kompetenzen und ein politisches Selbstverständnis der Akteure vorhanden sind, können die Potenziale internationaler Jugendarbeit in Bezug auf die

---

38 Desch, Armin: Pädagogik interkulturellen Lernens. Theorie und Praxis am Beispiel von internationalen Jugendbegegnungen. Marburg 2001, S. 38.

Initiierung politischer Bildungs- und Lernprozesse ausgeschöpft werden.«[39] Und das wird dann impulsgebend ausgestaltet, um zu einer neuen, weiterführenden Zielvorgabe zu gelangen. -

Wie wir wissen, sind alle »Beziehungen« wandelbar und irgendwie ‹ständig im Fluss›, so wie das Leben eben auch. Und manchmal gefällt uns das und manchmal nicht. Doch wir sollten uns damit auseinandersetzen.

Und jetzt kommen wir mit einem Beispiel aus Michel Cullins Arbeitsbereich nach der »Wende« sowohl zu der beglückenden als auch der bedrohlichen Seite ‹der Medaille›: Lesen Sie ruhig (noch) mal den Roman »Aufschwung« von John Erpenbeck (veröffentlicht 1996). Da kommt satirisch-fiktiv und doch sehr einleuchtend am Beispiel der deutsch-deutschen »Wende«-Situation alles vor, was sich eigentlich widerspricht und ausschließt – was dann aber doch zusammengebracht werden kann und dann zu einer großen und tollen Chance zusammengesetzt wird. Und zwar mit allen Licht- und Schattenseiten (und mancherlei Übertreibung)! »Personen und Geschehnisse des Romans sind frei erfunden. Entstehende Ähnlichkeiten sind zufällig, aber beabsichtigt«, schreibt der Autor im Vorfeld. Es ist eben in dieser spannenden Erzählung wohl alles dabei, was es damals hat geben können und was etwaige Betroffene jeweils für sich verarbeiten müssen. Doch vielleicht ist es ja so, dass schon die Lese-Erfahrung vom Zusammenbringen nicht zusammengehörender Dinge (Handlesen-Markttauglichkeit, Marxismus-Kapitalismus, Abgeschriebensein-Anerkennung, Alleinsein-Liebesbeziehung) dazu führen kann, auch die Dinge zusammen-

---

39 Zitiert nach: Ballhausen, Ulrich: »Politische Bildungsprozesse in internationalen Jugendbegegnungen ermöglichen. Ein Plädoyer.« In: Böttger / Frech / Thimmel, op. cit., S.130-138; S.132. Der Aufsatz beinhaltet natürlich sonst keine (Recht-) Schreibfehler.

zubringen, die (nicht nur bei Willy Brandt) nun wirklich zusammen gehören – und sollte das – etwas plakativ formuliert – ein Anliegen des Romans gewesen sein??[40] Wer weiß, aber Anstrengungen, das Trennende zu überwinden, sind auch laut ‹Einheits-Bericht› von 2021 immer noch sehr notwendig. – – –

Viele Türen sind nun offen und einige wenige aus der Vergangenheit sind zu – in diesem Sinne wünsche ich allen potentiellen Leserinnen und Lesern viel Freude beim Erkunden dieser 2. Auflage meiner Magisterarbeit, die so in etwa zu ihrem 20jährigen Bestehen inhaltlich unverändert, aber in neuer Rechtschreibung erscheinen wird.

Und bei der Gegenwart (und Zukunft) von Jugendfreizeiten insgesamt ganz konkret zu starten, hieße wohl, ein weiteres Buch schreiben zu wollen, denn auch die gegenwärtigen Recherchen und Ergebnisse sind vielseitig und sicher auch vielversprechend. Hoffentlich wird durch Corona nicht alles (so lange) ausgebremst – und hoffentlich bleibt das alles eine nicht wiederkehrende Episode unseres Lebens!

In den vergangenen Jahren habe ich mich viel mit Phraseologie und im Besonderen mit Tiersprichwörtern beschäftigt.[41] Hinzu kommt eine neue Aufgabe im pädagogisch-beratenden Bereich. Und dann, nachdem ich sehr verspätet (übrigens gerade am Deutsch-Fran-

---

40 Mit Rolf Arnold und Anderen ist John Erpenbeck auch Teil einer Hochschullehrer-Forschergruppe, die sich dafür einsetzt, den Unterschied zwischen »Wissen« und »Kompetenz« zu erfassen und (an Führungskräfte) weiterzugeben. Vorlesungsmitschnitte davon stehen im Internet.
41 Vgl. dazu vielleicht auch einen **anderen Text** als die Ideen am Anfang: Borchert, Maria: »Tiersprichwörter: Tiere in Vorstellung, Sprache und Wirklichkeit«. In: Bader, Wolfgang (Hrsg.): NOVUM-Anthologie Nr. 2, Neckenmarkt u.a., Herbst 2018; S. 39-46.

zösischen-Tag 2021) erfuhr, dass Herr Prof. Dr. Michel Cullin ver-
storben war, wollte ich diesen Kreis von früher gerne schließen und
mit dieser Neuauflage meiner Magisterarbeit im Rahmen meiner
bescheidenen Möglichkeiten an das Wirken des Verstorbenen für
mich erinnern und zugleich einige neue Akzente bis zur Gegenwart
reichend hinzufügen. Ich hoffe, es ist mir gelungen.

Auf eine gute und möglichst bald wieder real aktive Jugendarbeit[42]
in der Zukunft!

Das wünscht sich besonders auch »nach Corona« für uns alle

Maria Borchert (M.A.)

---

42 Jugendarbeit real <u>und</u> digital in der Zukunft und bei Corona! Eine erste
    pädagogische Aufarbeitung liegt vor: Hafeneger, Benno: Jugend und
    Jugendarbeit in Zeiten von Corona. Frankfurt/M. 2021, vgl. dazu S. 46.

Zum Abschluss:

»VIRUS VERSCHWINDE! VIRUS VERSCHWINDE!
GEH´ WEG MIT DEM WINDE,
LASS´ UNS IN RUH, DU, DU!
VIRUS VERSCHWINDE! VIRUS VERSCHWINDE!«

Noch ist mein Gedicht nicht fertig. …. Doch auch außer Corona erleben wir 2021 ganz aktuell eine Zeit mit schrecklichen Naturkatastrophen: mit Bränden und Überschwemmungen. Zum Gedenken daran empfehle ich durchaus die Lektüre des ersten Teils eines irgendwie und irgendwo wahrheitsgetreuen Romans von Emmanuel Carrère: »D´autres vies que la mienne«, der auch auf deutsch erschienen ist. Dieser ‹Bericht› erzählt vom Tod eines kleinen Mädchens durch eine große Flutwelle auf Sri Lanka.

Hier ein kurzer Ausschnitt davon, wie die Hinterbliebenen der Ertrunkenen (hier die Mutter) all das erleben mögen: »Des psychiatres proposaient leurs services. Docilement, Delphine a accepté d´en voir un, qui a ensuite confié son inquiétude à Hélène: elle tenait trop bien le coup, s´interdisait de craquer, l´effondrement au retour n´en serait que plus massif. Il y avait dans cette atmosphère de cataclysme quelque chose d´irréel, d´anesthésiant, mais bientôt le réel allait la rattraper.«[43] (…) Und dann verwischen sich die Spuren und es bleiben traurige und intensive Erinnerungen, da die beiden französischen Touristenpaare sich aus den Augen verlieren, und dann ein neuer Erzählstrang folgt, der übrigens auch sehr traurig

---

43 Emmanuel Carrère: D´autres vie que la mienne« Saint-Amand 2011 (Ersterscheinen 2009); S. 72. Die deutsche Übersetzung trägt den Titel: »Alles ist wahr« und erschien erstmals 2014.

ist. – – – [44] Und jetzt ist dieser Text hier wohl bei der jetzigen GEGEN-
WART angekommen, bei einer Gegenwart, die wir alle nicht woll(t)
en, nämlich die mit den vielen Schreckensszenarien, die ebenso
einzelne Lösungen und Hilfestellungen erfordern wie bspw. jene
aus dem französischen Buch. Und die ganze Problematik ist auch
noch global und verlangt nach globalisierten Antworten – also
müssen wir alle versuchen, unsere ZUKUNFT umzugestalten. Und
hoffentlich bald in bessere Zeiten kommen, das ist so wichtig![45] Und

---

44 Emmanuel Carrère, Schriftsteller, Drehbuchautor, Filmproduzent und
   Journalist ist ein weltbekannter Autor, der sich in seinen Romanen sehr
   vielschichtig manchmal auch mit historischen Themen auseinandersetzt.

45 Immerhin gibt es einen neu aufgelegten »Corona-Lichtblick«: es geht um
   bessere Antikörper mithilfe von Alpakas, und hoffentlich hilft es uns viel,
   viel, viel! (Und andere lebensnotwendige Maßnahmen gegen den am 9. 8.
   2021 eindeutig festgestellten Klimawandel auch!) Das alles ist nicht nur wahr,
   sondern tatsächlich sehr wichtig für uns alle. Denn so geht es m. E. nicht weiter! –
   Inzwischen forscht man sogar an einem Allround-Coronaviren-Impfstoff;
   hoffentlich hilft's dann endlich! (aktualisiert am 22.08.2021). Und der US-Virologe
   Anthony Fauci sieht in der Impfung überhaupt die Chance, die Pandemie in den
   USA bis zum Frühjahr 2022 zu beenden. (25.08.2021) – und leider sieht er das
   Anf. Nov. 2021 nicht mehr so sicher vor uns liegend (= ein Nachtrag am 4. Nov.).
   Dennoch: Hoffentlich wird das wahr für uns alle! Jedenfalls sieht u.a. Andreas
   Gassen von der Kassenärztlichen Vereinigung in einem Interview vom 2.9.21
   dasselbe auch für Deutschland voraus, was dann wirklich Hoffnung gibt. Der
   bekannte Charité-Virologe Christian Drosten sagt in seinem neuen Podcast vom
   3.9.21: »Man könnte diese Pandemie wegimpfen« und hatte ein solches Ergebnis
   schon für diesen Herbst erwartet, was die bisherige Impfquote nicht zulässt –
   es enttäuscht ihn, und ich erinnere mich an diese frühere Vorhersage von
   ihm. – Es ist wichtig, dass wir bald wieder ein normales Leben führen können,
   auch für meine Familie, denke ich. Und jede/r von uns findet da sicher eigene
   Beispiele. ... VIRUS VERSCHWINDE!!! Der Infektiologe Clemens Wendtner fasst
   die Zeitspanne im Hinblick auf die Krankenhausbelastung allerdings etwas
   größer, nämlich bis über das erste Halbjahr 2022 und fordert ebenfalls mehr
   Impfungen (aktualisiert am 07.09.2021). Nun, wir werden es sehen und weiter
   gegen das Virus arbeiten ... (dies nur als kleine **beispielhafte Anmerkungen** zu
   unserer gegenwärtigen Lage und deren Zukunft, die auch jetzt noch noch einen
   kleinen Nachtrag bekommen: Auch der Epidemiologe *Timo Ulrichs sieht ein
   Corona-Wellen-ENDE im Frühjahr 2022, wie er am 1. Nov. 21 in einem*

nicht zuletzt ist es auch wichtig, dass auch gerade JUGENDLICHE
(z. B. via Netzwerkkulturen) begreifen, wie wichtig und möglich
ihre Mitwirkung an und in einer globalisierten Welt ist[46] – und auch
das haben wir immerhin als Hoffnungsstrang in den letzten Jahren
besonders in der Klima-Diskussion schon erfahren....[47]

Dieses Nachwort oder »letzte Kapitel« ist ja auch ein Stück weit
die Entwicklungsgeschichte unseres Alltagslebens unter den derzeitigen sehr SCHWIERIGEN BEDINGUNGEN, was auch der späteren Erinnerung dienen soll. Während des Schreibens ist soviel
Schlimmes passiert, was meine und sicher auch unsere Sichtweisen

---

Interview sagte; 6.11.21). Doch leider fallen wir wieder in den Abgrund, und
das noch schlimmer als im letzten Jahr ... (s. a. weiter unten).

46 Vgl. hier einige Aspekte bei: Witte, Matthias D. / Niekrenz, Yvonne / Sander, Uwe:
»Jugend und Globalisierung« <u>In</u>: Rauschenbach, Thomas / Borrmann, Stefan
(Hrsg.): Herausforderungen des Jugendalters. Weinheim und Basel 2013; S.69-100.

47 Man spricht inzwischen ja auch schon von der »Generation Greta«. Und so
werden sie dann ja auch erwachsen usw. usw. – Vielleicht so, wie schon Yves
Duteil in »Les »Fées« zum Abschluss bewusst ein wenig mehrdeutig singt:
»Les enfants, c'est fait pour grandir, pour s'en aller vers l'avenir
En laissant derrière eux des rires plein de rêves et de souvenirs
Et des fées à n'en plus finir, et des fées à n'en plus finir.«
(Das ist ein Sänger, der mich auch schon **als Jugendliche** faszinierte, und
dieser Umstand war auch dem Französischlernen sehr zuträglich.) – Hoffen
wir nur, dass wir bald zu neuem Lachen finden – man kann das wohl wirklich
zurzeit nicht oft genug sagen! – Doch ich verabschiede nun bald wirklich und
warte auf die bessere Zeit. **Dringendes P.S.:** Heute hat der Deutschlandfunk
diesem Thema anderthalb Stunden Gesprächszeit gewidmet. Die Frage
lautete sinngemäß: »Verändern die KATASTROPHEN der letzten Zeit
unser LEBENSGEFÜHL?« Natürlich war die Antwort »JA« und ergab viele
Differenzierungen. ... (27.8.2021). <u>Und außerdem</u>: Moorschutz, Klimaschutz
mit Artenschutz auf der gleichen Ebene, Impfstatus-Nachweis, Luftfilter,
Evakuierungsflüge, Menschenrechte & Frauenrechte ... neue Wörter, neue
Konnotationen, neue Ziele. Und danach? Wie helfen wir uns dann weiter? -
Nun, ein kleiner Nachtrag: Zurzeit läuft die große Klimaschutz-Konferenz in
Glasgow, bei der die **Weichen** ganz **neu** gestellt werden sollen. .... Das Ergebnis
wird sich weiterentwickeln müssen!!

sehr verändert hat – und das macht absolut nicht glücklich. Vieles bleibt da noch anzumerken, abzuwarten und vor allem zu wünschen übrig – und das dann auch wirklich für uns alle[48] und für eine lebenswerte ZUKUNFT[49] ohne[50] eine vierte oder sonstige sehr bedrohliche[51] Corona-Welle.[52]

---

48 Noch ein bald wieder gefragter LESETIPP: Das ‹Corona-Weihnachtsbuch› vom letzten Jahr kann bestimmt auch dieses Jahr (zunmindest teilweise) mit Gewinn (wieder?) gelesen werden, denn Weihnachten muss auch gerettet werden!! Also los: Maite Kelly / Anselm Grün / Simon Biallowons: Weihnachten für alle. Freiburg / Br. 2020. (#trotzallemWeihnachten) Auch viele **andere Feste** etc. kamen wieder bzw. müssen wiederkommen! – Kleiner Nachtrag, hoffentlich noch nicht zu spät kommend: »Die Grundlage für das Niveau des Infektionsgeschehens zu Weihnachten wird gerade gelegt.« Epidemiologe Rolf Reintjes vor dem 12.11. 21.

49 Vielleicht hilft etwas kurzfristiger dabei ja auch ein **Gedanke** von Charles Dickens: »Ich werde Weihnachten in meinem Herzen ehren und versuchen, es das ganze Jahr hindurch aufzuheben.« Mir fällt im Moment nicht soviel Erfreuliches und Zuverlässiges ein, um an die Zukunft heranzugehen. Kleine Schritte bringen Sicherheit.

50 Doch noch eine **gute Aussicht**: In Spanien scheint die Corona-Pandemie im November ´21 fast überwunden zu sein! Die Bürger/innen bekamen seinerzeit alle einen Impftermin zugeschickt und wurden bei Verschiebung ihrerseits jeweils daran erinnert. – Auch der spanische Ministerpräsident Pedro Sanchez ist (außer den wieder gesellig und froh lebenden Menschen) recht siegessicher und erwartet den Schlussstrich unter die Pandemie »vielleicht im Frühling« (Zitat gegenüber dem ORF) In Spanien sind kaum noch Erstimpfungen nötig, und naürlich werden dann die Drittimpfungen für die Zukunft immer wichtiger. – – –

51 Die gegenwärtige Lage in Deutschland wird immer ernster. Es war heute (19.11.21) lt. Fernsehen wohl bereits die 31. RKI-Pressekonferenz seit Pandemiebeginn und das mit einem wiederholt sehr drastisch sprechenden Chef Lothar Wieler, welcher ein deutliches **Umschwenken** bei den Kontakten und Aktivitäten forderte.

52 Der Bundespräsident sprach heute (15.11.21) einen **eindringlichen Impf-Appell** aus, als man die ernste Lage im Schloss Bellevue besprach. Ich schließe mich dem an (wie bereits in einer Vorfassung dieses Textes) und hoffe auf eine möglichst baldige Besserung, so wie sie eigentlich vorausgedacht war und hier möglichst umfassend protokolliert wurde. – Und dabei tendierten wir bekanntlich vielfach dazu, die mahnenden Stimmen auszublenden. … Steigende Zahlen – Die Virologin Melanie Brinkmann erwartet, dass die vorgesehenen Maßnahmen besonders für die sehr stark betroffenen Gebieten Deutschlands nicht reichen werden (21.11.21). – -Ach, es wird Zeit, dass sich die Wogen wieder

Wir müssen das Leben doch wieder neu zusammenbauen!

Was wir momentan leider erleben, sind Turbulenzen, Unsicherheiten und Schwankungen, die auch in den romanischen / europäischen Sprachen sich in verschiedenen WORTFELDERN niedergeschlagen haben. Ich möchte hier kurz versuchen, aus den verschiedenen Begriffswurzeln Lösungsansätze aufzuzeigen. Es ist nur ein alleiniges Beispiel, dem z. B. viele andere Verben und Adjektive angeschlossen werden könnten![53]

Allein von einem einzigen spanischen Verb ausgehend[54], kommt man

---

glätten; man kann sich später sicher nicht mehr vorstellen, was in anderen europäischen Ländern gerade alles z. B. bei Protesten und Ausschreitungen passiert, wie hilflos wir sind, und wie aussichtslos es auf eine(n) / mich wirkt, wenn man / ich die derzeitigen Diskussionen verfolgt / verfolge. Es kann so nicht weitergehen: VIRUS VERSCHWINDE, VIRUS VERSCHWINDE!!!! – – – Ein **Aspekt zum Schluss**: Es ging hier um kurze, unvollständige »Stippvisiten«, die am Ende in ganz verschiedene Richtungen verliefen. Falls ich in puncto Folgerichtigkeit jemanden bei meiner Darstellung übergangen habe, so tut mir das Leid, und ich bitte mögliche Betroffene darum, es nicht übel zu nehmen. M. B. – – –
Und jetzt: Schon wieder eine neue **Mutation**! Immerhin hört man über den Immunologen Carsten Watzl, dass es **nicht endlos** Mutationen geben kann! (27.11.21).

53 z.B. nur für das Deutsche: schwanken, schwenken, schaukeln, flattern, flackern, aus der Bahn werfen, erschüttern, schwimmen, treiben, (um)drehen usw. – Im übrigen gibt es auch im Englischen das Verb ‹to vacillate› = 1. schwanken 2. schwingen. Wir sehen, die Bandbreite ist groß, aber doch überschaubar.

54 Die Idee zu dieser Liste geht auf eines jener »Wörterbücher« zurück, die zu Beginn des ‹Computerzeitalters› – wie hier den GRUNDWORTSCHATZ – mehrerer oder sogar vieler Sprachen in TABELLEN nebeneinanderstellten und dabei nacheinander einmal von jeder vorgestellten Sprache (ganz links   stehend wie hier auch) ausgingen. (Hier entlehnt aus einer Sonderausgabe von 1991, ISBN 978-3816601456, S. 421 oben.) Mithilfe dieser ‹Allgemeinplätze› wurde es für Sprachinteressierte wie mich sehr viel einfacher, lexikalische Unterschiede und sprachentwicklungsgeschichtliche Ähnlichkeiten schnell zu **überblicken**. Ich habe früher viel und gern mit diesen tabellarischen Listen gearbeitet. Es gab / gibt sie auch für verschiedene Fachbereiche, wie Wirtschaft, Technik oder Medizin – alles eben ein großer Vokabel-Überblick. – Wissenschaftlich

zu ganz anderen, »grundwortschatzentsprechenden« Wörtern in den anderen Sprachen, weil die Fortentwicklung so vielseitig[55] – vor allem in Zusammenhang mit dem üblichen Sprachgebrauch – verlaufen ist ... [56]

vacilar (1) (Span.)	taumeln (Dt.)	tituber (Frz.)	barcollare (It.)	to reel (E)
vacilar (2) (Span.)	wanken (Dt.)	chanceller (Frz.)	barcollare (It.)	to stagger (E)
vacilar (3) (Span.)	zögern (Dt.)	hésiter (Frz.)	esitare (It.)	to hesi-tate (E)

Denn immer ‹entsteht› die Sprache in und aus ihrer Anwendung. Und sie wirkt immer wieder neu und immer wieder anders. Dies ist ein Zeichen dafür, dass die Menschen miteinander kommunizieren, d.h. in Kontakt zueinander treten. Vielleicht schaffen wir es ja irgendwie, uns den Weg zu bahnen und uns im Dschungel des Unwägbaren (l´impndérabilité) weiter durchzufinden, bis diese Pandemie endlich / bald vorüber ist?!

Auf meiner »alten« Wortliste fehlt dieser Begriff; sie hat aber einige französische Gegenstücke zu bieten; hier kommen einige davon:

---

fundiert, also ausgearbeitet, nutzte z. B. Frederick Bodmer ähnliche Listen, um die Sprachgeschichte zu erklären. (Vgl.: Bodmer, Frederick: Die Sprachen der Welt. Geschichte – Grammatik – Wortschatz in vergleichender Darstellung. Köln 2004 (Ersterscheinen auf englisch: 1943, deutsche Übers.: Köln 1955).

55 Oftmals gibt es traditionell eben **verschiedene Wortstämme** für eine einzige Sache oder die Vorstellung von ihr.

56 Eine Variante dieser Tabelle erschien bereits bei: Borchert, Maria: Sprichwörter treiben manchmal Blüten. Doch hier ist viel von MÄUSEN die Rede. S. 75-84, S. 75. Erschienen 2013 <u>in</u>: Bader, Wolfgang (Hrsg.): Querschnitte, Bd. 1: Frühlingsstimmungspoesie, Neckenmarkt

- pondéré = ausgeglichen, abgewogen, maßvoll; besonnen
- pondérer 1. phys. ins Gleichgewicht bringen 2. fig. ausgleichen, abwägen, gerecht bewerten
- ≠ pondre: Eier legen; fig. sehr produktiv sein (u.v.m.) …
- prépondérant = überwiegend, vorherrschend, entscheidend. la voix p-e: die ausschlaggebende Stimme
- andere Wortarten → prépondérer; la prépondérance
- Auch der veraltete Begriff Kilo-Pond über Kraft und Gewicht gehört rein sprachlich in diese Ecke

Und? Hilft uns das weiter? – Wir werden sehen ….

Hilft es uns weiter, neue Aspekte und Querverweise zu finden? Und so vielleicht auf einen ganz anderen Gedanken zu kommen??!

Es ist jedenfalls interessant und durchaus auch manchmal überraschend zu bemerken, wie vielseitig[57] diese sich in viele Richtungen ausbreitenden Wortfelder sein können, so wirkt(e) das jedenfalls (schon früher) auf mich. Das gibt manchmal auch ein paar neue Denkrichtungen. – – – Und immer wieder neu: Virus verschwinde, Virus verschwinde! Virus verschwinde![58]

---

57 Natürlich gibt es noch andere, ähnliche Verben, wie z.B. das deutsch-französische Begriffspaar basculer / bousculer = (sch)wanken, schaukeln / (um)schwenken, durcheinanderbringen, stoßen; dazu Substantive wie la bousculade = das Gerangel und völlig andere Wörter als (ungefähre) Synonyme. …

58 Am letzten Novembertag gibt es endlich einen ersten kleinen Rückgang bei der deutschlandweiten Inzidenz – der Bonner Virologe Hendrik Streeck sieht darin immerhin »ein sehr gutes Zeichen« und spricht von einer möglichen Plateaubildung in der Zukunft. – HOFFENTLICH geht es endlich aufwärts! – Und auch jetzt ist vom nächsten Frühjahr die Rede: dann nämlich wird die (möglichst hohe) Zahl unserer Antikörper über die Krisenzeit im darauffolgenden Winter (mit)entscheiden – so Lothar Wieler in Kurzform am 1.12.21.

Was sollen wir tun?

Auf jeden Fall müssen wir unser Leben wieder neu zusammen-bauen![59]

Und zu dem wirklich normalen Leben zurückfinden.

Bonn, im Advent 2021

Maria Borchert (M.A.)

Und das gilt auch jetzt, im neuen Jahr.

---

59 Bei den ‹Corona-Notizen› in den Fußnoten habe ich dasjenige gesammelt, was es zu einer Zeit jeweils als »hoffnungsbildende Prognose« für das nächste Jahr gegeben hat. Es sind auch nur »Stippvisiten«, NICHT DAS GANZE BILD dieser schrecklichen Pandemie, die uns momentan wieder stark beutelt! Hoffentlich wird es bald besser. Und dann werden wir uns später doppelt und dreifach über unser richtiges Leben freuen, bestimmt! Und die **Erneuerungen** kommen ja auch immer mehr, mindestens. ... Zum »Wort des Jahres« ist übrigens das Wort WELLENBRECHER gewählt worden, das momentan eine **neuartige Bedeutung** bekommt und Hoffnung birgt im Kampf gegen das Virus (3.12.21). – Und im Übrigen wurde die Pandemie-Zeit vom RKI bereits im März 2020 auf den Zeitraum von 2 Jahren veranschlagt (lt. Lothar Wieler). – Der neue Gesundheitsminister Karl Lauterbach rechnet für seine gesamte Amtszeit (4 Jahre) mit der Corona-Thematik wegen immer neu aufkommender Varianten, aber nicht ohne Erfolgschancen auch in diesem Jahr noch (10.12.21), wie er bereits am 13.12. deutlicher feststellte: »Der Rückgang der Fallzahlen ist echt.«. Ja, die Zahlen SINKEN jetzt endlich dauerhaft, trotz möglicher zukünftiger Komplikationen mit der Virus-Variante »Omikron«. ..... .